Willberg: Segelfliegen für Anfänger

Alexander Willberg

Segelfliegen für Anfänger

Motorbuch Verlag Stuttgart

Einbandgestaltung: Johann Walentek, unter Verwendung eines Fotos von Rolf Schneider und einer Skizze des Verfassers
Sämtliche Abbildungen, Karikaturen, Layout und Satzentwurf sind vom Autor.

Wichtiger Hinweis:
Der Inhalt dieses Buches, die beschriebenen Flugübungen und Abbildungen wurden vom Autor mit größter Sorgfalt zusammengestellt. Trotzdem sind Fehler nicht ganz auszuschließen. Verlag und Autor können daher keine Garantie oder juristische Verantwortung oder irgendeine Haftung für Folgen, die auf fehlerhafte Angaben zurückgehen, übernehmen. Für Mitteilungen eventueller Fehler ist der Autor jederzeit dankbar.

ISBN 3-613-01682-6

2. Auflage 2001
© Motorbuch Verlag Stuttgart, Postfach 103743, 70032 Stuttgart.
Ein Unternehmen der Paul Pietsch Verlag GmbH & Co.
Sämtliche Rechte der Speicherung, Vervielfältigung und Verbreitung sind vorbehalten.
Satz: Primus Type Robert Hurler GmbH, Notzingen
Druck und Bindung: Fotolito LONGO, Bozen
Printed in Italy

Inhalt

Vorwort

Knapp zehn Jahre sind vergangen, daß Alexander Willberg an der Segelflugschule Oerlinghausen die Segelfluglehrer-Prüfung bestand. Seither hat er viel für die Ausbildung jüngeren und älteren Segelflugnachwuchses getan, an Segelflugschulen und im Verein gewirkt, gut 16.000 Ausbildungsflüge auf Segelflugzeugen und Motorseglern absolviert.

Seinem Buch „Segelfliegen für Anfänger" ist deutlich das Engagement des Autors für den Segelflugsport anzumerken, aber auch die Begeisterung für das Lehren und ganz besonders die reiche Erfahrung, die er in seiner relativ kurzen Zeit der Fluglehrertätigkeit gesammelt und wachen Sinnes registriert hat. Sein geschickter Schachzug, auf den beiden sich gegenüberliegenden Seiten des geöffneten Buches links die Praxis des Segelfliegens zu beschreiben, also das, was sich im Cockpit tut und wie sich das Segelflugzeug während des Fluges verhält, während er auf der rechten Seite die entsprechenden theoretischen Grundlagen abhandelt, wird von den Flugschülern bestimmt dankbar anerkannt werden. Dazu benutzt er eine Sprache, knapp, jedoch korrekt, klar und einprägsam, die sich auf dem Flugplatz bewährt hat und die jeder gute Lehrer seinen Schülern gegenüber anwenden sollte. Und schließlich ist es Alexander Willberg auch hervorragend gelungen, deutliche und einprägsame, oft für sich sprechende Zeichnungen zu schaffen, die das Verstehen des Lehrstoffes wirksam unterstützen.

Alles in allem, die Flugschüler werden es mit diesem Buch nicht nötig haben, das für die ersten Alleinflüge notwendige Wissen, Können und Wissen mühselig studierend nachzuerfinden. Das, was sie lernen müssen, wird ihnen - in Verbindung mir der Praxis - selbstverständlich sein. Dazu bestattet die Gliederung des Buches dem Anfänger in besonderem Maße, sich auf die nächste „Lektion" im Segelflugzeug sorgfältig vorzubereiten, aber auch im Anschluß daran die so wichtige Nachbereitung zur Vertiefung und Festigung des Gelernten selbständig vorzunehmen.

Gerade heute, wo die Jugend erwartet, daß ihr sportliche und andere Freizeitangebote attraktiv vorgestellt und angeboten werden, dürfte das Buch von Alexander Willberg seine Berechtigung haben. Der Flugschüler, der mit ihm arbeitet, ist sicher gut beraten.

Oerlinghausen, im Juni 1995

Fred Weinholtz

Zur zweiten Auflage

Segelfliegen für Anfänger ist ein Buch für alle, die am Segelflugsport interessiert sind und mit der Ausbildung beginnen oder begonnen haben. Es begleitet die Schüler auf ihrem Weg zum Alleinflug und stellt wichtige Hilfen, Übungen und Tipps vor. Angesprochen sind alle Segelflugschüler, ob in Vereinen oder an einer Flugschule. Gleichzeitig bietet dieses Buch für Fortgeschrittene und Profis die Gelegenheit, das fliegerische Wissen aufzufrischen.

Begonnen wird mit den Vorbereitungen für die Segelflugausbildung und den ersten Schritten auf dem Fluggelände. Es endet mit dem Alleinflug und begleitet den Schüler auf dem Weg vom „Fußgänger zum Segelflieger".

Nur muss man seine Lesegewohnheiten etwas umstellen. Jeweils die linke Seite gibt Auskunft über die praktische Ausbildung, rechts findet sich weiterführendes Hintergrundwissen in eher theoretischer Form. Die Fortsetzung der linken Seite ist deshalb nicht rechts oben, sondern auf der nächsten linken Seite. Das Buch ermuntert zum Üben und Hinterfragen, es soll Eigeninitiative wecken und den Spaß am Segelflug fördern.
Hier sollen keine „trockenen" Lerninhalte vermittelt werden. Zahlreiche Abbildungen unterstützen anschaulich den Text. Sind in einem Ausbildungsabschnitt Verweise auf zuvor Erlerntes erforderlich, findet man im Text Hinweise auf das entsprechende Kapitel oder eine kurze Wiederholung. Das Buch gehört zur "Grundausstattung", wenn man auf den Flugplatz geht. Da Segelflieger sich mit „Du" anreden, spricht das Buch den Leser auch in dieser persönlichen Form an.

Die Gliederung orientiert sich an der praktischen Ausbildung. Das Buch dient sowohl der Vorbereitung von Flugübungen als auch der Nachbereitung am Ende eines Flugtages. Es wird grundsätzlich nur geringes Hintergrundwissen vorausgesetzt, die erforderliche Theorie bis zum Alleinflug wird umfassend vermittelt. Auch Fluglehrer und „fertige" Piloten werden nützliche Hinweise und Tipps finden. Es schadet nicht, wenn Inhaber einer Privatpilotenlizenz von Zeit zu Zeit ihr Wissen auffrischen. Vieles von dem, was ein Anfänger lernt, geht im Lauf der Zeit häufig verloren. Zwar endet das Buch konsequent mit den ersten Alleinflügen, bietet aber wichtiges Grundwissen. Weiterführende Literatur gibt es beim MOTORBUCH VERLAG von Winfried Kassera (Flug ohne Motor) und Helmut Reichmann (Streckensegelflug).

Die Idee zu diesem Buch entstand vor einigen Jahren, als ich noch hauptamtlicher Fluglehrer an verschiedenen Segelflugschulen in Deutschland war. Seit seinem Erscheinen erhielt ich Rückmeldungen von zahlreichen Flugschülern, die in der Begleitung durch das Werk erfolgreich den Segelflugsport erlernten. Auch erhielt ich einige Tipps zur Verbesserung, die in die Überarbeitung eingeflossen sind. Um die Unterschiede zwischen Praxis und Theorie zu verdeutlichen, wurde jeweils eine Seitenhälfte grau eingefärbt.

Dankbar bin ich für die Unterstützung von Fred Weinholtz, der die einzelnen Abschnitte korrigierte. Vor vielen Jahren war er mein Ausbilder auf einem Fluglehrerlehrgang in Oerlinghausen und ich bin sehr froh, dass er meiner Bitte um Unterstützung nachkam. Zu seinen wesentlichen Verdiensten gehört, gerade auch in jüngster Zeit Denkanstöße zur Steigerung der Attraktivität des Segelflugsports zu geben. Ein weiterer Dank geht an Jürgen Kreibig vom Deutschen Aeroclub, der auf Vermittlung von Fred Weinholtz ebenfalls die korrigierte Fassung durchlas und wertvolle Tipps gab.

Danken möchte ich vor allem meiner Frau Yvonne, der ich dieses Buch widme. Sie brachte sehr viel Geduld mit mir auf, wenn ich zum Beispiel bis tief in die Nacht an Text und Bildern arbeitete. Obwohl sie selbst nur mitfliegt, ist sie immer dabei, wenn ich an einer Segelflugschule unterrichte und opfert einen Teil ihres Urlaubs. Viele Flugschüler werden ihre Hilfe schätzen, wenn sie wieder von ihr aufgemuntert oder sogar betreut werden. Sie kennt die leidigen Probleme auf einem Segelfluggelände etwas zu Essen aufzutreiben und hat angeregt, einen Reiseführer über die schönsten Segelflugplätze in Deutschland zu schreiben. Und da ich ihren Rat schätze, lag nichts näher, im Februar 2000 den Band "Segelflugplätze in Deutschland" zu veröffentlichen.

Giesensdorf, im Dezember 2000

Alexander Willberg

1. Kapitel
Die ersten Schritte

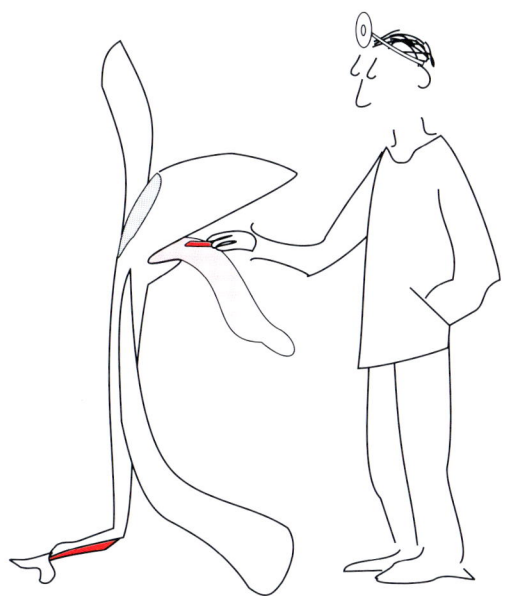

Die ersten Schritte
Willkommen!

Willkommen unter den Segelfliegern! Schön, daß Dich dieser Sport interessiert. Und als Autor beneide ich Dich, denn nach allen Mühen auf dem Weg vom Fußgänger zum Piloten steht Dir das unvergleichliche Erlebnis des ersten Alleinfluges bevor. Ganz gleich, was Du später in Deiner Karriere als Segelflieger erlangst, so schön und ermutigend wie der erste Alleinflug wird es wahrscheinlich kaum mehr. Deshalb freue ich mich, Dich mit diesem Buch ein Stück begleiten zu dürfen. Es ist nicht für den Schrank gedacht, sondern gehört zu Deiner Ausrüstung, wenn Du morgens zum Flugplatz kommst.

Vor die Ausbildung ist eine fliegerärztliche Untersuchung gestellt. Bist Du zum ersten Mal dort, so ist zusätzlich eine augenärztliche Untersuchung von einem Vertragsarzt gefordert. Bist Du gesund, so erhältst Du ein Fliegertauglichkeitszeugnis. Während das Gesetz das Fliegertauglichkeitszeugnis vor dem ersten Alleinflug verlangt, ist es in zahlreichen Ausbildungsstätten zu Beginn der Ausbildung vorzulegen. Bist Du jünger als 18 Jahre (immerhin kann man mit 14 die Segelflugausbildung beginnen), so benötigst Du zusätzlich eine Einverständniserklärung der Eltern.

Natürlich gibt es die Möglichkeit, an einem sogenannten „Schnupperkurs" teilzunehmen, der bis zu einer Woche Unterricht ausgedehnt werden kann. Am Ende steht allerdings kein Alleinflug. Viele Vereine, aber auch Segelflugschulen, bieten dies für diejenigen an, die erst später entscheiden möchten, ob Segelfliegen der richtige Sport für sie ist.

Damit stellt sich gleich die Frage: „Wo lerne ich besser, in der Schule oder im Verein?" Die Ausbildung im Verein ist grundsätzlich preiswerter, dafür dauert sie aber erheblich länger. Geflogen wird in der Regel nur am Wochenende, und Du mußt viel Zeit mitbringen. Nachteilig ist, daß Du zwischen den Wochenenden wieder etwas verlernst. Auch läßt sich auch kritisieren, daß große Vereine mit zahlreichen Fluglehrern den Schüler „herumreichen". Ich mache an dieser Stelle keinen Hehl daraus, daß ich gegen häufigen Lehrerwechsel in der Anfängerausbildung bin, weil natürlich jeder andere Akzente setzt. Doch darf nicht vergessen werden, daß die Vereinsfluglehrer ihre Tätigkeit ehrenamtlich versehen und auch das Recht auf ein Privatleben besitzen.

Die Ausbildung an einer Schule ist kürzer, gradliniger und teurer. Wenn das Wetter mitmacht (immerhin ist Segelfliegen eine Sportart, die nicht in der Halle stattfindet), dauert die Grundausbildung einschließlich der Alleinflüge zwei Wochen. Dies entspricht etwa 50 Starts. Aber denk daran: In der Anmeldegebühr ist keine Garantie für den Alleinflug enthalten! Wenn Du erwartest, daß für ca. 1.000,- DM ein Alleinflug zu kaufen ist, so solltest Du das Geld anders investieren!

Die ersten Schritte
Was man noch so wissen sollte

Segelfliegen ist eine interessante und schöne Sportart, die gerade in einer Zeit wachsenden Umweltbewußtseins zeigt, daß Sport und Natur keinesfalls im Gegensatz stehen müssen. Bendenkt man, daß ein Segelflugzeug, von dem geringen Kraftaufwand des Starts abgesehen, allein mit der Energie der Sonne stundenlang in der Luft bleiben kann, so gibt es nur wenige andere Sportarten, die Umweltressourcen ähnlich schonend behandeln. Darüber hinaus ist der Segelflug nahezu geräuschlos, so daß sich kaum jemand über Lärmeinwirkungen beschweren kann.

Wegen der erhöhten körperlichen Belastung und der notwendigen Leistungsfähigkeit ist vor Beginn der Ausbildung der Gang zum Fliegerarzt unverzichtbar. Adressen dieser Ärzte kannst Du über den Deutschen Aero-Club in Frankfurt oder die örtlichen Vereine erhalten. In einigen Branchentelefonbüchern sind Fliegerärzte gesondert aufgeführt. Die fliegerärztliche Untersuchung ist alle 2 Jahre zu erneuern. Die meisten Segelflugzeugmuster haben eine Höchstzuladung von 100 Kilogramm im Pilotensitz, wenn Du schwerer bist, so mußt Du etwas abnehmen, was aber sicher auch der Gesundheit zugute kommt.

Entschließt Du Dich, eine Segelflugausbildung zu beginnen und den Pilotenschein zu erwerben, darf die gesamte Ausbildung nicht länger als vier Jahre dauern, denn sonst verfallen alle Flüge, die vor diesem Zeitraum lagen. Die Grundausbildung selbst ist relativ preiswert. An einer Segelflugschule betragen die Kosten bei normaler Eignung bis zum Alleinflug etwas mehr als eintausend Deutsche Mark, sofern an einer Winde gestartet wird. Die Ausbildung im Flugzeugschleppstart ist etwas teurer, da die Kosten für Unterhalt und Betrieb eines Motorflugzeuges erheblich höher sind.

Die Kosten sind in einem Verein grundsätzlich geringer, doch ist die Länge der Grundausbildung (*siehe links*) zu berücksichtigen. Bist Du nicht nur an der reinen Segelflugausbildung interessiert, sondern möchtest bei der Wartung und Pflege der Segelflugzeuge mithelfen, so wirst Du in zahlreichen Vereinen eine preiswerte Alternative finden. Auf jeden Fall solltest Du Dich vor Ort informieren, da bei der Wahl eines Vereins nicht nur finanzielle Gründe, sondern auch die Zahl und Qualität der Segelflugzeuge sowie Sympathien für eine Entscheidung wichtige Kriterien sind.

Links ist erwähnt, daß Segelfliegen Teamgeist erfordert. Dies bedeutet, daß man auch in der Ausbildung einander hilft und sich gegenseitig unterstützt. Ohne die Mitarbeit der Kollegen kommt man nicht „in die Luft", wird doch zumindest ein Windenfahrer, ein Seilrückholer und ein Startleiter benötigt.

Egal, ob Verein oder Schule: Segelfliegen ist Teamarbeit! Hilf selbst in Deiner Gruppe mit, Flugzeuge aus der Landegasse zu schieben oder für eine zügige Startabwicklung zu sorgen. In der Gruppe geht es nicht darum, sich selbst gegenüber anderen zu beweisen und besser zu sein. Gerade durch Helfen und Unterstützen lernst Du viel eher! So, wie Du erwartest, daß Du unterstützt wirst, solltest Du auch mitarbeiten.

Segelfliegen ist keine Männerdomäne! Einem Segelflugzeug ist es gleichgültig, wer hinter dem Steuer sitzt. In meiner Tätigkeit als Fluglehrer hatte ich zahlreiche Schülerinnen, die oft besser und konstanter als ihre männlichen Kollegen flogen. Immerhin gibt es im Deutschen Aero Club (DAeC) auch eine weibliche Nationalmannschaft, die im internationalen Vergleich hervorragend abschneidet. Noch sind sicher die Männer in dieser Sportart die Mehrheit, doch was hindert die Frauen, ihnen gleichzutun oder sie zu überflügeln? Übrigens, auch Vereine benötigen vielleicht einmal weibliche Vorsitzende. Eine Reihe Fluglehrerinnen gibt es schon, auch wenn es noch mehr sein dürften.

Hast Du Dich für Verein oder Schule entschieden, so wirst Du bald das erste Mal auf dem Flugfeld sein. Da Segelfliegen eine nahezu lautlose Sportart ist, haben Segelflugzeuge die Angewohnheit, daß man sie sieht, aber nicht hört! Deshalb überlege Dir vor jedem Schritt:

Erst gucken,dann gehen!

Vor startbereiten Segelflugzeugen haben wir uns ebensowenig aufzuhalten, wie in der Landegasse, es sei denn, Du hilfst mit ein Segelflugzeug zu schieben. Aber bitte erst gucken, bevor Du die Landegasse betrittst!

An vielen Segelfluggeländen wird wechselweise in der Gruppe das Seilrückholfahrzeug bedient. Man nennt es LEPO, weil früher auf dem Segelfluggelände Wasserkuppe ein alter Opel die Seile von der Startwinde zurück zum Start brachte. Man drehte also Opel um und der Lepo war geboren. Egal, was die Seile zurückbringt, alles heißt heute Lepo.

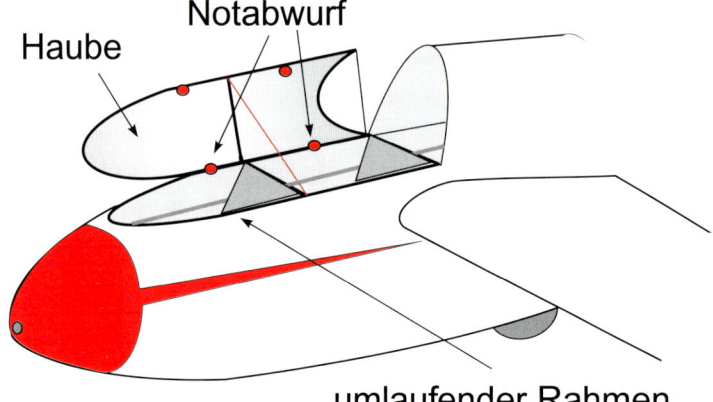

Bild 1.1 Der Einstieg in ein Segelflugzeug

Auch ist Segelfliegen keine elitäre Sportart für Begüterte!. Viele Schüler, Auszubildende und Studenten sind in Vereinen vertreten (*auch wenn zugegeben werden muß, daß -wie in jedem Verein- einige „Platzhirsche" sich auf Kosten der übrigen Mitglieder profilieren wollen*). Trotzdem bieten nur wenige andere Sportarten die Möglichkeit, sowohl Teamgeist zu erleben als auch die individuelle Freude, die "Schwerkraft überwinden" zu können. Wenn Du Dir zutraust, mit offenen Augen Deine Umwelt zu erleben und an ihr teilzuhaben, dann ist dieser Sport genau richtig für Dich!

Ein Segelflugzeug ist ein Hilfsmittel, um durch die Luft fliegen zu können. Das verlangt, daß wir es ordnungsgemäß bedienen. In Verlauf der Ausbildung wirst Du ein Gerät kennenlernen, daß willig Deinen Steuerbefehlen folgt, aber nur so gut fliegt, wie es bedient wird. Du mußt Dich also trauen, zu handeln. Du kannst von einem Segelflugzeug als Anerkennung Deines guten Willens kein Wohlverhalten erwarten, da es kein Lebewesen ist.

Wenn zu Beginn erwähnt wurde, daß Segelfliegen eine nahezu lautlose Sportart ist, so gilt besonders vor jedem Schritt auf dem Fluggelände:

> ### Erst gucken, dann gehen!

Wir haben uns keinesfalls vor landenden oder startbereiten Segelflugzeugen aufzuhalten! Schnell ist ein Windenseil übersehen, das höchst gefährlich ist und beim Einziehen selbst massive Gegenstände durchsägen kann! Während eines Windenstarts haben wir uns auch nicht neben oder hinter der Winde aufzuhalten, denn bei einem Seilriß wirkt das zurückschnellende Ende wie eine riesige Peitsche.

Die links beschriebenen Seilrückholfahrzeuge sind nicht für Privatfahrten auf dem Fluggelände gedacht. Andere Personen als der Fahrer sind in der Regel nicht versichert. Auch wenn auf zahlreichen Segelfluggeländen nicht die Straßenverkehrsordnung gilt, so sollte ein Seilrückholfahrzeug aus versicherungstechnischen Gründen nur von Personen mit einem Führerschein bedient werden. Das ist aber nicht immer die Praxis, denn oft sind auch Vierzehnjährige hervorragende Seilrückholfahrer.

Nun zur Ausbildung selbst. Segelflugzeuge sind (*siehe linke Seiten etwas weiter hinten*) aus leichten Werkstoffen aufgebaut. Besonders die Haube ist gegen Kratzer und Verschmutzung empfindlich. Sie ist nicht dazu geeignet, sich in oder auf ihr abzustützen. Dies gilt gerade beim Einstieg. Beispielsweise kostet die Haube einer ASK-13 einige tausend Mark, ganz abgesehen von der Warterei, wenn ein Segelflugzeug für den Schulbetrieb ausfällt. Das Bild links zeigt Dir, wo Du Dich beim Einstieg abstützen darfst.

Segelflugzeuge benötigen je nach Baumuster eine bestimmte Mindestzuladung im Führersitz. Ein Schild im Cockpit gibt Ausunft über Gewichte und Betriebsgrenzen. Bist Du leichter, so ist das fehlende Gewicht durch Bleigewichte zu ergänzen, die fest im Segelflugzeug montiert werden. Du bist selbst dafür verantwortlich, daß Du jedesmal die entsprechenden Gewichte bereithältst, wenn Du an der Reihe bist. Bist Du etwas kleiner, so mußt Du für den

Nun zum Einstieg in das Segelflugzeug: Du Kannst Dich auf dem umgebenden Rahmen abstützen, keinesfalls jedoch im Rahmen der Plexiglashaube! Viele Segelflugzeugmuster (wie Ka-7, ASK-13, Bergfalke) besitzen einen bespannten Stahlrohrrumpf. Deshalb Vorsicht beim Einsteigen, schnell führt Unachtsamkeit zu Schäden. Unsere Schuhe säubern wir von Schmutz oder Sand, damit sich nichts zwischen Rohr und Bespannung setzt und die Konstruktion schädigt.

Hast Du Platz genommen, siehst Du Instrumente und verschiedenfarbige Griffe innerhalb des Cockpits. Vor Dir, im Instrumentenbrett, sind vier wichtige Instrumente zu nennen: **Fahrtmesser**, **Höhenmesser**, **Variometer** und **Kompaß**. Die Erklärung der Funktionsweisen findest Du auf der rechten Seite.

Der **Fahrtmesser** gibt Dir die gegenüber der Luft geflogene Geschwindigkeit an. Der **Höhenmesser** zeigt die Flughöhe und wird vor jedem Start mit dem Einstellrad in die Nullstellung gedreht. Im oberen Fenster ist der Luftdruck auf dem Flugfeld abzulesen.

Bild 1.2 Der Fahrtmesser

Bild 1.3 Der Höhenmesser

Das **Variometer** macht Angaben über das Steigen und Sinken in Meter pro Sekunde, ein Zeigerausschlag nach oben bedeutet, daß das Segelflugzeug Höhe gewinnt. Der **Kompaß** gibt die Flugrichtung an.

Zwischen Deinen Beinen befindet sich der **Steuerknüppel**. Eine Bewegung vor- und rückwärts steuert das **Höhenruder**, links und rechts das **Querruder**. Die Füße stellst Du in die Seitenruderpedale. Sie steuern das **Seitenruder** (oder hast Du sie für Fußablagen gehalten?). Die Funktions- und Wirkungsweise der Ruder wird in Kapitel 3 beschrieben.

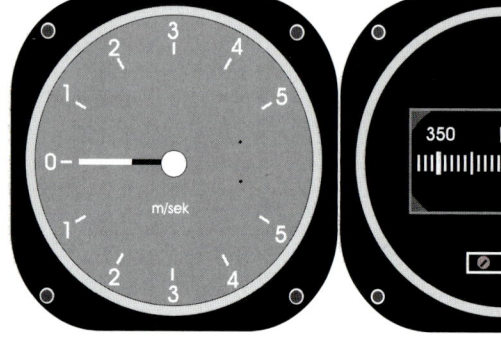

Bild 1.4 Das Variometer   *Bild 1.5 Der Kompaß*

richtigen Sitz sorgen. Hierfür gibt es spezielle Sitzkissen, die so in den Pilotensitz gelegt werden müssen, daß die Steuerung nicht behindert wird. Weitere Anmerkungen findest Du in Kapitel 6 (*Tips und Tricks*). Du bist nun eingestiegen und Dein erster Blick fällt auf das Instrumentenbrett vor Dir. Während links erklärt ist, welche **Flugüberwachungsinstrumente** in einem Segelflugzeug sind, soll hier kurz erklärt werden, wie sie funktionieren:

Der **Fahrtmesser** zeigt den Differenzdruck (Staudruck) zwischen der beschleunigten (Gesamtdruck) und ruhenden (Statischer Druck) Luft. Bei der ASK-13 ist der Einlaß für den Gesamtdruck in der Regel in der Rumpfspitze untergebracht, die Düsen für den Statischen Druck sind als winzige Löcher links und rechts am Rumpf zu erkennen. Es ist darauf zu achten, daß die Düsen nicht verschmutzen.

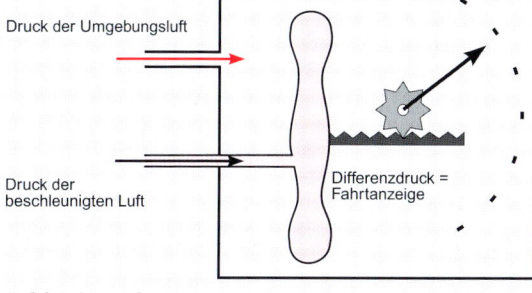

Bild 1.8 Funktionsweise des Fahrtmessers (Prinzipbild)

Der **Höhenmesser** ist prinzipiell nichts anderes als ein umgebautes Barometer. Die Wände der geschlossenen Aneoriddose (so nennt man die luftleere Dose) werden mit einer im Inneren angebrachten Feder auseinandergedrückt. Sinkt der Luftdruck (in Bodennähe je 8 Höhenmeter um 1 Hektopascal) mit zunehmender Höhe, so wird dies über das Hebelwerk angezeigt. Steigt der Luftdruck, weil das Segelflugzeug sinkt, wird die Dose zusammengedrückt. Der Höhenmesser wird vor jedem Start auf Null gestellt. Im kleinen Fenster des Instrumentes ist der Luftdruck auf dem Flugplatz abzulesen (QFE). Bei Überlandflügen wird der Luftdruck in Meereshöhe eingestellt (QNH), die Höhenanzeige gibt dann die Höhe des Platzes über Meeresspiegel wieder.

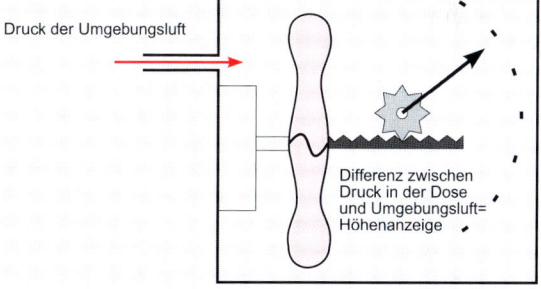

Bild 1.9 Prinzipbild eines Höhenmessers

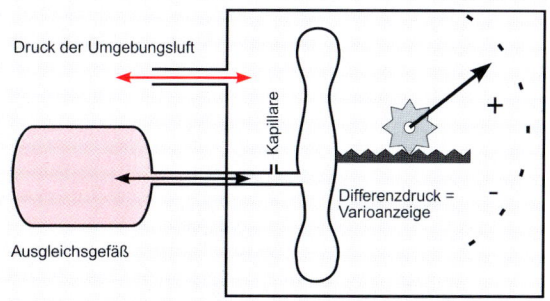

Bild 1.10 Aufbau eines Dosenvariometers

Das **Variometer** besitzt wie der Fahrtmesser zwei Anschlüsse, neben dem für den statischen Druck (Druck der Umgebungsluft) führt der zweite in ein Ausgleichsgefäß. Steigt das Segelflugzeug, so strömt die Luft

Was hat es mit den verschiedenfarbigen Griffen auf sich? Links von Dir ist der blaue Hebel für die **Luftbremsen** (oft auch mißverständlich Bremsklappen genannt). Sie sind mit einer Verknieung gegen unbeabsichtigtes Ausfahren gesichert. Dies merkst Du, wenn Du den Hebel nach hinten bewegst, denn erst nach Überwinden eines Widerstands fahren die Bremsen aus den Flügeln aus. Vor dem Start werden sie eingefahren und eingerastet. Die Luftbremsen fahren auf der Oberseite der Flügel aus, bei einigen Baumustern sogar zusätzlich an der Unterseite; hierbei vernichtet der Luftspalt zusätzlich (*siehe Kapitel 2*) Auftrieb. Ältere Baumuster besitzen auf der Oberseite der Flügel Bremsklappen, die um eine Drehachse aufgestellt werden. Je nach Bauart der Luftbremsen tritt eine Lastigkeitsänderung ein. Einige Segelflugzeuge werden mit ausgefahrenen Bremsen schneller, andere langsamer. Die Besonderheiten Deines Segelflugzeuges wird Dir der Fluglehrer während der praktischen Übungen vorstellen.

Unterhalb des Instrumentenbretts oder seitlich davon befindet sich ein **gelber Knopf**, wird er bis Anschlag gezogen, öffnet sich die **Schleppkupplung**. Die roten Knöpfe rechts auf dem Haubenrahmen sind der **Haubennotabwurf**, ziehst Du sie zusammen mit der Haubenverriegelung (links am Haubenrahmen, entweder ebenfalls rot oder schwarz) nach hinten, löst sich die Haube für den Notausstieg aus dem Segelflugzeug. Je nach Segelflugzeugmuster muß im Falle eines Haubennotabwurfs die Haube entweder nach oben oder vorne fortgeschoben werden. Dein Fluglehrer wird Dich in die Besonderheiten des von Dir geflogenen Musters einweisen (*siehe rechts*).

Zu den **Anschnallgurten**: Sie werden in der Reihenfolge linker Beckengurt, rechter Beckengurt, linker Schultergurt, rechter Schultergurt angelegt und oberhalb des Schlosses gesichert (Dein Lehrer hilft). Im Falle eines Notausstieges bedarf es nur eines Handgriffes, um sich von allen Gurten zu befreien.

Als letztes bliebe der **Rettungsschirm**: Er wird vor dem Einstieg in das Segelflugzeug wie eine Jacke übergezogen. Anschließend werden zwei Gurte zwischen den Beinen durchgeführt und in seitlich angebrachte Karabinerhaken eingeklinkt, damit im Falle eines Falles der Pilot nicht nach unten herausrutscht. Als letztes wird ein über die Brust führender Gurt geschlossen. Die Reißleine von Automatikschirmen muß an der dafür vorgesehenen Einrichtung befestigt werden. Diese Reißleine zieht im Falle eines Absprunges den Schirm aus dem Packsack. Bei manuellen Schirmen befindet sich auf der linken Seite des Gurtzeuges ein gelber Griff, der zur Auslösung kräftig mit der rechten Hand nach unten herausgezogen werden muß.

In den weiteren Kapiteln werden Dir Aufbau und Steuerung eines Segelflugzeuges erklärt. An dieser Stelle einige Grundsätze vorweg:

Jedes Segelflugzeug besteht aus Rumpf, Flügeln und Leitwerk. Zur Gewichtsersparnis sind sie aus leichten Materialien gebaut. Einige Segelflugzeuge besitzen einen Stahlrohrrumpf mit Holzflügeln (Gemischtbauweise), andere sind aus Kunststoff gefertigt. Auch noch so stabil

aus dem Ausgleichsgefäß in die Dose und wölbt sie nach außen. Das Zeigerwerk regi-striert dies als Steigen. Durch eine Kapillarbohrung gleicht sich mit der Zeit der Über-druck der Dose dem Druck im Variometergehäuse an. Dann geht der Zeiger wieder in die Nullstellung, solange das Segelflugzeug seine Höhe nicht verändert. Im Sinkflug kehrt sich der Prozeß um. Neben dem etwas trägeren Dosenvariometer werden oft die schnelle-ren Stauscheibenvariometer benutzt. Um die durch Ziehen und Drücken am Höhenruder hervorgerufenen Höhenänderungen auszuschließen, werden die Variometer oft mit einer Kompensationsdüse versehen, die zum Beispiel an der Seitenruderflosse angebracht wer-den kann. Kompensierte Variometer zeigen nur dann Steigen an, wenn das Segelflugzeug ohne Längsneigungsänderung an Höhe gewinnt.

Mit dem **Kompaß** kannst Du die Richtung der Längsachse kontrollieren. Selbst für Dich als Anfänger ist er wichtig, wenn Du nach zahlreichen Kurven während der folgenden Ausbildungsflüge einmal die Orientierung verlierst und den Flugplatz suchst.

Alle Flugüberwachungsinstrumente zeigen aber nur dann genau an, wenn die Bedingungen der Standardatmosphäre (zum Beispiel 15 ° Celsius in Meereshöhe bei einem Druck von 1013,2 hPa) erfüllt sind. Die Standardatmossphäre ist die rechnerische Umsetzung der im Mittel auf der Erde gemessenen atmosphärischen Bedingungen, wie Druck, Temperatur, Luftdichte und so weiter. Sie ist die Eichgrundlage für alle Instrumente im Flugzeugbau. Jede Abweichung der aktuellen meteorologischen Bedingungen führt zu einer Fehlanzeige, eine genauere Be-trachtung ist jedoch für die Segelfluggrundausbildung unerheblich.

Der **Steuerknüppel** zwischen Deinen Beinen bedient mit der Vor- und Rückwärtsbewegung das Höhenruder, die Füße kommen in die **Seitenruderpedale**. Die Funktionsweise der Ruder ist in Kapitel 3 beschrieben. Die Seitenruder können in der Länge verstellt werden. Dazu wird in der Raste das Gestänge angehoben und in die richtige Länge gebracht. Achte darauf, daß beide Seitenruderpedale gleich lang eingestellt sind.

Die Funktion der **Luftbremsen** (*siehe links*) wird in späteren Kapiteln an praktischen Beispielen ausführlicher erläutert werden. Wichtig zu diesem Zeitpunkt ist für Dich, daß sie bei den meisten Baumustern im letzten Teil des Weges mit der Radbremse für das Hauptrad gekoppelt sind. Wie Du weiter hinten lesen kannst, müssen wir aufpassen, daß die Radbremse nur dann betätigt wird, wenn wir dies vorhaben.

Die Funktionsprüfung der **Einklinkvorrichtung** (gelber Knopf) wird vor dem ersten Start an einem Flugtag durchgeführt. Ein Flugschüler klinkt das Seil ein (*siehe Kapitel 3*) und zieht anschließend daran. Zur Kontrolle klinken wir unter dieser Zugspannung aus. Bei der zweiten Probe zieht der Flugschüler nach dem Einklinken das Seil von hinten aus der Schwerpunktkupplung. Damit läßt sich überprüfen, ob beim Windenstart das Seil ober-halb der Winde allein aus der Sicherheitskupplung ausklinkt. Die in der Rumpfspitze an-gebrachte Kupplung für den Flugzeugschlepp hat dagegen keine automatische Vorrichtung.

aussehende Segelflugzeuge aus Kunststoff oder Metall sind empfindlich und besitzen eine dünne Oberfläche. Es ist zum Beispiel mehr als eine Unsitte, sich auf die Flügel zu setzen.

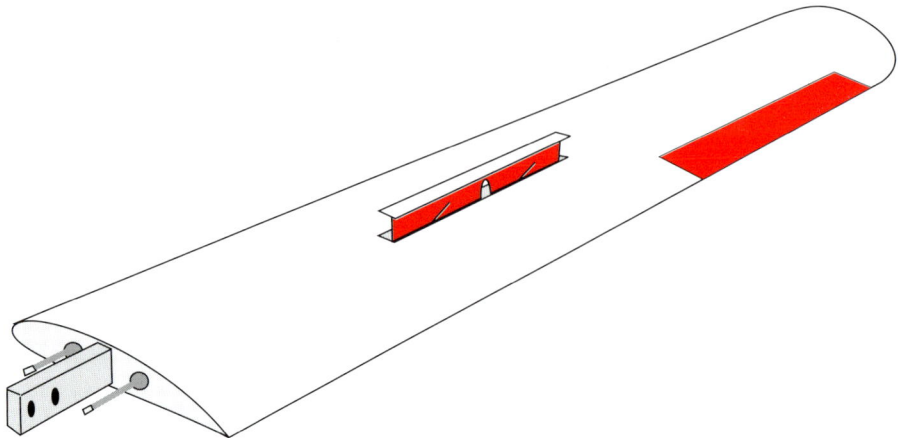

Bild 1.6 Aufbau eines Flügels mit Holm, Ruderanschlüssen und Luftbremsen

Die Flügel besitzen als tragende Einheit jeweils einen Holm. Sie ragen ein Stück über den Rumpfanschluß hinaus und sind im Rumpf mit Bolzen verbunden. Wie die Flügel, ist auch das Höhenleitwerk abnehmbar. Bei der täglichen Kontrolle achten wir deshalb darauf, daß sämtliche lösbaren Verbindungen gesichert sind und die Steuerorgane sinnrichtig angeschlossen wurden.

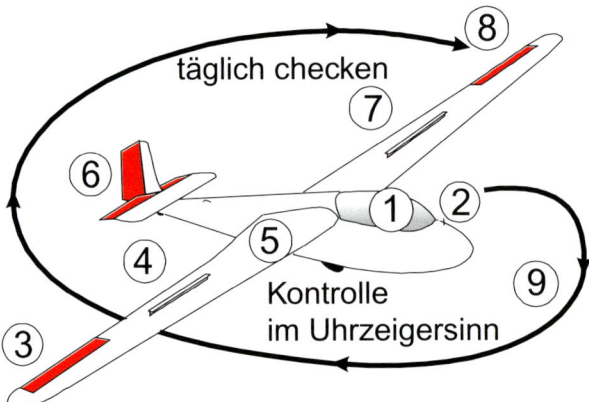

Bild 1.7 Die tägliche Kontrolle des Segelflugzeuges

Abbildung 1.7 zeigt die einzelnen Stationen eines Tageschecks. Wir beginnen unseren Check im Cockpit (① Batterie, Funk mit Frequenz und Sprechprobe, Instrumente, Gurtzeug, Flügelanschluß, Ruderanschlüsse, Spannschlösser, Kronenmuttern, Splinte, keine Fremdkörper?) und führen unseren Kontrollgang im Uhrzeigersinn um das Segelflugzeug

Der Aufbau eines **Rettungsfallschirmes** ist in der Abbildung 1.11 erklärt. Gegenüber den normalen Schirmen der Sportspringer ist die Sinkgeschwindigkeit erheblich höher, da die Größe eines Rettungsschirmes wegen des in einem Segelflugzeug zur Verfügung stehenden Raumes begrenzt ist. Die Mindestöffnungshöhen betragen bei Automatikschirmen etwa 80 Meter, bei manuellen Schirmen 120 Meter. Hinzuzurechnen ist die Höhe, die benötigt wird, um aus einem Segelflugzeug im Notfall auszusteigen. Haubennotabwurf und Ausstieg können schnell mehr als 200 Meter Höhe kosten! Ein Rettungsschirm nützt demnach nur in größeren Höhen; es wäre trügerisch zu glauben, daß ein Fallschirm Luftraumbeobachtung (*siehe Kapitel 3,5,7*) ersetzen kann!

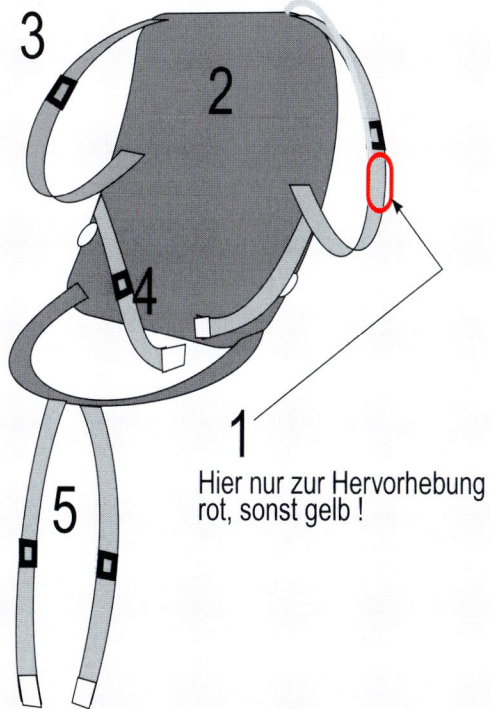

Hier nur zur Hervorhebung
rot, sonst gelb !

Bild 1.11 Aufbau eines manuellen Fallschirmes

Die in Bild 1.11 gekennzeichneten Teile sind: ① Aufziehgriff (gelb markiert), ② Rückenkissen und Schirm, ③ Schultergurte, ④ Brustgurt und ⑤ Beckengurte. Bei automatischen Schirmen ist der Aufziehgriff durch eine gelbe Reißleine (direkt aus dem Packsack kommend) ersetzt.

Auf der linken Seite sind in Grundzügen die Baugruppen eines Segelflugzeuges erklärt. Jeden morgen vor Flugbeginn, nach einem Zusammenbau und beispielsweise nach einer harten Landung, wird das Segelflugzeug gründlich gecheckt. Schließlich sind an Bord das Bordbuch mit Eintragungsschein, das Flug- und Betriebshandbuch, der jährliche

fort (② Luft auf den Reifen, Schleppkupplung in Ordnung?). Als nächstes folgt der rechte Flügel (③ Querruderanschluß, Gestänge, Umlenkhebel?), anschließend die Luftbremsen (④ Gängigkeit, kein Wackeln in den Gelenken). Jetzt wird der Flügelanschluß von außen überprüft (⑤ kein Spalt, bei einigen Baumustern Überprüfung, ob die Flügel in die hinteren Befestigung eingeschoben sind), darauf folgt die Kontrolle des Höhen- und Seitenleitwerks (⑥ Höhenruder und Gestänge angeschlossen und gesichert, Höhen- und Seitenruder freigängig, Splinte in den Rudern gesichert, sofern vorhanden: Trimmruder angeschlossen). Wir wechseln auf die andere Seite des Segelflugzeuges und fahren mit der Kontrolle des Rumpf-Flügelüberganges, der Luftbremsen und des Querruders fort (⑦, ⑧). Als letztes läßt Du von einem Mitschüler einen Flügel anheben und waagerecht halten. In einigen Metern Abstand vom Segelflugzeug stellst Du Dich vor die Rumpfspitze (⑨) und überprüfst den symmetrischen Aufbau, um Schäden durch Verziehung zu erkennen.

Nach Beendigung des Rundganges wird eine Ruderprobe durchgeführt. Ein Mitschüler setzt sich in das Segelflugzeug und bewegt die Ruder (Vollausschläge), während ein zweiter an den jeweiligen Rudern steht und die sinnrichtigen Ausschläge überprüft. In einem zweiten Durchgang werden die Ruder festgehalten, um zu überprüfen, ob unter Belastung ein Fehler (Gestänge nur lose eingesteckt, aber nicht angeschlossen und gesichert) auftritt.

Es ist eine gute Übung, wenn der Fluglehrer mit seinen Schülern gemeinsam ein Segelflugzeug checkt. Später wird diese Aufgabe von den Schülern wahrgenommen, der Lehrer kontrolliert nach, ob nichts vergessen wurde. Übrigens, einige Schulen und Vereine zeichnen den Tagescheck im Bordbuch oder in der Startliste ab. So kann jeder erfahren, ob das Segelflugzeug flugklar ist.

Soviel zu den Einführungen vor der praktischen Segelflugausbildung. Sicherlich könnten noch zahlreiche Anmerkungen gemacht werden, vieles Wissenswerte und Interessante wird Dir aber noch im weiteren Verlauf des Buches begegnen.

Eine Anmerkung sei gestattet: Im Verlauf der Segelflugausbildung gibt es sicherlich zahlreiche Anlässe, abends gemeinsam mit Fliegerkollegen zu feiern. Oft dauert dies bis spät in die Nacht, und es gibt genügend alkoholische Getränke. Am nächsten Tag wird wieder geflogen. Beim Fliegen gilt jedoch die „Null-Promille-Grenze"! Auch mit Restalkohol darf nicht geflogen werden. So sind die Wahrnehmungsfähigkeiten eingeschränkt und der Lernerfolg ist nicht besonders groß. Die unter Alkohol- oder Medikamenteneinfluß gemachten Ausbildungsflüge sind verlorene Mühe und Du mußt Dich nicht wundern, wenn zum Ende der Ausbildung der Fluglehrer Dich nicht zum Alleinflug zuläßt, weil der Ausbildungsstand zu gering ist. Ich möchte Dich keinesfalls vom Feiern abhalten, sondern gönne Dir mit Sicherheit *Deine* Feier, die Du nach dem ersten Alleinflug machen möchtest.

Nachprüfschein und das Lufttüchtigkeitszeugnis, die Zulassung als Luftfunkstelle sowie der Versicherungsnachweis mitzuführen. Im Platzbetrieb können die Papiere am Boden aufbewahrt werden, sofern sie jederzeit zugänglich sind.Bist Du Schüler in einer Ausbildungsgruppe, so bist Du mit dafür verantwortlich, daß vor Flugbeginn auch die Bordpapiere vollständig vorhanden sind. Bei der Ausbildung an einer Flugschule reicht es aus, wenn das persönliche Flugbuch bei dem Ausbildungsbetrieb vorliegt.

Das Flug- und Betriebshandbuch beschreibt die Betriebsgrenzen eines Segelflugzeuges. Hier kannst Du unter anderem nachschlagen, welches die höchstzulässigen Geschwindigkeiten in der jeweiligen Startart sind, wie hoch die empfohlene Anfluggeschwindigkeit bei der Landung ist und welche Beladungsgrenzen eingehalten werden müssen. Im Cockpit sind auf einem Schild die Betriebsgrenzen gleichfalls angebracht. Um das Segelflugzeugmuster, auf dem Du lernst, besser kennenzulernen, lohnt es sich durchaus, einmal das Flug- und Betriebshandbuch zu lesen. Bei Verständnisschwierigkeiten wird Dir der Fluglehrer helfen.

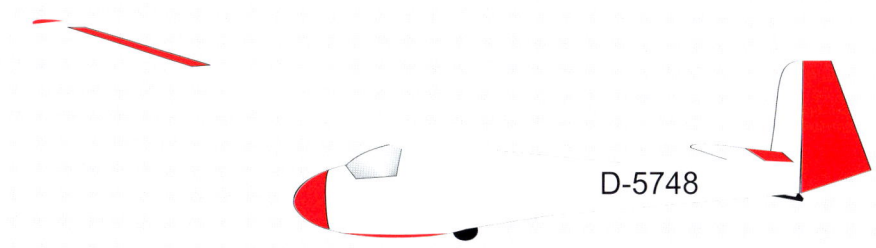

2. Kapitel
Auftrieb und Widerstand

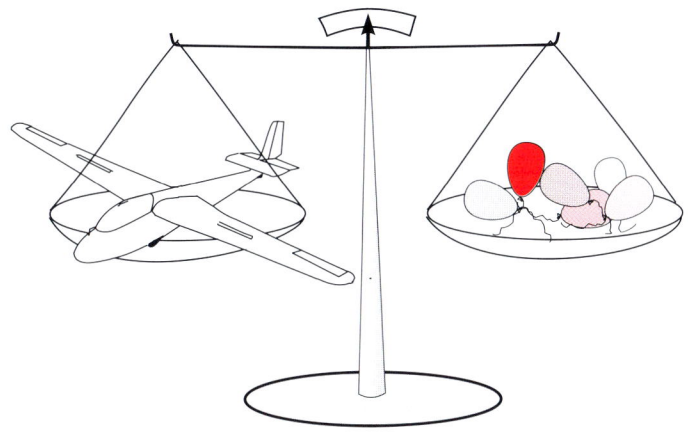

Das Segelflugzeug
Auftrieb und Widerstand

Du hast Dich entschlossen, fortan nicht mehr nur zu den Fußgängern zu gehören. Das Fliegen selbst muß aber erst noch gelernt werden. Mit dem Inhalt dieses Kapitels wirst Du zwar nicht gleich in die Luft gehen können, vielleicht wird Dir aber während der praktischen Ausbildung einiges verständlicher.

Ein Triebwerk wirst Du beim Segelflugzeug vergebens suchen. Gleich an dieser Stelle müssen wir uns von der Vorstellung lösen, daß zum Fliegen ein Motor gehört. Ebensowenig benötigen wir, wie ein Segelboot, den Wind als Vortrieb. Der Vortrieb entsteht allein deshalb, weil ein Segelflugzeug wie jeder andere Gegenstand aus der Höhe senkrecht nach unten fallen will. Die Flügel hindern es daran, so daß es nach vorne fällt, oder besser „gleitet". Wie die Flügel uns am Herunterfallen hindern, möchte ich Dir nun zeigen.

Rechts ist der Zusammenhang zwischen Staudruck und statischem Druck beschrieben. Das Segelflugzeug bewegt sich durch die Luft, und diese trifft auf den Tragflügel. Da sie nicht hindurchströmen kann, teilt sie sich an der Flügelnase in eine Strömung oberhalb und unterhalb auf. Betrachtest Du den Flügel eines Segelflugzeuges, wirst Du feststellen, daß die Oberseite stärker als die Unterseite gewölbt ist. Der Weg für die Luft ist auf der Oberseite länger. Da die geteilte Strömung jedoch zur gleichen Zeit die Hinterkante des Flügels erreichen will, muß die Luft auf der Oberseite schneller fließen. Der Druck der unbeschleunigten Luft dagegen sinkt und „saugt" den Tragflügel nach oben. Diese Kraft ist groß genug, um ein Segelflugzeug (ab einer bestimmten Geschwindigkeit) in der Luft zu halten.

Diesen „Sog" kannst Du ganz leicht an einem Beispiel überprüfen: Wenn Du ein Blatt Papier vor den Mund hältst und dann über die Oberseite kräftig bläst, hebt es sich an. Man

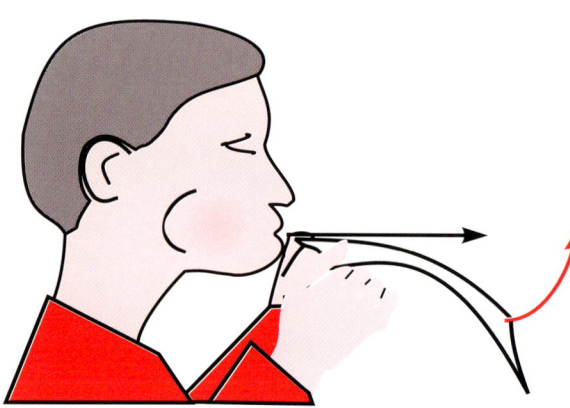

Bild 2.1. Auftrieb durch Unterdruck

bezeichnet den „Sog" als (dynamischen) **Auftrieb**. Der Auftrieb ist unter anderem abhängig vom Quadrat der Geschwindigkeit, mit der die Luft anströmt und von der Flügel-

Das Segelflugzeug
Ein wenig Theorie

Dieses Kapitel gibt eine kurze Einführung, weshalb ein Segelflugzeug fliegt. Dies soll nicht als umfassende Darstellung der Strömungsmechanik verstanden werden. Abhängigkeiten der Luft von Größen wie Temperatur, Druck, Dichte und anderen werden nur vereinfacht betrachtet.

Im Flug wird das Segelflugzeug von der Luft umströmt. Dabei ist es gleichgültig, ob sich das Segelflugzeug in der Luft vorwärts bewegt oder die Luft das Flugzeug umströmt. Die Kraft, die uns in der Luft hält, hängt auch von der Geschwindigkeit des Segelflugzeuges gegenüber der Luft ab. Vollkommen anders ist dies bei Luftschiffen oder Ballonen, die bekanntermaßen leichter als Luft sind.

Um die Strömungsverhältnisse am Flügel zu verstehen, ist ein kurzer Rückgriff auf die Gleichung von Bernoulli (Mathematiker und Physiker, lebte von 1700 bis 1782) notwendig, die besagt, daß der Gesamtdruck der Luft aus dem Druck der Umgebungsluft (*Statischer Druck*) und dem beschleunigten Druck (*Staudruck*) besteht. Das Ganze noch einmal für „Normalsterbliche": Wird der *statische Druck* (Druck der Umgebungsluft) verändert, so ändert sich ebenfalls der *Staudruck* (Druck der beschleunigten Luft), da die Summe beider gleich bleibt. Der Staudruck ist abhängig vom Quadrat der Geschwindigkeit. Wird dies in ein Beispiel für ein Segelflugzeug übersetzt, so könnte es folgendermaßen lauten: Steigt der Staudruck, weil wir schneller fliegen, so sinkt gleichzeitig der statische Druck. Genau so ist es beim Tragflügel: Weil die Luft auf der Oberseite einen längeren Weg (also schneller!) zurücklegen muß, um sich gleichzeitig mit der Luft der Flügelunterseite an der Hinterkante zu treffen, sinkt der umgebende Druck. Offensichtlich müssen wir uns von der Vorstellung lösen, daß das Segelflugzeug auf der Luft wie auf Wasser schwimmt. Vielmehr „hängt" es (*siehe Bild 2.10*) an der Oberseite der Tragflügel, weil dort ein geringerer Druck herrscht.

Die benötigte Kraft, um in der Luft zu bleiben, wird (dynamischer) **Auftrieb** genannt. Er ist abhängig von dem Quadrat der Geschwindigkeit. Erst wenn der Auftrieb dem Gewicht entspricht, kann ein Flugzeug fliegen; ist er größer, beginnt es (ohne Veränderung der Fluglage) zu steigen. Alle Druckkräfte des Flügels kann man sich in einem *Druckpunkt* (Bild 2.10) vereinigt vorstellen. Vereinfachend kann man annehmen, daß der Auftrieb immer senkrecht im Druckpunkt auf der Flugbahnlinie steht.

Der Auftrieb ist allerdings nicht die einzige Kraft, die auf das Segelflugzeug wirkt. Zu jedem Auftrieb gehört ein Widerstand, den auch eine noch so aerodynamische Form nicht ausschließen kann. Zwar können Autohersteller vom geringen Luftwiderstand eines Segelflugzeuges nur träumen, trotzdem bleibt ein nicht zu vernachlässigender Rest.

fläche. Gleichzeitig entwickelt jeder umgeströmte Körper einen Widerstand, da auch noch so gute Formgebung die Luft zu Ausweichbewegungen zwingt. Zum einen hat die spezifische Form jedes bewegten Körpers einen Widerstand, zum anderen erzeugt das Segelflugzeug schädliche Wirbel, die ebenfalls Leistungsverluste hervorrufen.

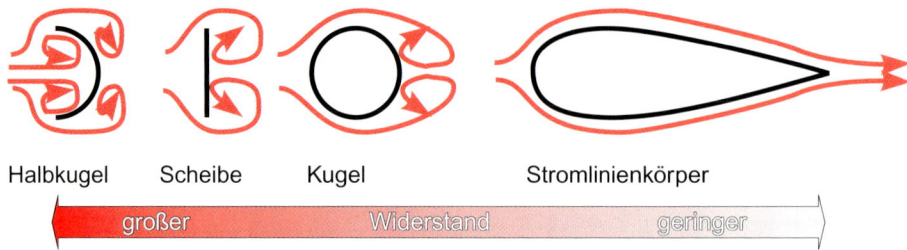

Halbkugel   Scheibe   Kugel   Stromlinienkörper

großer   Widerstand   geringer

Bild 2.3. Der Formwiderstand verschiedener Körper

Wie in Bild 2.2 gezeigt wird, ergeben Auftrieb und Widerstand die Luftkraft, die als aufwärts gerichtete Komponente im stationären Gleitflug dem Gesamtgewicht des Segelflugzeuges entspricht. Das Gewicht ist auch die Kraft, die dem Segelflugzeug Geschwindigkeit verleiht. Das Segelflugzeug fliegt auf einer leicht von der Horizontalen nach unten abweichenden Flugbahn. Da es dabei der Erdanziehung (wenn auch nur wenig) nachkommt, ist verständlich, daß das Fluggewicht (= effektive Flächenbelastung) etwas geringer als das Gesamtgewicht ist. Die Differenz zwischen Gesamtgewicht und effektiver Flächenbelastung ist der zur Verfügung stehende Vortrieb (*siehe rechts*).

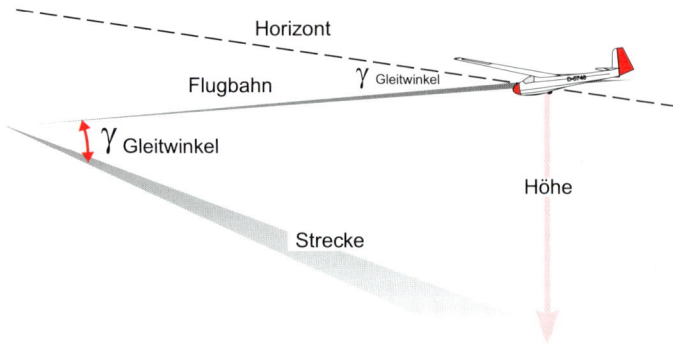

Horizont

Flugbahn γ Gleitwinkel

γ Gleitwinkel

Höhe

Strecke

Bild 2.5. Der Gleitwinkel

Das Verhältnis zwischen zurückgelegter Strecke und verlorener Höhe ist das Gleitverhältnis (oft fälschlicherweise auch als Gleitzahl bezeichnet). Es gibt an, wieviel Meter Strecke das Segelflugzeug pro Meter Eigensinken zurücklegt. Das Gleitverhältnis bei dem Schulsegelflugzeug ASK-13 ist zum Beispiel 1 zu 27. Dies bedeutet, daß das Segelflugzeug bei 27 Meter zurückgelegter Strecke nur einen Meter sinkt. Oder anders ausgedrückt: Der Auftrieb ist 27 mal größer als der Widerstand. Der Winkel zwischen der Horizontalen und der Flugbahn ist der Gleitwinkel. Bei Normalfahrt haben übliche Segelflugzeuge Gleitwinkel von 2-3 Grad.

Der Widerstand wirkt in Verlängerung der Anströmrichtung und ist genau so groß wie der uns zur Verfügung stehende Vortrieb. Wie in späteren Kapiteln noch zu sehen ist, bedeutet dies in der Praxis, daß zu jeder Flugbahn nur eine Geschwindigkeit gehört.

Auch der Widerstand ist vom Quadrat der Geschwindigkeit abhängig, die Addition von Auftrieb und Widerstand ergibt die resultierende Luftkraft.

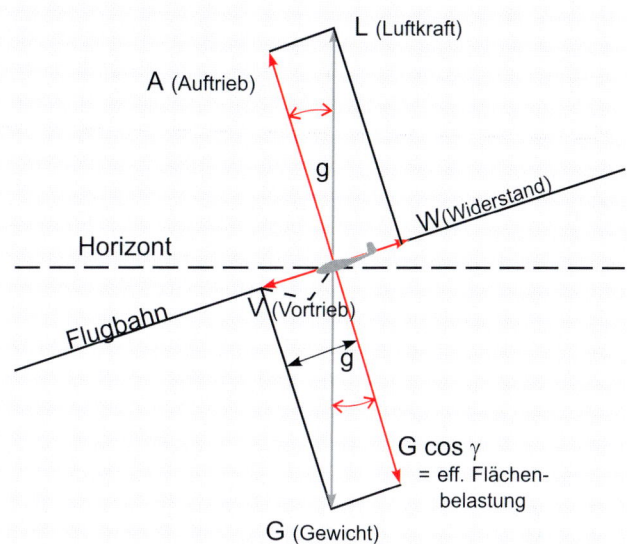

Bild 2.2 Die Kräfte im stationären Gleitflug

Wie entwickelt nun ein Segelflugzeug Vortrieb, um überhaupt Auftrieb und Widerstand entstehen zu lassen? Der Physiker würde sagen, daß potentielle Energie (=Höhe) in kinetische Energie (=Geschwindigkeit) umgesetzt wird. Stellen wir uns ein Segelflugzeug in der Luft vor. Nehmen wir an, das Segelflugzeug (ASK-21) allein wiegt 370 Kilogramm, Schüler, Lehrer und Fallschirme zusammen noch einmal 160 Kilogramm. 530 Kilogramm befinden sich in der Luft. Das Segelflugzeug fliegt nach vorne auf einer leicht geneigten Bahn. Wie die Abbildung 2.2 zeigt, nähert es sich beständig dem Erdboden. Da es ein wenig der Erdanziehung entgegenkommt, müssen die Flügel etwas weniger als 530 Kilogramm tragen. Die tatsächliche (= effektive) Flächenbelastung entspricht in diesem Flug nicht ganz dem eigenen Gewicht. Genau daher rührt der Vortrieb: Um ein Segelflugzeug bei diesem Gewicht mit einer Geschwindigkeit von (zum Beispiel) 80 km/h fliegen zu lassen, benötigt man nur wenige Newton Schub. Treiben wir das Gedankenspiel weiter, so hieße das für den senkrechten Sturz, daß wir nicht schneller fliegen könnten als uns an Gewicht zur Verfügung steht.

Je schwerer ein Segelflugzeug ist, desto schneller kann es bei gleicher Flugbahn fliegen. Dies heißt für die Praxis (*Kapitel 9: Der Alleinflug*), daß Du im Alleinflug mit dem gewohnten Flugbild langsamer fliegst, weil der Fluglehrer ausgestiegen ist. Noch einmal zurück zum Auftrieb: Er entspricht, wie gesehen, in Wirklichkeit nicht dem Gewicht, sondern der effektiven Flächenbelastung. Da das tatsächliche Gewicht des Segelflugzeuges etwas größer als der Auftrieb ist, verliert es allmählich an Höhe. Anders   beim Motorflugzeug: Hier erzeugt der Propeller soviel Vortrieb, daß der Auftrieb dem Gewicht entspricht. Gibt der Pilot mehr Gas, so wird er nicht schneller, sondern das

Das Gleitverhältnis wird im Flughandbuch für die Geschwindigkeit des besten Gleitens angegeben, läßt sich aber für jede beliebige Fahrt ermitteln. Bei dieser Geschwindigkeit legt das Segelflugzeug die weiteste Strecke bei einem bestimmten Höhenverlust (ohne Windberücksichtigung) zurück. Das Gleitverhältnis bei ruhiger Luft wird uns wieder interessieren, wenn in Kapitel 5 die Einteilung der Platzrunde behandelt wird und sich die Frage stellt, wie weit man mit der zur Verfügung stehenden Höhe kommt.

Bestimmte Leistungsangaben des Segelflugzeuges lassen sich aus dem *Polardiagramm* ablesen. Die *Polare* geht auf Otto von Lilienthal zurück, der als erster systematisch den Vogelflug untersuchte und die Verhältnisse von Auftrieb und Widerstand vermessen und beschrieben hat. Neben der schon aufgeführten Geschwindigkeit des besten Gleitens ist noch die Geschwindigkeit des geringsten Sinkens von Bedeutung. Bei dieser Geschwindigkeit verliert das Segelflugzeug die geringste Höhe, jedoch wird keine große Strecke mehr zurückgelegt. Im Gegensatz zum besten Gleiten ist der Aktionsradius klein, dafür bleibt das Segelflugzeug länger in der Luft. Dieser für Dich (noch) kleine Unterschied bedeutet für den Segelflieger auf einem Überlandflug Welten!

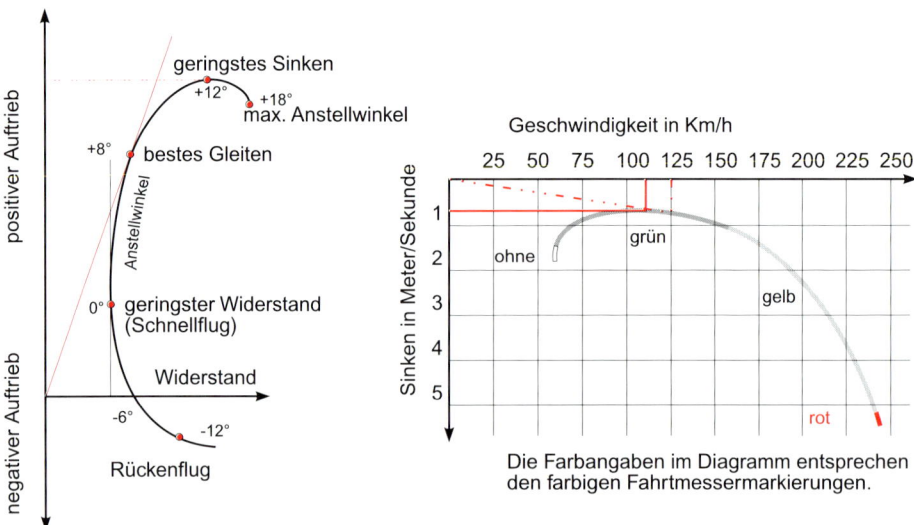

Bild 2.7. Widerstandspolare nach Lilienthal (links), Geschwindigkeitspolare (rechts)

Auf der rechten Seite ist der Anstellwinkel beschrieben. Bild 2.7. zeigt die Zusammenhänge zwischen Auftrieb und Widerstand. Korrekterweise muß angemerkt werden, daß die Widerstandspolare nicht das Verhältnis von Auftrieb zu Widerstand darstellt, sondern das Verhältnis der zugehörigen Beiwerte. Bei der Ermittlung von Auftrieb und Widerstand (*wie rechts beschrieben*) sind neben den Beiwerten auch Staudruck und Flügelfläche zu berücksichtigen. Auftriebs- und Widerstandsbeiwert sind dimensionslose Zahlen und werden für jedes Profil im Windkanal ermittelt.

Flugzeug steigt bei gleichbleibender Fluglage „in sich" (dieser Begriff wird noch öfter auftauchen). In späteren Kapiteln wirst Du sehen, daß unser „Motor" die Sonne ist, die erwärmte Luft aufsteigen läßt.

Wie verteilt sich nun die Strömung am Flügel? Sie teilt sich am vorderen **Staupunkt** in eine Strömung an Ober- und Unterseite und soll zur gleichen Zeit am hinteren Staupunkt ankommen. Bis zum Punkt der größten Profildicke liegt sie störungsfrei am Flügel an, man spricht von *laminarer Strömung*. Bis zu diesem Punkt nimmt der Druck beständig ab, da die Strömungsgeschwindigkeit steigt.

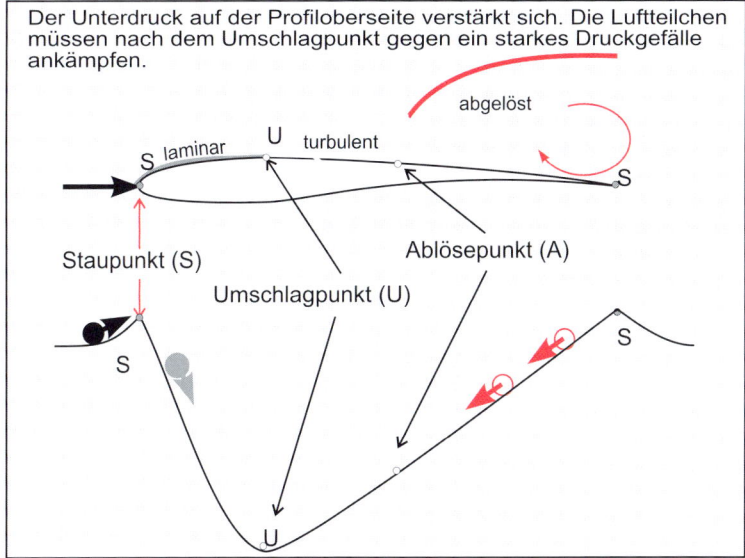

Bild 2.4 Strömungsverhältnisse am Flügel und ähnliches Beispiel aus der Mechanik

Ab diesem Punkt, auch als **Umschlagpunkt** bezeichnet, folgt die Luft dem Profil *turbulent* unter Wirbelbildung. Da hinter dem Umschlagpunkt das Profil wieder dünner wird, steigt auch der Druck bei gleichzeitigem Geschwindigkeitsverlust der Strömung. Ist die Luftströmung infolge der Reibung durch Wirbelbildung so stark beeinträchtigt, daß sie nicht dem Profil folgt, sondern vielmehr entgegengesetzt strömt, *löst sie sich ab*. Dieser Punkt wird **Ablösepunkt** benannt.

Das Bild 2.4 zeigt den Strömungsverlauf und darunter ein ähnlich gelagertes Beispiel aus der Mechanik. Rollt eine Kugel einen Berg hinunter, so wird sie solange beschleunigt (= laminar), bis sie den tiefsten Punkt erreicht hat. Dort wird sie wieder langsamer, jede Unebenheit im Untergrund (= turbulent) wird sie zu Sprüngen veranlassen. Der Reibungswiderstand bremst sie so stark, daß die Endhöhe nicht mehr der Ausgangshöhe entspricht (= abgelöst).

Eine Vergrößerung des Anstellwinkels (Höhenruder ziehen) reduziert die Geschwindigkeit, führt jedoch erst unter einer bestimmten Geschwindigkeit zu einer Widerstandserhöhung. Im rechten Teil des Schaubildes ist die Geschwindigkeitspolare zur besseren Übersicht mit den Farbmarkierungen (*siehe Kapitel 1*) wie der Fahrtmesser versehen. Die praktischen Zusammenhänge zwischen Auftrieb, Anstellwinkel und Widerstand werden einen großen Teil der Segelflugausbildung ausmachen. Wichtig für Dich ist, daß sowohl bei zu langsamen, als auch bei sehr schnellem Flug der Widerstand deutlich erhöht werden kann.

Neben dem Anstellwinkel gibt es beim Segelflugzeug noch den Einstellwinkel, den Du jedoch (bei den in der Grundausbildung gebräuchlichen Segelflugzeugmustern) nicht beeinflussen kannst. Dies ist der Winkel zwischen Profilsehne und Flugzeuglängsachse und wird vom Konstrukteur vorgegeben.

Rechts ist die Verteilung der Strömung am Tragflügel beschrieben. Wie gesehen, beeinflußt der Anstellwinkel den Strömungsverlauf und die Fluggeschwindigkeit (und umgekehrt). Das Gewicht des Segelflugzeuges und der Flugbahnwinkel bilden die Vortriebskraft, die zur Verfügung stehende Ausgangshöhe bedingt den Aktionsradius und beeinflußt damit auch die Flugdauer.

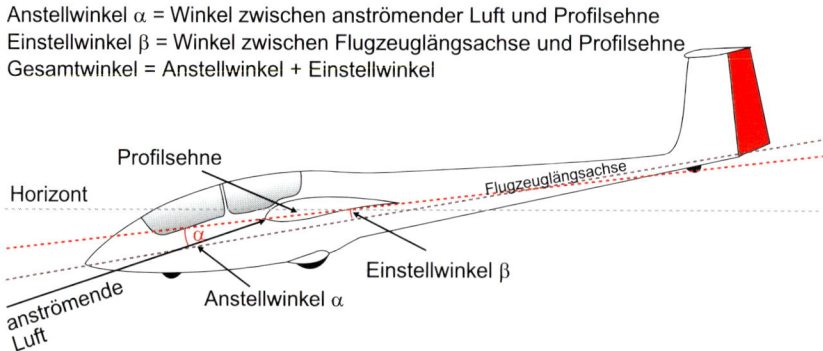

Bild 2.9 Anstellwinkel, Einstellwinkel und Horizont

Grundsätzlich kann man (vereinfachend) annehmen, daß der Auftrieb der Flügel immer senkrecht zur Flugbahn im Druckpunkt steht (dies ist der Punkt, an dem sich alle Kräfte am Profil vereinigen). Es ist vollkommen gleichgültig, ob das Segelflugzeug eine Kurve fliegt oder eine andere Fluglage einnimmt, der Auftrieb steht senkrecht auf dem Profil. Dies ist für uns insoweit wichtig, da wir eine stärker nach vorne geneigte Fluglage einnehmen können, obwohl die wirkliche Flugbahn erheblich flacher ist. Umgekehrt bedeutet ein Langsamflug mit über den Horizont gehobener Flugzeugnase nicht, daß wir sehr weit fliegen werden, denn wie gesehen hat ein Segelflugzeug im Langsamflug einen hohen Widerstand. Fliegen lernen verlangt nicht nur von Dir, daß Du an den Auftrieb glaubst (obwohl Du ihn nicht sehen kannst), sondern auch, daß das Segelflugzeug an der Oberseite der Flügel in der Strö-

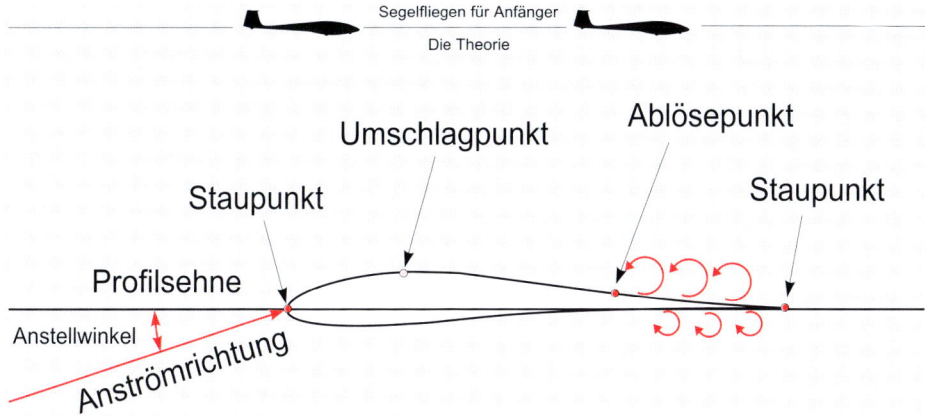

Bild 2.6 Der Anstellwinkel

Der Winkel, unter dem die anströmende Luft auf die Profilsehne trifft, heißt **Anstellwinkel**. Die Profilsehne ist die Verbindungslinie zwischen dem vorderen und dem hinteren Staupunkt. Das nächste Kapitel wird zeigen, wie dieser Winkel beeinflußt wird. Verständlich ist nur, je mehr dieser Anstellwinkel vergrößert wird, desto stärker ist die Profilwölbung für die anströmende Luft. Der Druckverlust auf der Oberseite des Flügels zur Profilhöhe hin wird größer, genau wie die sich anschließende Druckzunahme hinter dem dicksten Punkt. Die Reibung für die Luftteilchen erhöht sich, der Ablösepunkt wandert deshalb in die Richtung der Profilnase, er nähert sich dem Umschlagpunkt.

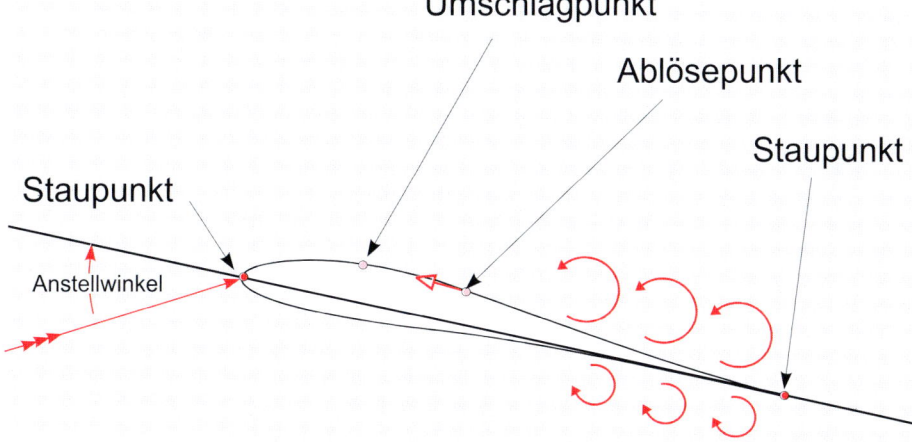

Bild 2.8 Vergrößerung des Anstellwinkels

Nun kann laminare Strömung die Störung durch Druckzunahme keinesfalls vertragen: Hat der Ablösepunkt mit zunehmenden Anstellwinkel den Umschlagpunkt erreicht, reißt die Strömung schlagartig vom Flügel ab.

31

mung „hängt". Es kommt sogar noch schlimmer. Du mußt Dich ebenso damit abfinden, daß wir noch nicht einmal dort am Boden aufkommen können, wo unsere gedachte verlängerte Flugzeugachse den Boden trifft.

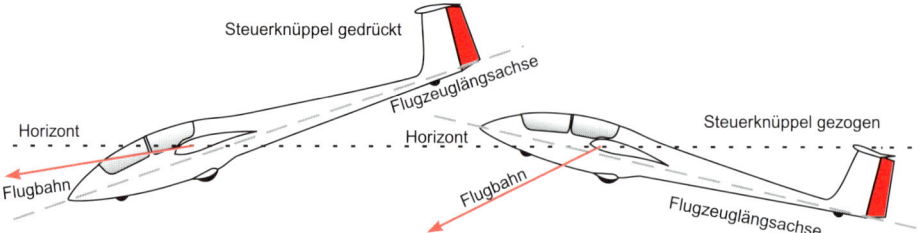

Bild 2.11 Zusammenhänge zwischen Horizont, Flugbahn und Längsachse

Dies kannst Du Dir wieder ins Gedächtnis rufen, wenn im Kapitel 7 die Landung behandelt wird. Viele Flugschüler gucken im Landeanflug auf den Boden und werden in ihrem Anflug immer steiler, weil der Auftrieb das Segelflugzeug über den anvisierten Punkt hinausträgt. Umgekehrt kommt es immer wieder vor, daß unwillkürlich mit einem Langsamflug der Flugweg gestreckt werden soll, obwohl das Segelflugzeug nun noch stärker sinkt.

Wie Du in späteren Kapiteln sehen wirst, können wir schnell eine Fluglage ändern. Das neue Gleichgewicht der Kräfte stellt sich erst einige Zeit später ein. Im weiteren Verlauf des Buches werde ich häufiger darauf hinweisen, daß Du die Ruder nicht schnell und hektisch bewegst, ohne gleichzeitig beobachten zu können, wie das Segelflugzeug hierauf reagiert!

Zusammenfassung:

Der *Auftrieb* ist die durch Vorwärtsbewegung des Segelflugzeuges entstehende Kraft. Er ist abhängig vom dem Quadrat der Geschwindigkeit und dem Anstellwinkel.

Der *Vortrieb* ist die aus dem Gewicht und der Neigung der Flugbahn gegenüber der Horizontalen entstehende Kraft, die das Segelflugzeug solange beschleunigt, bis der Widerstand dem Vortrieb entspricht.

Der *Widerstand* ist die dem Vortrieb entgegenwirkende Kraft. Da der Gesamtwiderstand dem Vortrieb beim Gleitflug entspricht, gehört zu jeder Fluglage nur eine Geschwindigkeit. Ein Segelflugzeug wird nicht „immer schneller" auf seiner Flugbahn, da es kein „Perpetuum Mobile" ist.

Im *Druckpunkt* denkt man sich alle auf das Segelflugzeug wirkende Kräfte vereinigt. Da sich der Betrag und die Richtung der Kräfte je nach Flugzustand ändern können, „wandert" der Druckpunkt.

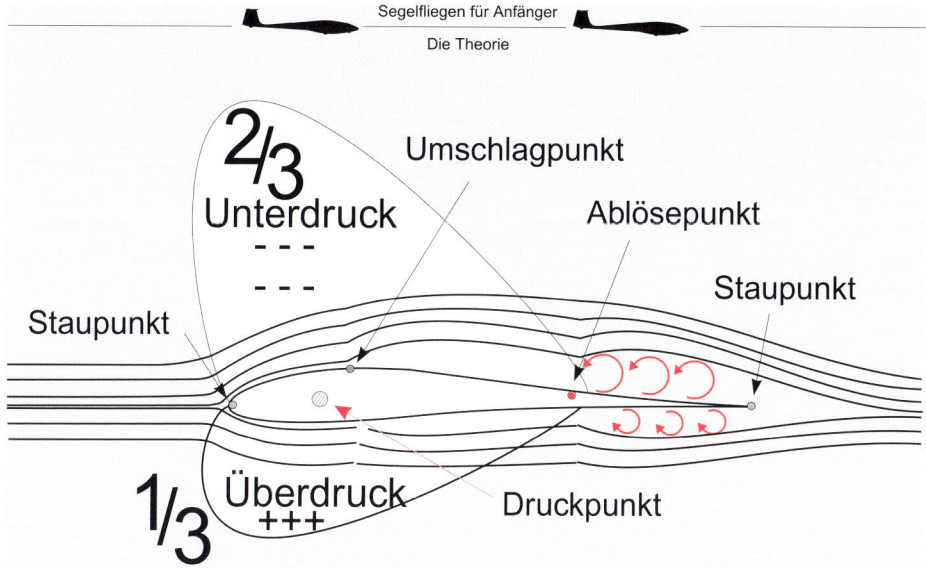

Bild 2.10 Die Druckverteilung am Tragflügel

Der Anstellwinkel beeinflußt neben der Geschwindigkeit den Auftrieb (und natürlich auch den Widerstand). Je nach Bauart des Profils gibt es einen Anstellwinkel, ab dem der Auftrieb komplett zusammenbricht und nur noch Wirbel erzeugt werden. Dieser kritische Anstellwinkel wird als **maximaler Anstellwinkel** bezeichnet. Fliegt ein Segelflugzeug mit dem größtmöglichen Anstellwinkel, so ist der Auftrieb (oder dessen Beiwert) ebenfalls maximal (ca $_{max}$).

Der Druckpunkt, in dem wir uns alle Luftkräfte vereinigt vorstellen, wandert mit zunehmendem Anstellwinkel nach vorne, mit Verringerung des Anstellwinkel nach hinten. Wäre nicht die Korrektur durch das Höhenruder (*siehe Kapitel 3*), würde ein Segelflugzeug im Langsamflug immer langsamer, im Schnellflug kippte es vornüber. Diese Druckpunktwanderung rührt daher, daß sich im Langsamflug der maximale Auftrieb immer mehr zur Flügelnase verschiebt, während er im Schnellflug weiter hinten liegt. Wie schon gesehen, bewegte sich im Langsamflug der Ablösepunkt nach vorne, so daß hinter diesem kein Auftrieb mehr erzeugt wird. Im Schnellflug verschiebt sich der Ablösepunkt nach hinten, so daß die Auftriebsverteilung sich weiter über das Profil erstreckt.

Der Auftrieb am Tragflügel setzt sich aus circa 2/3 Unterdruck an der Oberseite und relativ hierzu 1/3 Überdruck an der Unterseite zusammen. Jede Auftriebserhöhung führt zu einer gleichzeitigen Widerstandserhöhung, jede Anstellwinkelveränderung verändert den Widerstand und die Geschwindigkeit. Ein Segelflugzeug mit hohem Anstellwinkel fliegt langsam, mit geringem Anstellwinkel schnell.

Dies soll ausreichen, die Strömungsverhältnisse an den Tragflügeln zu beschreiben. Du kannst aber jederzeit hierhin zurückblättern, wenn in den weiteren Kapiteln die Strömungsverhältnisse in bestimmten Flugabschnitten kurz angerissen werden.

3. Kapitel
Horizont, Faden und Querneigung

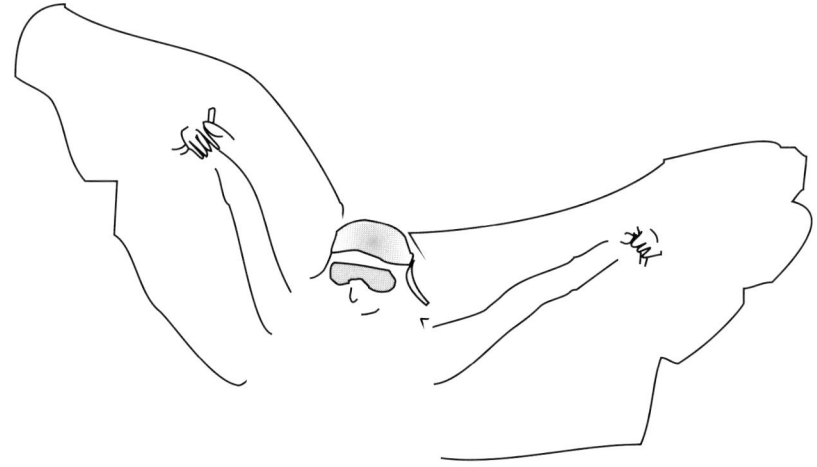

Horizont, Querneigung und Faden
Die Bedienung der Ruder

Nun ist es soweit. Nach vielen Erklärungen und Fragen steht der erste Start bevor. Zunächst geht es darum, das Segelflugzeug und seine Reaktionen kennenzulernen, um entsprechend zu handeln. Es hat keinen Zweck, ängstlich zu reagieren, wenn die Maschine nicht so will wie der Schüler. Es ist sinnlos, sich „brav" zu verhalten, um dann im Gegenzug vom Segelflugzeug Wohlverhalten zu erwarten zu. Es ist kein Lebewesen und weiß nicht, ob ein „Könner" am Knüppel sitzt oder ein „Anfänger"! Die Flugphysik gilt für alle.

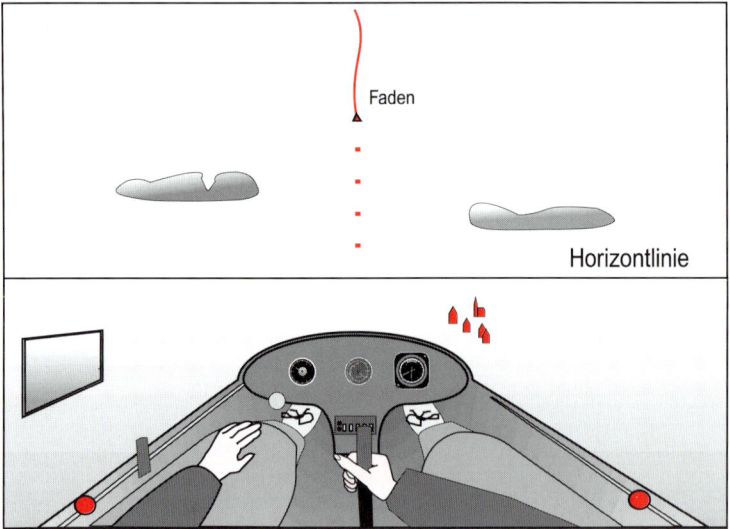

Bild 3.1 Sicht in Flugrichtung

Schau Dir im ersten Flug die Gegend an. Es wird später wichtig sein, sie wiederzuerkennen (*siehe Kapitel 5: Die Platzrunde*). Einige Flüge später wirst Du feststellen, daß Du leider hierzu kaum noch Zeit hast, da Du viel zu sehr mit anderen Dingen beschäftigt bist. Bereits beim ersten Flug kommen Deine Füße auf die Seitenruderpedale, die rechte Hand umfaßt (nicht umklammert !) den in der Mitte sitzenden Knüppel. Gleich vom ersten Start an sollst Du die Steuerbewegungen des Fluglehrers mitfühlen. Er wird Dir klar sagen, wenn Du später eine Übung selbständig ausführen sollst. Das Mitfühlen ist zu Beginn wichtig, weil Du so als Schüler Sicherheit gewinnst und nicht aus Unsicherheit hektisch und planlos mit dem Knüppel herumruderst. Mit der Zeit kehrt dies sich um und der Lehrer wird Deine Ruderbewegungen mitfühlen. Sein Eingreifen erkennst Du daran, daß er sich „von hinten meldet" oder eine Ruderbewegung ungewohnten Widerstand aufweist.

36

Horizont, Querneigung und Faden
Die Ruderwirkungen

Das Segelflugzeug bewegt sich im dreidimensionalen Raum. Zu jeder der *drei* Achsen (Querachse, Hochachse und Längsachse) gehört ein entsprechendes Ruder. Es ist, um die Wirksamkeit zu erhöhen (und die Kräfte klein zu halten) entsprechend der Hebelgesetze möglichst weit vom Drehpunkt entfernt. Die Wirksamkeit der Ruder hängt u.a. ab von der Länge des Hebelarms, der geflogenen Geschwindigkeit und der aerodynamischen Güte der zugehörigen Baugruppe. Das Segelflugzeug ist achsensymmetrisch (siehe Bild). Dabei steuert:

das Höhenruder um die Querachse (Nicken),
das Seitenruder um die Hochachse (Gieren),
das Querruder um die Längsachse (Rollen).

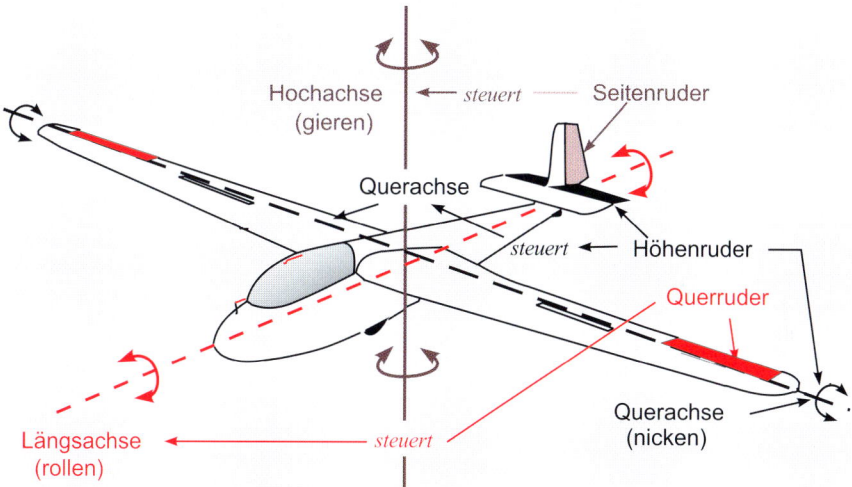

Bild 3.6. Die Achsen des Segelflugzeuges

Du erkennst, daß jedes Ruder parallel zur zugehörigen Achse liegt. Die Wirkungen der Ruder werden Dir nacheinander erklärt, so wie der Fluglehrer dies im Unterricht tut.

Das Höhenruder

Das Höhenruder ist das wirksamste Ruder, da es im Normalfall nicht oder nur gering von den anderen Rudern beeinflußt wird. Deshalb ist außer z.B. im Startvorgang der Steuerdruck gering (siehe links). Es sitzt zusammen mit der Dämpfungsflosse parallel zur Querachse im hinten angeordneten *Leitwerk*. Ein Ausschlag des Ruders verändert

Das erste Lernziel zur Vorbereitung auf den Alleinflug ist, die Geschwindigkeit (Fahrt) etwa auf 20 Kilometer (+/- 10 km/h) genau halten zu können. Die Kontrolle über die Geschwindigkeit ist wichtig, da die Fahrt gleichzeitig die übrigen Ruderwirkungen beeinflußt.

Vom zweiten Flug an wird Dir der Fluglehrer die Wirkungsweise der Ruder erklären (bei kürzeren Flugzeiten pro Start nur ein Ruder, zuviel auf einmal überfordert sonst). Wichtig ist dabei, alles nacheinander auszuprobieren. Merke Dir auf jeden Fall: *Du mußt immer noch beobachten können, was Deine Ruderausschläge bewirken! Deshalb die Ruder nicht schneller führen als das Segelflugzeug sich mitbewegt!*

Das Höhenruder

Das **Höhenruder** ist das wichtigste Ruder. Du wirst beobachten, daß der Lehrer nach dem Start das Segelflugzeug immer mit einer gleichbleibenden Geschwindigkeit fliegt. Er zeigt, daß das Segelflugzeug seine Nase senkt, wenn der Knüppel <u>langsam</u> nach vorne gelassen wird. Der Horizont wandert nach oben, das Fluggeräusch verstärkt sich und die Geschwindigkeit wird höher. Umgekehrt bei einem <u>langsamen</u> Ziehen: Die Nase hebt sich, der Horizont wandert nach unten, es wird leiser und die Fahrt nimmt ab. Das Höhenruder steuert, wie beobachtet, die Lage der Flugzeuglängsachse zur Horizontlinie.

Du wirst feststellen, daß Fahrthalten Millimeterarbeit ist und hierzu keine großen Ruderausschläge erforderlich sind. Es ist hilfreich, wenn Du bei geringen Steuerdrücken den Knüppel nicht mit der rechten Hand so fest umklammert hältst, daß Du nach kurzer Zeit einen Krampf bekommst.
Wir betreiben Sichtflug, wir haben die Kontrolle über das Segelflugzeug nur durch unsere Sicht nach außen. Versuche einmal, die Fahrt zu halten, indem Du Dich am Fahrtmesser orientierst. Du wirst das Segelflugzeug übersteuern: Immer wenn Dir der Fahrtmesser gerade die richtige Geschwindigkeit zeigt, stimmt die Fluglage schon wieder nicht (siehe etwas später). Das Ganze sieht dann aus, als würdest Du Dich auf einer ziemlich wilden Achterbahn bewegen.

Zum Fahrthalten gehört der Horizont. Horizont ist die Linie, an der Himmel und Erde sich treffen. Dafür ist nicht unbedingt exzellente Sicht nötig, sondern man kann sich eine Linie

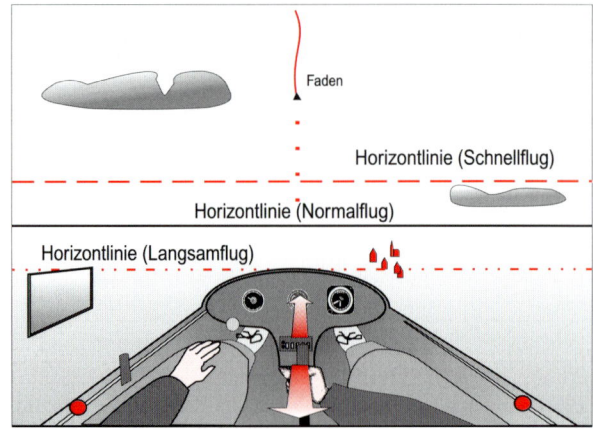

Bild 3.2. Blick in Flugrichtung

unterhalb des Horizonts merken, die so weit wie möglich entfernt ist (sonst könnte niemand im Gebirge fliegen lernen, da ja die Berge die Sicht auf den Horizont versperren!). Du suchst

38

die Strömung am Höhenleitwerk, da eine Profilveränderung stattfindet (*siehe Bild 3.7*). Eine Bewegung des Steuerknüppels nach vorne erzeugt einen Ausschlag des Ruders nach unten, wie am gewölbten Flügel wird ein Auftrieb erzeugt. Der Schwanz hebt sich, dies bewirkt eine Drehung um die Querachse (Nicken) nach vorne. Das Segelflugzeug wird schneller.

Umgekehrt verhält es sich bei einem Ziehen des Knüppels. Das Ruder bewegt sich nach oben, dort wird ein Abtrieb erzeugt, der den Schwanz nach unten zieht. Um die Querachse wird dabei die Nase des Segelflugzeuges angehoben, die Geschwindigkeit sinkt.

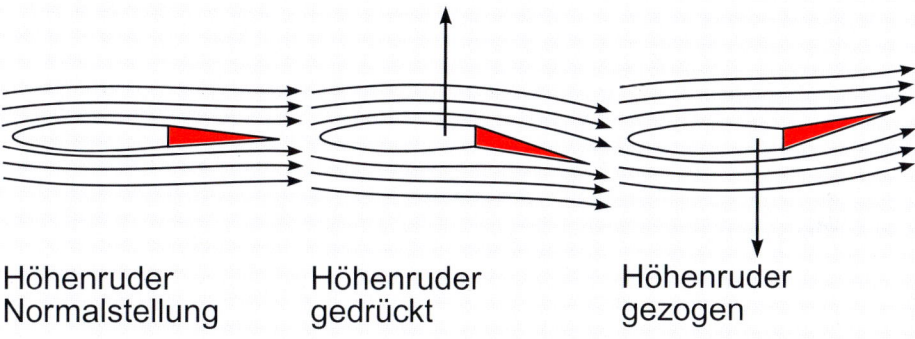

Höhenruder
Normalstellung

Höhenruder
gedrückt

Höhenruder
gezogen

Bild 3.7. Die Strömungsverhältnisse am Höhenruder

Die Drehung um die Querachse erfolgt allerdings nur solange, wie ein Drehmoment am Leitwerk erzeugt wird! Eine Veränderung des Höhenruders hat *immer* eine Veränderung der Geschwindigkeit zur Folge. Hieraus ergibt sich eine Beeinflussung des Anstellwinkels (*siehe Kapitel 2: Aufbau des Segelflugzeuges*). Ein Höhenruderausschlag nach unten (= Drücken) senkt die Nase, der Anstellwinkel verringert sich, **während sich gleichzeitig die Geschwindigkeit erhöht**.

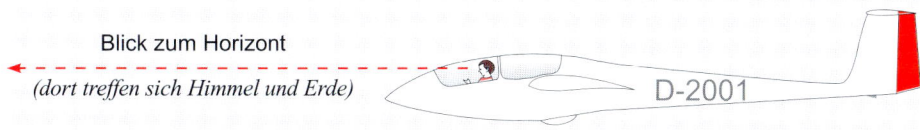

Blick zum Horizont

(dort treffen sich Himmel und Erde)

D-2001

Bild 3.8 Durch Blick zum Horizont kann man die Fluglage kontrollieren

Mit der Drehung um die Querachse verändert sich ebenfalls der Anstellwinkel des Höhenruders! Ein kleinerer Anstellwinkel hat eine Verringerung des Auftriebes zur Folge, dem wirkt die Zunahme der Geschwindigkeit (= Auftriebserhöhung) entgegen. In der Summe wächst durch die Geschwindigkeit der Auftrieb so stark, daß dieser der Kraft des Höhenruders so lange entgegenwirkt, bis die Drehung nach vorne aufhört.

Dir einen Punkt auf der Haube, der durch die *Linie Auge - Horizont* geschnitten wird. Diesen Punkt nennt man **Horizontfixpunkt.** Da es Anfängern erfahrungsgemäß schwer fällt, sich die Lage des Horizontfixpunktes auf der Haube zu merken, gibt es immer wieder nette Fluglehrer, die erlauben, drei, vier Punkte senkrecht übereinander auf die Haube zu kleben (hier auf fast allen Bildern zu sehen).

Mit dem Horizont kannst Du die Längsneigung des Segelflugzeuges kontrollieren. Eine Bewegung um die *Querachse* wird *Nicken* genannt. Wichtig: **Zu jeder Längsneigung gehört nur eine Geschwindigkeit** *(siehe Kapitel 2).* Das Segelflugzeug benötigt einige Zeit, Fahrt aufzunehmen oder zu verlieren.

Willst Du die Fahrt erhöhen (z.B. im Landeanflug), niemals den Knüppel wieder zurück bewegen, bevor Du die gewünschte Fahrt hast (erinnere Dich: langsam steuern!). Nimmst Du das Höhenruder wieder sofort in die alte Stellung zurück, so hast zu zwar einmal den Knüppel bewegt, sonst aber nichts erreicht.
In der Fliegersprache wird zu diesem Phänomen der langsamen Geschwindigkeits-veränderung gesagt, der „Fahrtmesser geht nach" *(siehe Kapitel 2).* Das heißt aber nicht, daß man den Fahrtmesser ganz außer acht lassen soll. Schon um Eigentäuschungen über die Geschwindigkeit zu vermeiden, solltest Du dieses Instrument "mit einem Auge" beobachten. Wichtig ist nur, daß in diesem Moment keine Längsneigungsänderung statt-findet. Das gilt besonders dann, wenn die Luft „bockig" ist. Hältst Du den Knüppel zur Zeit Deines Blickes ruhig, so brauchst Du keine Angst zu haben, daß das Segelflugzeug in eine unkontrollierte Fluglage gerät.

Es ist nicht nötig, ständig den Horizontfixpunkt scharf auf der Haube zu sehen. Es reichen die schwammigen Umrisse aus, da Du ja den Horizont mit beachten mußt. Nimm alle Hil-fen, die Dir die richtige Längsneigung signalisieren (Augen und Ohren auf). Befindet sich das Segelflugzeug nicht in der richtigen Lage, so kannst Du versuchen, ruhig etwas zügiger den richtigen Horizont zu holen. Der Fahrtmesser wird nach einigen Sekunden das richtige Ergebnis zeigen; das Segelflugzeug holt sich die Fahrt, die zur eingenommenen Horizont-lage (Längsneigung) paßt. **Beachte auf jeden Fall, daß Du nur dann das Segelflugzeug korrekt um seine Querachse steuern kannst, wenn Du aufrecht sitzt und nicht ständig hin- und herrutschst** *(siehe hierzu Kapitel 6: Tips und Tricks).*

Als nächstes probieren wir aus, was die **Rudertrimmung** (grüner Hebel, meist rechts) be-wirkt. Verstelle sie nach vorne, also „kopflastig". Du merkst, daß der Knüppel nun stärker nach vorne zieht, das Segelflugzeug schneller werden will. Verstellst Du die Trimmung auf "schwanzlastig", so will das Segelflugzeug, wenn du nicht mit dem Höhenruder eingreifst, langsamer werden. Eine kopflastig eingestellte Trimmung zieht entweder durch eine Feder den Steuerknüppel nach vorne oder erzeugt durch ein Hilfsruder am Höhenruder selbst ein kopflastiges Moment. Genau umgekehrt funktioniert dies bei schwanzlastiger Einstellung. Wichtig bei jeder Art Trimmung ist, daß damit niemals ein falsches oder fehlendes Gewicht im Pilotensitz ersetzt werden kann! **Die Trimmung ändert nichts an der Beladung!** Sie

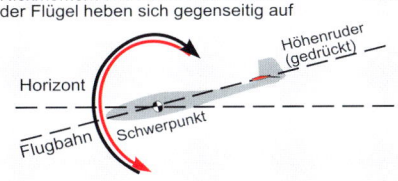

Nickmoment
nach vorne

Höhenruder
(gedrückt)

Horizont

Schwerpunkt

1. Das Höhenruder wird gedrückt.

Nickmoment
nach vorne

Höhenruder
(gedrückt)

Horizont

Flugbahn

Schwerpunkt

Auftriebsmoment der Flügel
durch die höhere Geschwindigkeit

2. Die Geschwindigkeit nimmt zu, der Auftrieb an den Flügel erhöht
sich und wirkt der Kraft des Höhenruders entgegen. Die Fahrt nimmt
solange zu, bis Nickmoment und Auftriebsmoment sich gegenseitig
aufheben (siehe nächstes Bild).

Nickmoment und Auftriebsmoment
der Flügel heben sich gegenseitig auf

Höhenruder
(gedrückt)

Horizont

Flugbahn

Schwerpunkt

3. Die Kraft des Höhenruders und der Auftrieb an den Flügeln sind im
Gleichgewicht. Das Segelflugzeug fliegt mit neuem Horizont und einer
erhöhten stationären Geschwindigkeit.

Bild 3.9 Ein Ausschlag am Höhenruder und die Folgen

Deshalb gehört zu jeder ***Höhenruderstellung nur eine Geschwindigkeit***. Genau so viel Zeit
wie Du benötigt hast, die letzten Sätze zu lesen, braucht das Segelflugzeug, bis es die zum
Höhenruderausschlag passende stationäre Geschwindigkeit eingenommen hat. Während so
die Nickbewegung um die Querachse relativ schnell möglich ist, regelt sich die dazugehören-
de stationäre Geschwindigkeit erst kurze Zeit später ein. Deshalb : ***Nie schneller steuern, als
das Segelflugzeug den Ruderbewegungen folgen kann!***

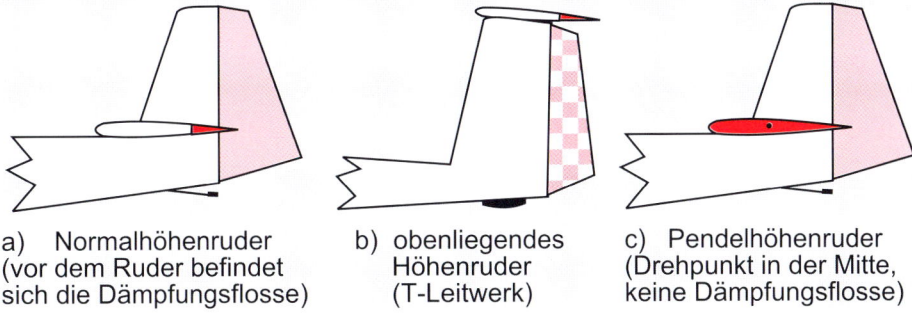

a)   Normalhöhenruder
(vor dem Ruder befindet
sich die Dämpfungsflosse)

b) obenliegendes
Höhenruder
(T-Leitwerk)

c)   Pendelhöhenruder
(Drehpunkt in der Mitte,
keine Dämpfungsflosse)

Bild 3.10 Einige Bauarten der Höhenleitwerke

41

dient ausschließlich der Bequemlichkeit, um die Handkräfte des Höhenruders zu minimieren (z.B. im Flugzeugschlepp). Ziel der Trimmung ist nicht, daß Du beständig daran herumdokterst und Dich dabei auf das übrige Geschehen nicht mehr konzentrierst!

Eine zweite Wirkung auf die Einheit *Geschwindigkeit = Längsneigung = Horizont* müssen wir beachten. Betrachten wir die Wirkung der Luftbremsen (blauer Hebel, links). Bei dem Schulflugzeug ASK 13 ändert das Ausfahren der Bremsen bei der Normalgeschwindigkeit von 80 km/h kaum etwas. Bei vielen anderen Baumustern bewirken sie aber in der Regel eine Änderung der Längsneigung und damit auch der Geschwindigkeit (Fahrtabnahme - bei Störklappen sogar eine Fahrtzunahme). Willst Du die Fahrt behalten (z.B. während der Landung), so mußt Du Dich vergewissern, daß der Horizont noch stimmt. Gegebenenfalls muß die gewünschte Neigung wiederhergestellt werden. Ein Kontrollblick auf den Fahrtmesser ist sinnvoll.

Oftmals fahren die Luftbremsen von selbst weiter aus, als Dir lieb ist. Gegen unbeabsichtigtes Herausspringen sind sie durch einen Kniehebel (*siehe Kapitel 1*) gesichert. Hast Du mit Kraft diese Verknieung überwunden, wollen sie ganz heraus, weil sich gerade Luftbremsen mit Luftspalt zwischen Flügelober- und Unterseite gern heraussaugen! Es ist nun an Dir, die Wirkung der Luftbremsen des Musters, auf dem Du lernst, kennenzulernen.

Das Seitenruder

Gäbe es beim Segelflugzeug ein Lenkrad wie im Auto, so wäre dies das Seitenruder (ich weiß, daß dieser Vergleich hinkt -wie alle Vergleiche!). Die Seitenrudersteuerung sitzt beim Flugzeug im Fußraum. Das Seitenruder benötigt im Segelflugzeug oft größeren Krafteinsatz, deshalb eine Steuerung mit den Füßen sinnvoll.

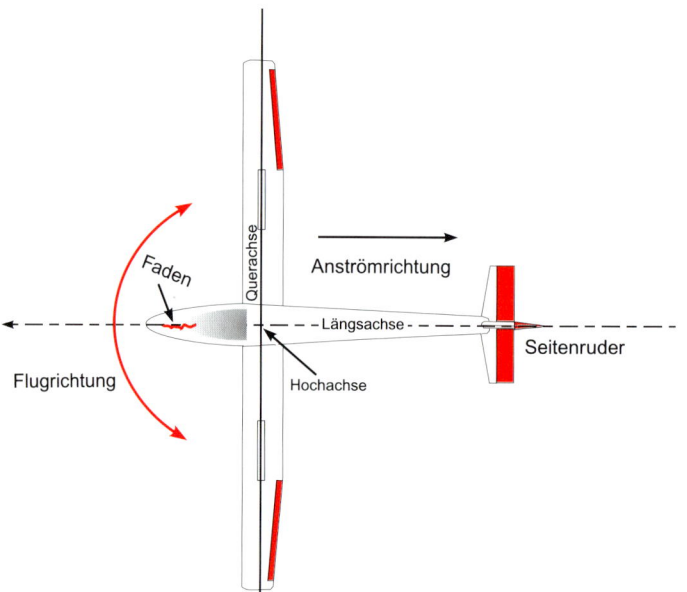

Bild 3.3. Blick auf die Hochachse

Wie auf der rechten Seite zu sehen ist, steuert das Seitenruder das Segelflugzeug um seine Hochachse. Diese Drehung wird als **Gieren** bezeichnet. Probiere

Weite Bereiche des Höhenruderausschlages ergeben eine stabile Fluglage. Damit ist gemeint, daß das Segelflugzeug immer eine stationäre Geschwindigkeit einnimmt. Um das Höhenruder nicht zu empfindlich zu machen, besteht es in der Regel aus der Dämpfungsflosse und dem sich anschließenden Ruder. Dies bewirkt eine gewisse Trägheit bei jeder Ruderbewegung. Im Gegensatz hierzu gibt es das Pendelhöhenruder (*siehe Bild 3.10 c*). Beim Pendelruder ist keine Dämpfungsflosse vorhanden, man erzielt deshalb eine schnellere und größere Wirkung als beim Normalruder. Diese Bauform ist weniger für den Anfänger geeignet.

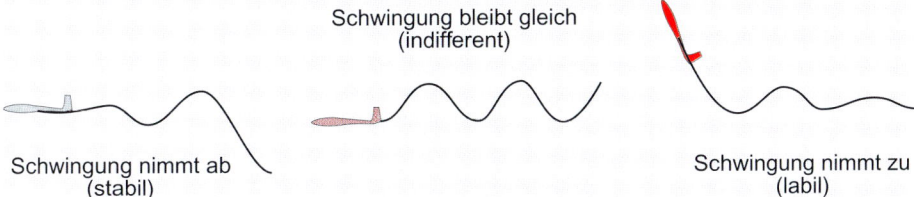

Schwingung bleibt gleich
(indifferent)

Schwingung nimmt ab
(stabil)

Schwingung nimmt zu
(labil)

Bild 3.11 Stabiler und instabiler Flugzustand

Es ist möglich, bei jedem Schulsegelflugzeug zu beobachten, was geschieht, wenn man den Bereich der Stabilität um die Querachse verläßt. Probiere ***mit*** Deinem Fluglehrer bei ausreichender Höhe folgendes aus: Während des Normalfluges machst Du einen kurzen heftigen Ruck am Knüppel etwa 2 cm nach vorne und läßt das Höhenruder in dieser Stellung stehen. Die Maschine nimmt wie erwartet Fahrt auf. Aber dann wandert die Nase des Segelflugzeuges trotz des gedrückten Höhensteuers wieder nach oben. Du wirst langsamer, obwohl der Knüppel noch in der alten Stellung steht. Erst nach einigen Nickbewegungen wird sich eine stabile Fluglage ergeben (bestimmte Baumuster schaukeln sich sogar auf). Was ist geschehen? Durch den heftigen Ruderausschlag wurde das Segelflugzeug in eine labile Fluglage gebracht, es setzt eine Schwingung um die Querachse ein. Allein durch hektisches Steuern ist es möglich, den vom Konstrukteur vorgesehenen Stabilitätsbereich des Höhenruders zu verlassen.

Das heißt für Dich, das Du immer den Horizont hältst, den ***Du*** haben willst, immer nur so schnell steuerst, daß Du noch beobachten kannst, was geschieht.

Das Seitenruder

Das Seitenruder (Pedale unten im Fußraum) dreht das Segelflugzeug um die Hochachse (*Bild 3.12*). Mit ihm bestimmen wir, in welche Richtung die Nase des Segelflugzeuges zeigt. Es befindet sich hinten am Segelflugzeug und ist parallel zur Drehachse (Hochachse) senkrecht angebracht.

Durch die Drehung eilt ein Flügel nach vorne, der andere bleibt zurück. Hierdurch entsteht ein erheblicher Widerstand, den Du als Seitenruderdruck spürst. Doch keine Angst vor dem Kraftaufwand, es ist nicht der Fluglehrer, der hinter Dir beständig gegen Deinen

nach Anleitung Deines Fluglehrers aus, wie das Segelflugzeug sich um seine Hochachse bewegt. Die erste Feststellung wird sein, daß Du ganz schön Kraft brauchst, um die Pedale zu bedienen (keine Angst, Du machst nichts kaputt). Der Horizont wandert nun entgegen Deiner Drehrichtung um den Horizontfixpunkt . Blickst Du nach vorne, wirst Du feststellen, daß sich der Faden (aha!) ebenfalls bewegt, sobald Du das Seitenruder bedienst. Schau genau hin: er wandert immer in die gleiche Richtung, in die Du Seitenruder gibst.

Bewege einmal das Seitenruder nach links (Dein Lehrer hilft Dir, indem er das Segelflugzeug mit dem Querruder {siehe weiter hinten} am Kurven hindert). Es dreht nach links, der Faden ist nun ebenfalls dort. Halte das Seitenruder in dieser Stellung (du stellst nebenbei fest, daß das Fluggeräusch viel lauter geworden ist!). Fliegt das Segelflugzeug nun in die Richtung, in die die Nase zeigt?

Leider ist es doch nicht so wie beim Autofahren. Das Segelflugzeug ist sehr wohl in der Lage, nicht dorthin zu fliegen, wohin seine Nase zeigt. Du spürst am Kraftaufwand, der nötig ist, um das Seitenruder getreten zu halten, daß hier etwas nicht stimmen kann (immerhin bist Du vorher {hoffentlich} sauber geflogen). Denk daran, jedes Segelflugzeuges ist so gebaut, daß es mit dem geringstmöglichen Widerstand fliegt, denn Widerstand bedeutet Sinken. Viel Widerstand, sprich unsauberer Flug, würde das Vergnügen in der Luft zu sein, sehr verkürzen. Und mit dem geringstmöglichen Widerstand scheinst Du nicht zu fliegen, da Du beständig Kraft brauchst, um das Seitenruder zu halten.

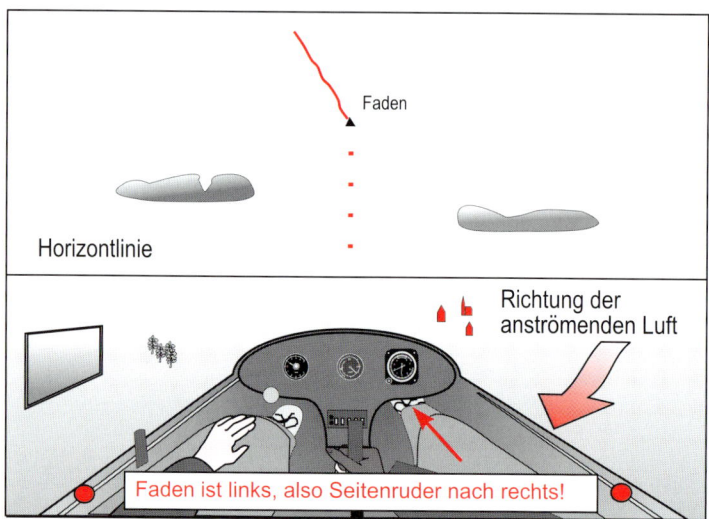

Bild 3.4. Faden nicht in der Mitte, was tun?

Kommt die anströmende Luft genau von vorne, herrscht der geringste Widerstand. Dies zeigt der Faden an, der dann parallel zur Längsachse des Segelflugzeuges liegt. Ist er in der Mitte angebracht, zeigt er auf Deine Nasenspitze (*nicht nur deshalb: gerade sitzen!*). Steht

Ruderausschlag arbeitet, es sind die Luftkräfte. Durch das Vorauseilen des einen Flügels (und dem Zurückbleiben des anderen) wird das Segelflugzeug gleichzeitig um die Längsachse rollen. Erinnere Dich, ein Geschwindigkeitszuwachs bedeutet immer eine Auftriebszunahme. Diesen Sekundäreffekt kann man als Schieberollmoment bezeichnen, eine höhere Geschwindigkeit verstärkt den Effekt. Die Modellflieger kennen das Schieberollmoment genau, da viele Modellflugzeuge überhaupt kein Querruder haben und trotzdem eine Kurve fliegen können. Das Schieberollmoment ist der Grund, weshalb zum Einleiten einer Kurve ein geringer Querruderausschlag notwendig ist.

Kannst Du davon ausgehen, daß die Richtung der Flugzeuglängssachse nach einem Seitenruderausschlag der Flugrichtung entspricht? Der vor Dir angebrachte Faden zeigt die Richtung der anströmenden Luft. Er wandert in die gleiche Richtung aus, in die Du das Seitenruder trittst. Demnach zeigt nun die Längsachse in eine andere Richtung als das Segelflugzeug fliegt!

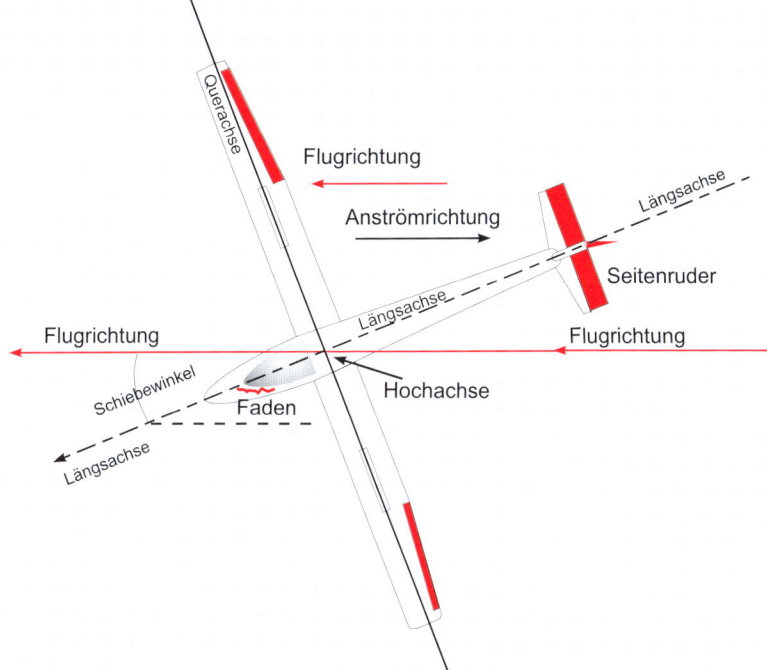

Bild 3.12 Blick auf die Hochachse bei nach links ausgewehtem Faden

Im Prinzip will jedes Flugzeug so fliegen, daß die Ruder parallel zur Anströmrichtung liegen, das Segelflugzeug mit minimalem Widerstand gleitet. Steht also - wie in unserem Beispiel oben - das Seitenruder nicht in der Mitte, so ist die Flugrichtung parallel zum ausgeschlagenen Ruder. Die Längsachse ist links gedreht, die Luftströmung kommt aus der Flugrichtung von rechts. Der Faden ist nach links ausgeweht.

45

also wie in unserem Beispiel der Faden links, so umströmt die Luft unser Segelflugzeug nicht von vorne, sondern von rechts. Es fliegt also nicht in Richtung seiner Nasenspitze, sondern entgegengesetzt zur Fadenrichtung (*siehe rechts*). Aus dieser unsauberen Fluglage befreist Du Dich, indem Du so lange das Seitenruder nach rechts bewegst bzw. getreten läßt (gegen die Fadenrichtung), bis der Faden in der Mitte steht. Dann nimmst Du das Ruder wieder in Mittelstellung. Deine Füße sind nun parallel (achte immer darauf, daß vor Antritt des Fluges beide Seitenruderpedale gleich lang eingestellt sind!). Sauber fliegen bedeutet immer sicher zu fliegen, gleichzeitig hat es den Vorteil, daß Du länger „oben bleibst".

Weht der Faden aus der Mitte heraus, hilft folgende Regel: Immer das Seitenruder gegen die Fadenrichtung bewegen. Gleichzeitig läßt sich feststellen, daß der Seitenruderausschlag gegen die Fadenrichtung mehr Kraft erfordert. Der Faden kommt nicht davon zurück, daß Du das Seitenruder in irgendeine Richtung bewegst, nur weil dies so leicht geht (denk an den Anfang dieses Kapitels, setz Dich durch!). Der Faden ist eine Hilfe und nicht dazu da, um Flugschüler zu ärgern. Wichtig ist: nicht Übersteuern. Wehte der Faden nur etwas zur Seite aus, dann nur kleine Korrekturen! Er soll nicht zur anderen Seite auswandern. Nochmals:

> Steht der **Faden rechts**, dann **Seitenruder links**,
> steht der **Faden links**, dann **Seitenruder rechts**!
>
> **Seitenruder also gegen den Faden!**

Das Querruder

Jetzt hast Du schon zwei wichtige Ruder kennengelernt. Als letztes folgt nun das Querruder.

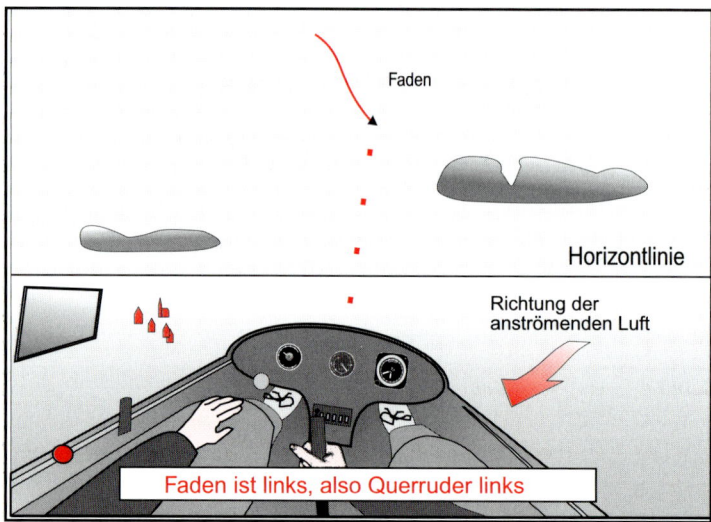

Bild 3.5. Der Flügel hängt rechts

Natürlich will das Segelflugzeug sich wieder zurückdrehen, da alle anderen Bauteile jetzt leicht seitlich angeblasen werden. Diese rückdrehende Kraft spürt Du in den Pedalen.

Weht also der Faden ungewollt aus der Mitte heraus, so stellt ein Ruderausschlag gegen die Fadenrichtung die gewünschte Übereinstimmung von Längsachse und Flugrichtung her. Wer will, kann sich damit helfen, daß er mit Seitenruderausschlag gegen die Fadenrichtung die Längsachse in Flugrichtung dreht. Bei jeder Drehung um die Hochachse mußt Du den Widerstand des Seitenruders spüren, ist dies nicht der Fall, dann ist in aller Regel etwas nicht in Ordnung. Oder: Geht das Seitenruder leicht, dann mißtrauisch werden. Aber zum Glück gibt es ja einen Faden!

Das Querruder

Ein Ausschlag des Querruders bewirkt eine Drehung um die Längsachse. Das Segelflugzeug rollt in die gleiche Richtung, in die das Ruder bewegt wird. Die Neigung der Flügel gegenüber der Horizontalen nennt man Querneigung. Ein Querruderausschlag bewirkt eine ungleiche Auftriebsverteilung links und rechts. Die Querruder bewegen sich gegensinnig. Führst Du zum Beispiel den Knüppel nach links, so schlägt das linke Ruder nach oben, das rechte nach unten aus.

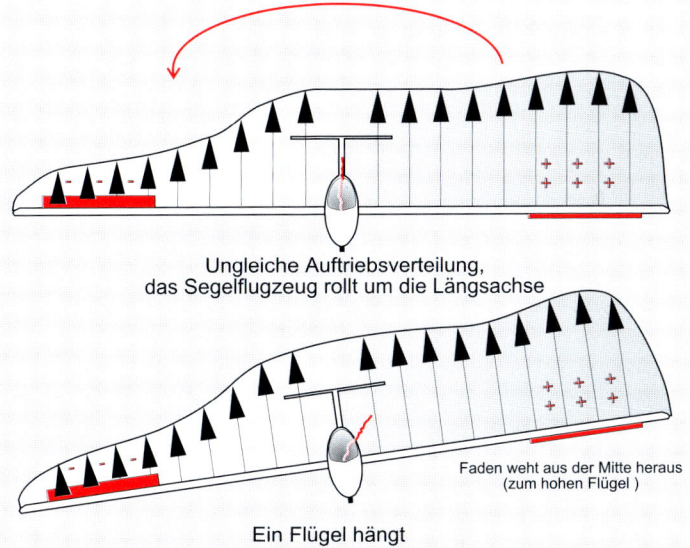

Ungleiche Auftriebsverteilung,
das Segelflugzeug rollt um die Längsachse

Faden weht aus der Mitte heraus
(zum hohen Flügel)

Ein Flügel hängt

Bild 3.13 Wirkung des Querruders

Liegen beide Flügel ungewollt nicht parallel zum Horizont, spricht man beim tieferen von einem **hängenden Flügel**. Da der Auftrieb immer senkrecht zur Anströmrichtung auf dem Profil steht, erfährt das Segelflugzeug eine einseitige Bewegung zum hängenden Flügel.

47

Es wird wie das Höhenruder mit dem Knüppel, der Hand gesteuert. Die zwei Querruder befinden sich an den Enden der Tragflügel, jede Knüppelbewegung läßt beide entgegengesetzt ausschlagen. Sie drehen unsere Maschine um die Längsachse, die Bewegung wird **Rollen** genannt. Ein Querruderausschlag verändert die Querneigung (hier noch mal zum Verwirren: Das Segelflugzeug verändert seine Querneigung, indem es um die Längsachse rollt). Probiere es unter Anleitung Deines Lehrers aus: ein weicher Ruderausschlag nach rechts, das Segelflugzeug senkt den rechten Flügel. Umgekehrt bei Querruder links. Aber was ist das, der Faden bewegt sich auch! Diesmal *-anders als beim Seitenruder-* entgegengesetzt. Ein Querruderausschlag rechts bringt den Faden nach links.

Folgendes ist geschehen: Wie Du auf der rechten Seite sehen kannst, fliegt das Segelflugzeug nach einem Querruderausschlag nicht mehr mit waagerechten Flügeln, sondern einer ist tiefer, der andere höher. Die Auftriebsverteilung ist entsprechend unsymmetrisch, das Segelflugzeug rutscht in Richtung des hängenden Flügels. Folglich zeigt der Faden die Bewegung des Segelflugzeuges gegenüber der anströmenden Luft an. Hängt der rechte Tragflügel, so kommt die anströmende Luft von rechts, der Faden wird nach links abgelenkt. Will ich den Faden zurückholen, so muß ich mich überzeugen, daß beide Flügel **nicht** parallel zum Horizont sind (sind sie aber parallel zum Horizont und der Faden immer noch "schief", tritt das Seitenruder in Aktion). Nur dann kann ich den Faden mit dem Querruder in Richtung der Längsachse holen. Da er aber umgekehrt zum Seitenruder ausgeweht wird, gilt diesmal:

> Steht der *Faden links* , dann *Querruder links*,
> steht der *Faden rechts*, dann *Querruder rechts!*
>
> ### *Querruder also mit dem Faden!*

Wenn Du dieses verstanden hast, führt Dir der Fluglehrer ein Phänomen vor: Achte zunächst auf die Richtung der Flugzeuglängsachse und gebe dann einen kräftigen Querruderausschlag links. Wohin bewegt sich die Nase des Segelflugzeuges?

Wie erwartet, hat sich der linke Flügel gesenkt, aber die Nase ist nach rechts gewandert, das Segelflugzeug gierte nach rechts. Schau Dir hierzu Bild 3.12 (*rechte Buchseite*) an: Nicht nur der Auftrieb hat sich verändert, sondern auch die Widerstände an den Flügeln. Der Tragflügel, der hohen Auftrieb hat (er geht nach oben), erhöhte gleichzeitig den Widerstand, wurde langsamer. Der Flügel, der sich senkte (geringer Auftrieb = geringer Widerstand), wurde schneller. Deshalb dreht das Segelflugzeug entgegen der Rollbewegung um die Hochachse!

Den ungewollten (und mit Sicherheit ungewohnten) Effekt nennt man „Negatives Wendemoment" oder „Querruder-Sekundäreffekt". Dieses Moment tritt bei mit Querruder erzeugten Bewegungen um die Längsachse auf. Damit ist der Traum beendet, ein Segelflugzeug wie ein Auto um die Kurve lenken zu können. Nützlich ist der Effekt beim Einleiten des Seitengleitfluges (*siehe Kapitel 4: Flugzeugschleppstart* und Kapitel 5: Die Platzrunde, *Übungsteil*).

Es rutscht zur Seite. Diesen Effekt nennt man „*Schmieren*". Neben der Vorwärtsbewegung in Flugrichtung tritt eine Seitwärtsbewegung auf. Die anströmende Luft kommt nun von vorne und seitlich. Aus diesem Grund weht der Faden aus der Richtung der Längsachse heraus.

Der Faden steht bei nicht waagerechten Flügeln im Geradeausflug immer zum hohen Flügel. Anders als beim Seitenruder bringt ein Querruderausschlag zum Faden hin diesen in die Mitte zurück. Ein Querruderausschlag hat aber neben einer ungleichen Auftriebsverteilung auch eine ungleiche Widerstandsverteilung zur Folge. (Hoher Auftrieb = hoher Widerstand, geringer Auftrieb = geringer Widerstand) Der Flügel mit dem hohen Auftrieb (Ruderausschlag nach unten) bleibt zurück, während der andere mit dem geringen Auftrieb (Ruderausschlag nach oben) voreilt.

So entsteht eine ungewollte Drehung um die Hochachse, auch *negatives Wendemoment* (oder Querrudersekundäreffekt) genannt. Jeder Querruderausschlag hat als Nebeneffekt eine ungewollte Richtungsänderung zur Folge.

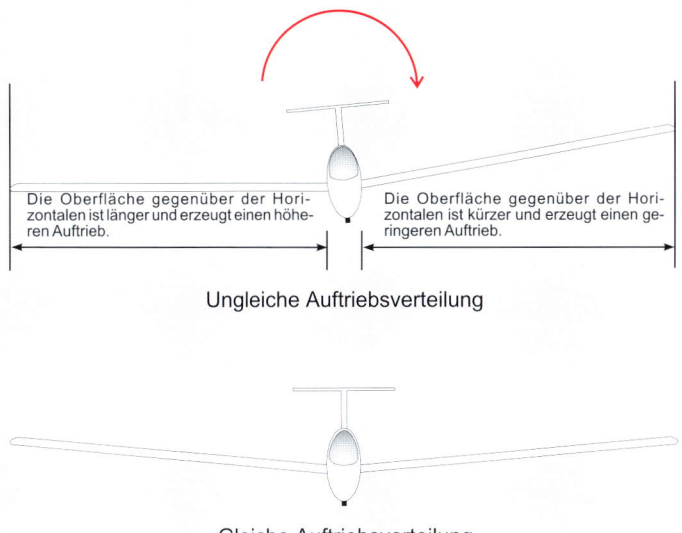

Die Oberfläche gegenüber der Horizontalen ist länger und erzeugt einen höheren Auftrieb.

Die Oberfläche gegenüber der Horizontalen ist kürzer und erzeugt einen geringeren Auftrieb.

Ungleiche Auftriebsverteilung

Gleiche Auftriebsverteilung,
das Segelflugzeug hat den tieferen Flügel gehoben.

Bild 3.14 Die V-Form der Flügel

Wie schon links gezeigt, wird versucht, diesen Effekt durch bauliche Maßnahmen so klein wie möglich zu halten. Jedes Moment ist eine gerichtete Bewegung aufgrund einer Kraft. Ist das negative Wendemoment verbraucht, dann würde das Segelflugzeug sehr wohl zum hängenden Flügel einkurven wollen. Nur würde es noch immer in die Kurve rutschen, der Faden wäre nicht in der Mitte! Wie später noch gezeigt wird, bedeutet ein „*Schmieren*" in der Kurve, daß die Drehgeschwindigkeit nicht ausreicht, um das Segel-

Um das negative Wendemoment nicht zu groß werden zu lassen, haben die Konstrukteure von Segelflugzeugen folgenden Trick angewendet: Der entgegengesetzte Ruderausschlag der Querruder ist unterschiedlich groß. Ist die Ruderbewegung des nach oben ausschlagenden Ruders groß, so ist der Ausschlag des Ruders auf der anderen Seite nach unten klein. Laß Dir von Deinem Fluglehrer noch einmal die letzte Übung vorfliegen und überzeuge Dich von der unterschiedlichen Bewegung der Ruder, in dem Du zur einen und zur anderen Seite hinausblickst.

Fassen wir zusammen:

Das *Höhenruder* steuert um die *Querachse* (Nicken), der *Horizont* steigt oder fällt.

Das *Seitenruder* dreht um die *Hochachse* (Gieren), wir ändern die *Richtung* der Segelflugzeugnase, der Horizont zieht seitlich an uns vorbei.

Das *Querruder* lenkt um die *Längsachse* (Rollen), wir beobachten die *Querneigung,* der Horizont schwankt.

Im Prinzip läßt sich die gesamte Segelfliegerei auf folgende drei Punkte zusammenfassen:

Stimmt mein Horizont (= Höhenruder) nicht, dann die Längsneigung in Ordnung bringen. Ist der Faden nicht gerade, dann die Richtung (= Seitenruder) korrigieren. Kurvt das Flugzeug jetzt ungewollt, dann die Querneigung (= Querruder) verbessern. Oder einfacher:

1. Horizont	**-**	**Höhenruder**
2. Faden	**-**	**Füße (Seitenruder)**
3. Querneigung	**-**	**Querruder**

Böse Zungen behaupten, um ein Segelflugzeug fliegen zu können, müsse man nur bis drei zählen können. Selbst wenn das etwas untertrieben ist, aber so einfach ist die Fliegerei! Und was machst Du, wenn Du bei Punkt drei angekommen bist? Natürlich wieder bei eins anfangen!

flugzeug auf einer Kreisbahn zu halten. Damit das Segelflugzeug kleinere Fehler auf-grund eines hängenden Flügels von alleine behebt, haben sich die Konstrukteure einen Trick einfallen lassen. Wenn wir uns vor ein Segelflugzeug stellen, sehen wir, daß die Flügel in V-Form leicht nach oben vom Rumpf weg abgewinkelt sind. Zusätzlich (da muß man schon genauer hinschauen) ist das Profil in Rumpfnähe dicker und meistens modifi-ziert. Alles dies dient dem Zweck, daß sich der tiefere Flügel bis zu einem gewissen Maß von allein hebt.

Zusammenfassung:

Die drei Ruder steuern das Segelflugzeug um die drei Achsen. Das Horizontbild zeigt Fehler in der Längsneigung (*Querachse*), der Faden zeigt Richtungsfehler (*Hochachse*) und Querneigungsfehler (*Längsachse*).

Somit gilt:

1. Horizont	-	**Höhenruder**
2. Faden	-	**Füße (Seitenruder)**
3. Querneigung	-	**Querruder**

Horizont, Querneigung und Faden
Der Kurvenflug

Nachdem Du jetzt einigermaßen mit den Rudern des Segelflugzeuges umgehen kannst, willst Du nun sehen, ob das bisher Geschriebene auch in der Kurve zutrifft. Du hast erkannt, daß mit **einem** Ruder alleine keine saubere Kurve zu fliegen ist. Die Lösung muß also in der Kombination mehrerer Ruder liegen.

Mit dem Seitenruder konnten wir die Richtung verändern, allerdings mit der Folge, daß unsere Maschine zwar die Nase in eine neue Richtung nahm, der Faden jedoch aus der Mitte herauswehte.

Mit dem Querruder erzielten wir eine Querneigung, doch weil uns bisher eine Kraft fehlt, die uns um die Ecke zieht, hatte das Segelflugzeug die unangenehme Angewohnheit, die Nase entgegengesetzt zu drehen. Und der Faden stand auch auf halb acht. Wenn uns jetzt gelänge, noch die Richtung der Segelflugzeugnase zu beeinflussen, dann......

Genau das werden wir versuchen. Probiere im ersten Schritt das Querruder (Viertel Ausschlag reicht) nach rechts zu bewegen. Der Faden weht bekanntermaßen nach links. Jetzt holst Du den Faden mit den Füßen wieder zurück (Seitenruder gegen den Faden, also ebenfalls rechts). Und auf wundersame Weise fliegt unser Segelflugzeug eine saubere Kurve. Ein fortgeschrittener Schüler braucht jedoch diese beiden Ruderausschläge nicht mehr nacheinander zu machen, sondern bewegt sie ab jetzt gleichzeitig. Wenn wir demnach kurven wollen, bedeutet es immer, *daß Quer- und Seitenruder gleichzeitig und gleichsinnig ausgeschlagen werden*. Dies bringt Dich in eine Kurve oder stellt (als gleichzeitiger und gleichsinniger Ruderausschlag gegen die Kurve) aus einer Kurve wieder den Geradeausflug her.

Bevor wir den Kurvenflug genauer anschauen, hast Du ab sofort eine zusätzliche Aufgabe zu übernehmen: Vor jeder Kurve schauen, ob der Luftraum seitlich frei ist (ruhig den Kopf dabei drehen), dann wieder nach vorne blicken und einkurven. Da wir im Segelflug manchmal ziemlich dicht mit mehreren Segelflugzeugen zusammen fliegen, muß unbedingt die Regel beachtet werden: *Erst gucken, dann kurven!* Manche Fluglehrer (ich mache es auch) halten einem Schüler die Ruder fest, möchte er ohne zu gucken einkurven. Nach ziemlich kurzer Zeit hat es jeder Schüler dann begriffen, will man doch nicht dauernd den Lehrer in den Rudern spüren!

Nachdem Du jetzt in Grundzügen weißt, wie das Segelflugzeug in eine Kurve hinein- und wieder herauskommt, müssen wir uns mit der Ruderstellung im Kurvenflug beschäftigen. Im Geradeausflug war es ziemlich einfach. In ruhiger Luft flog unsere Maschine am besten, wenn alle Ruder in der **Mitte = Normalstellung** waren. Also, hinein in die Kurve und Augen auf!

Horizont, Querneigung und Faden
Die Physik des Kreisfluges

Bisher hast Du gesehen, wie die Ruder wirken. Die Eigenheiten des Segelflugzeuges in der Kurve kannst Du links lesen. Es liegt nahe, daß eine Kurve nur mit der Kombination aller Ruder gesteuert werden kann, da wir uns mit einem Luftfahrzeug in einem dreidimensionalen Raum bewegen und jeder Flugzustand alle drei Achsen des Raumes betrifft.

In diesem Raum können andere Luftfahrzeuge natürlich aus allen Richtungen kommen. Deshalb gilt vor jeder Kurve: **_Erst gucken, dann kurven!_** Beim Kurven hilft außerdem ein Bezugspunkt. Suche einen Blickpunkt, auf den Du hin kurven möchtest.

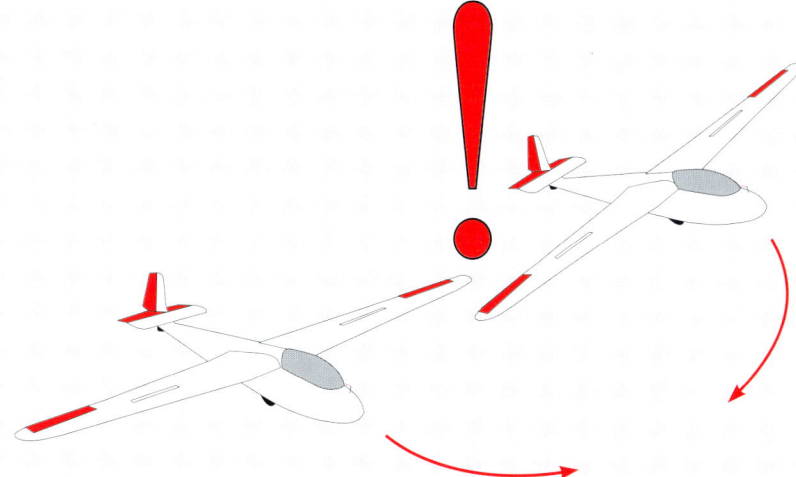

Bild 3.1.4 Augen auf beim Kurven !

Das Höhenruder

Links ist beschrieben, daß das Segelflugzeug in der Kurve schneller wird. Nun weißt Du mittlerweile, daß die Kraft, die das Segelflugzeug nach vorne bringt, allein aus dem eigenen Gewicht kommt. Weil in der Kurve zusätzlich noch Fliehkräfte hinzukommen, (die, wie im Bild unten zu sehen, auch abwärts gerichtet sind) wird jedes Segelflugzeug in der Kurve schwerer. Mehr Gewicht heißt auch mehr Vortrieb, Du wirst schneller!

Das Halten des Horizonts im Kreisflug dient der Auftriebserhöhung. Ohne die Auftriebserhöhung wäre die Zentripetalkraft zu gering, das Segelflugzeug müßte seinen Kreis beständig vergrößern. Zugleich wäre die Luftkraft zu klein, die Sinkgeschwindigkeit stiege zunehmend.

Das Höhenruder

Die erste unangenehme Erfahrung schon während des Einleitens der Kurve ist, daß der Horizont nach oben wandert. Offensichtlich möchte das Segelflugzeug in der Kurve schneller werden. Dieses Problem ist leicht zu beheben, indem wir gerade soviel am Knüppel ziehen, daß der Horizont an dem Punkt bleibt, den er vor dem Einkurven hatte. Aber bitte nicht erst das Segelflugzeug schneller werden lassen und dann kräftig die Fahrt reduzieren, sondern in jeder Kurve den Horizont am gleichen (Horizontfix-) Punkt halten! Denk bitte daran: läßt Du erst einmal einen Fehler zu, dann reagierst Du nur noch auf Fehler und hast keine Zeit, Dich zu konzentrieren.

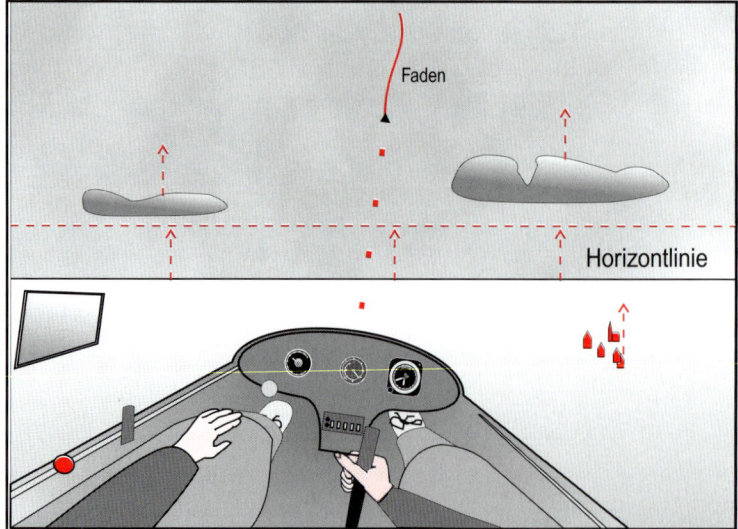

Bild 3.1.1. Beim Einkurven will der Horizont nach oben wandern

Weil das Segelflugzeug in der Kurve schneller werden will, bedeutet dies für den konstanten Kreisflug, daß das Höhenruder nicht mehr in der Normalstellung bleiben kann, sondern in eine neue Stellung gebracht wird. Dies ist die **Neutralstellung für das Höhenruder** (neutral deshalb, weil das Segelflugzeug mit dieser Ruderstellung seinen Weg beibehalten wird). Diese **Neutralstellung** ist abhängig von der gewählten Querneigung, denn je steiler wir kurven, desto mehr muß am Höhenruder gezogen werden. Als Anfänger werden wir geschult, mit einer Querneigung bis 30° zu fliegen.

Wenn der Horizont in der Kurve nicht gehalten wird, beschreibt das Segelflugzeug eine Tauchkurve. Am Ende steht eine irrsinnig hohe Fahrt bei extremer Querneigung. Ab einer bestimmten Geschwindigkeit -*roter Strich auf dem Fahrtmesser*- ist es dem Segelflugzeug erlaubt, sich in seine Einzelteile zu zerlegen. Zu Recht kann deshalb der Fluglehrer einen Schüler, der den Kurvenflug nicht sicher beherrscht, niemals allein fliegen lassen.

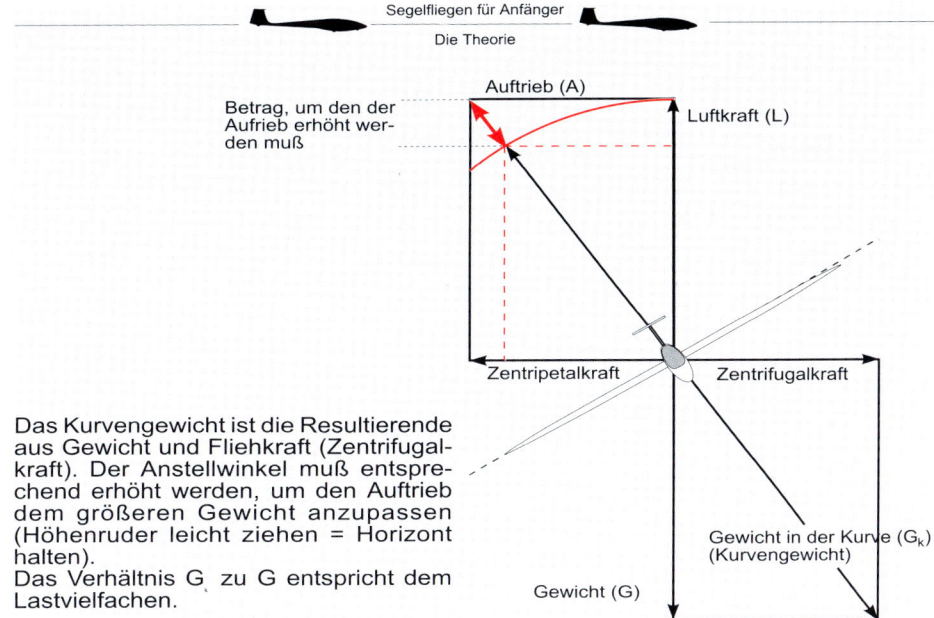

Betrag, um den der
Aufrieb erhöht wer-
den muß

Auftrieb (A)

Luftkraft (L)

Zentripetalkraft

Zentrifugalkraft

Das Kurvengewicht ist die Resultierende aus Gewicht und Fliehkraft (Zentrifugalkraft). Der Anstellwinkel muß entsprechend erhöht werden, um den Auftrieb dem größeren Gewicht anzupassen (Höhenruder leicht ziehen = Horizont halten).
Das Verhältnis G˚ zu G entspricht dem Lastvielfachen.

Gewicht in der Kurve (G$_k$)
(Kurvengewicht)

Gewicht (G)

Bild 3.1.5 Die Kräfte im Kurvenflug

Wer nun etwas nachdenkt erkennt, daß allein durch das Nichthalten des Horizonts in der Kurve der Faden ***aus der Mitte wehen muß***, da das Segelflugzeug vom Kurvenmittelpunkt wegschiebt! Das Halten des Horizonts dient dazu, das Gleichgewicht der Kräfte im Kurvenflug überhaupt erst herzustellen! Ist die Geschwindigkeit in der Kurve zu gering, rutscht das Segelflugzeug in den Kreis hinein, der Faden weht nach außen. Wer mit der Geschwindigkeit = Horizont nachlässig umgeht, bekommt den Rest der Ruderabstimmung niemals in den Griff.

Geschwindigkeit und Querneigung bestimmen den Radius der Kurve. Je schneller wir eine Kurve fliegen, desto größer wird der Radius. Bei einer Geschwindigkeit von 80 km/h kannst Du von einem Kreisdurchmesser von 200 Meter = 30 Sekunden ausgehen (*siehe Kapitel 6: Tips und Tricks*). Je steiler wir kreisen, desto mehr müssen wir den Auftrieb erhöhen, um auf der Kreisbahn zu bleiben. Irgendwann ist jedoch der Punkt erreicht, an dem der Auftrieb nicht mehr erhöht werden kann, da der maximale Anstellwinkel erreicht ist. Zu berücksichtigen ist, daß die Überziehgeschwindigkeit (= Geschwindigkeit mit dem maximalen Anstellwinkel = v_{st}) von der Schwerkraft abhängt. In einer Kurve vervielfacht sich das Gewicht durch die Beschleunigung (bei 60° Querneigung schon doppeltes Gewicht = 2g). Für uns, die wir mit maximal 30° Querneigung fliegen, ist dies kein Problem, da wir bei unserer Normalgeschwindigkeit ohnehin schon mit erhöhter Geschwindigkeit fliegen (der Einfachheit halber). Für große Querneigungen jedoch muß ***vor*** dem Einkurven die Fahrt erhöht werden, da sonst in der Kurve die Strömung am Flügel abreißt. Du siehst, die Flugphysik kennt keine Ausnahmen.

Das Seitenruder

Jetzt untersuchen wir das Seitenruder. Es hat uns geholfen, in die Kurve hineinzukommen und den Faden gerade zu halten, doch wohin jetzt damit? Wenn Du einen mutigen Fluglehrer hast, dann läßt er Dich vielleicht einmal das Seitenruder nach dem Einkurven getreten halten. Da kannst Du nun versuchen, den Horizont zu halten, wie Du willst, oder mit dem Querruder abstützen (siehe weiter hinten): das Segelflugzeug schießt in einer immer enger werdenden Spirale nach unten. Es ist nicht verkehrt, hier als Schüler Respekt vor diesem Flugzustand zu bekommen und zu erkennen, was Du niemals möchtest. Es ist eine gefährliche Steilspirale. Tatsächlich wird das Seitenruder nur benötigt, um das negative Wendemoment des Querruders beim Ein- und Ausleiten der Kurve zu unterbinden.

Ist kein negatives Wendemoment vorhanden, benötigen wir das Seitenruder nicht! Für den stationären Kreisflug bedeutet dies, daß das Seitenruder gerade steht und lediglich den Faden kontrolliert. Die **Neutralstellung des Seitenruders** in der Kurve ist gerade, entspricht also der Normalstellung.

Das Querruder

Nun zum Querruder im Kurvenflug. Wahrscheinlich hast Du schon vermutet, daß hier wieder einiges auf Dich zukommt. Wir leiten wieder eine Kurve ein (Luftraum frei?) und nehmen, nachdem wir die gewünschte Querneigung haben, einmal das Ruder versuchsweise in die Mitte. Den Horizont behältst Du bei, doch was geschieht denn mit der Querneigung? Sie wird immer größer. Wenn der Fluglehrer nicht bald hilft, sind wir im Messerflug (Tragflügel senkrecht zum Horizont).

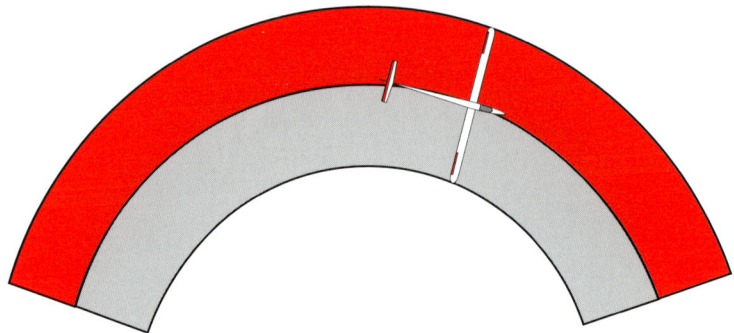

Bild 3.1.2. Das Segelflugzeug in der Kurve

Da in der Kurve der äußere Flügel einen größeren Weg zurücklegen muß als der innere, ist er auch schneller. Und schneller bedeutet, daß er mehr Auftrieb hat. So kommt es, daß er sich beständig heben will. Es bleibt uns nichts anderes übrig, als das Querruder,

56

Das Seitenruder

Wie links beschrieben, hat das Seitenruder beim Aus- und Einleiten der Kurven die Funktion, das negative Wendemoment zu überwinden. Fliegt das Segelflugzeug mit Querneigung, so bringt jeder Seitenruderausschlag in Kurvenrichtung die Nase unter den Horizont, weil die Hochachse des Segelflugzeuges jetzt gegenüber dem Horizont geneigt ist. Jeder Ruderausschlag gegen die Kurve schiebt die Nase über den Horizont.

Würden wir das Seitenruder nach dem Einkurven stehenlassen, so wanderte die Nase zunehmend weiter unter den Horizont, das Segelflugzeug würde immer schneller. Gleichzeitig beeinflußt jeder Seitenruderausschlag auch

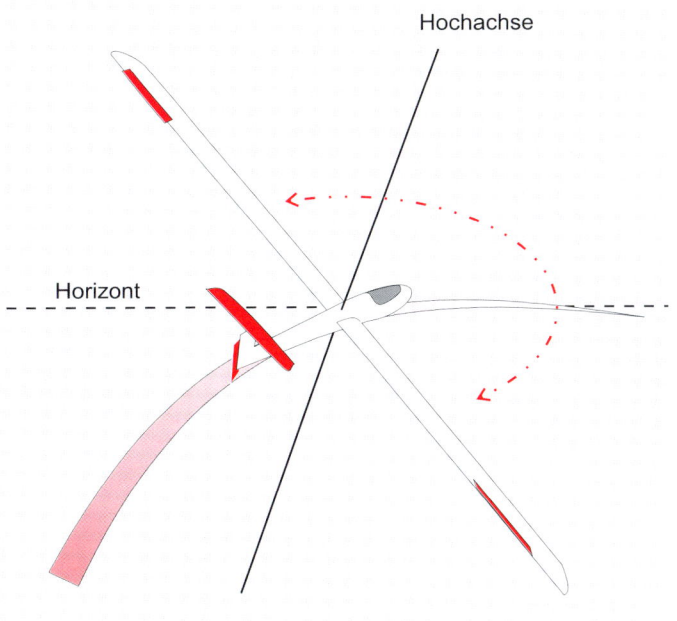

Bild 3.1.6 Die Wirkung des Seitenruders auf den Horizont

die Querneigung. Denn jeder Seitenruderausschlag läßt den äußeren Flügel voreilen, den inneren zurückbleiben. Wie im Abschnitt zuvor beschrieben, ist dies der Grund, weshalb das Seitenruder beim Einleiten der Kurve das Querruder unterstützt. Wir benötigen deshalb beim Einleiten keinen übermäßigen Querruderausschlag. Umgekehrt ist es beim Ausleiten einer Kurve, denn nun haben wir es mit einem schwereren Segelflugzeug zu tun (Kurvengewicht!), und das benötigt natürlich größere Ruderkräfte.

Das Querruder

Das Halten des Horizonts (= konstante Geschwindigkeit) macht allerdings nur Sinn, wenn wir auch die Querneigung beibehalten. Anders würde unsere Geschwindigkeit in der Kurve entweder zu niedrig (*Faden steht nach außen, das Segelflugzeug schmiert in die Kurve hinein*) oder zu hoch sein (*Faden steht nach innen, das Segelflugzeug schiebt aus der Kurve heraus*). **In der Kurve hängt die Neutralstellung jedes einzelnen Ruders von den anderen ab**!

nachdem wir in der Kurve mit unserer gewählten Querneigung sind, leicht gegensinnig auszuschlagen. Aber nicht soviel, daß wir unsere Querneigung wieder verlieren. Nein, geradeso daß es ausreicht, nicht steiler zu werden. Diese Querruderstellung für den stationären Kurvenflug heißt **die Neutralstellung für das Querruder**. Den beschriebenen Vorgang nennt man **Abstützen**.

Die Stellung dieser drei Ruder zusammengenommen wird als *Neutralstellung der Ruder in der Kurve* bezeichnet. Besonders in der Kurve gilt: *Horizont - Höhenruder*, *Faden - Füße* (Seitenruder) und *Querneigung - Querruder* !

Bald wirst Du merken, daß Du Dir das Leben ganz schön schwer machen kannst, wenn Du beim Einkurven einen großen Querruderausschlag gibst. Der Faden ist kaum noch unter Kontrolle zu halten. Dies leuchtet ein, wenn Du Dir nochmals vergegenwärtigst, daß ein großer Querruderausschlag ein großes negatives Wendemoment nach sich zieht. Da ist es schon leichter, mit wenig Querruder anzufangen und dieses Ruder erst dann neutral zu nehmen, wenn sich die gewünschte Querneigung eingestellt hat. Den guten Piloten zeichnet nicht der hackelige, ruppige Flugstil aus, sondern das weiche und konstante Fliegen.

Sollte das Segelflugzeug im Geradeausflug wegen der Böigkeit der Luft (vielleicht auch Thermik) gegen Deinen Willen einkurven, dann bitte den Geradeausflug wieder unter Zuhilfenahme von Quer- und Seitenruder herstellen. Überhaupt ist es nicht schlimm, wenn Du Fehler machst. Dein Fluglehrer ist aber beruhigt, wenn er feststellt, daß Du Deine Fehler wieder behebst. Denn jetzt hast Du es verstanden!

Ausleiten der Kurve

Nun kannst Du zwar sauber Kurven einleiten und konstant steuern, doch beim Ausleiten gibt es noch Probleme: Oft sinkt während des Ausleitens der Horizont nach unten, weil Du vergessen hast, daß das Höhenruder kontinuierlich wieder in die Normalstellung zurückgeführt werden muß. So gleichmäßig, wie Du beim Einkurven mit zunehmender Querneigung die Neutralstellung der Ruder hergestellt hast, so mußt Du beim Ausleiten die Ruder allmählich in die Normalstellung zurücknehmen. **Aber sie sind erst in der Normalstellung, wenn Du wieder im Geradeausflug bist**. Während des Beendens der Kurve wird der Faden mit dem Seitenruder kontrolliert. Bitte nicht schon das Querruder normal nehmen, wenn Du noch Querneigung hast. **Die Kurve wird mit allen Rudern solange ausgeleitet, bis das Segelflugzeug wirklich im Geradeausflug ist**. Die Ruder besitzen keine Trägheit!

Für alle Kurven gilt folgende Faustregel: Die zum Ein- und Ausleiten benötigte Strecke entspricht auf der Kreisbahn der Gradzahl der gewünschten maximalen Querneigung. Hierzu das nachfolgende Bild am Beispiel der 90-Grad Kurve:

Auf Bild 3.1.2 (*linke vorgehende Seite*) ist zu sehen, daß der äußere Flügel in der Kurve einen deutlich größeren Weg zurücklegt. Da dieser Flügel weiter vom Kurvenmittelpunkt entfernt ist, besitzt er eine größere Geschwindigkeit. Der daraus resultierende Auftrieb will beständig die Querneigung erhöhen, zudem unterstützt der geringere Auftrieb der inneren Fläche das Drehmoment um die Längsachse.

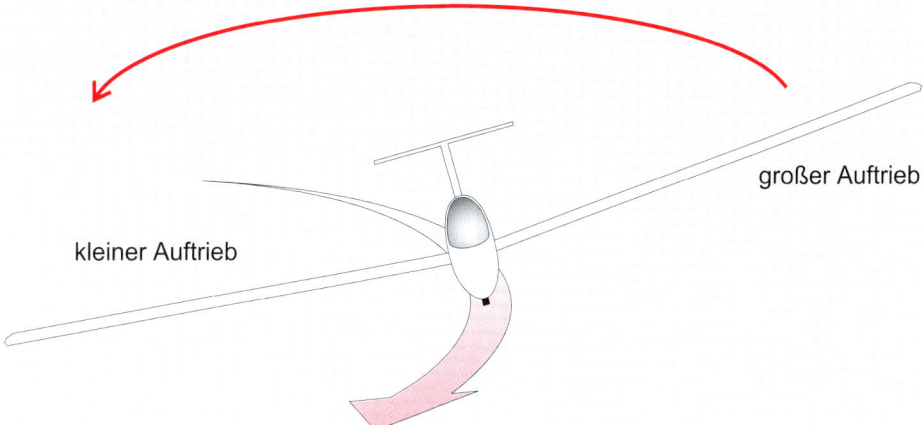

kleiner Auftrieb

großer Auftrieb

Bild 3.1.7 Die Querneigung will sich erhöhen

Mit dem leicht gegensinnig ausgeschlagenen Querruder üben wir eine Kraft aus, die genau das Bestreben zum Steilerwerden aufhebt. Dieses „Abstützen" ist abhängig von der geflogenen Querneigung. Je größer die Querneigung, desto stärker wird abgestützt. Bei der **Neutralstellung der Ruder in der Kurve** hat jedes Ruder seinen Sinn und keines kann ohne die anderen wirken. Sind die Kräfte ausgewogen, ist der Kurvenflug stationär. Im Gegensatz zum Geradeausflug müssen sogar größere Kräfte aufgewendet werden, um diese Stabilität zu überwinden.

Ausleiten der Kurve

Die Schwierigkeit beim Beenden einer Kurve besteht darin, daß die Ruder aus ihrer jeweiligen Kurvenneutralstellung mit abnehmender Querneigung in die Normalstellung zurückgeführt werden müssen. So ist darauf zu achten, daß das Segelflugzeug das gewohnte Horizontbild beibehält und nicht beim Ausleiten ungewollt überzogen wird. Da durch die Fliehkräfte in der Kurve das scheinbare Gewicht zunahm (*Bild 3.1.5*), muß eine größere Kraft (um die Längsachse) aufgewendet werden, um die Kreisbahn wieder zu verlassen. So ist der Querruderausschlag beim Beenden der Kurve größer als beim Einleiten, um die entsprechend größere Kraft zu erzeugen. **Solange das Segelflugzeug noch nicht im Geradeausflug ist, kreist es!** Seiten- und Querruderausschlag werden beibehalten, bis die Flügel wieder waagerecht sind.

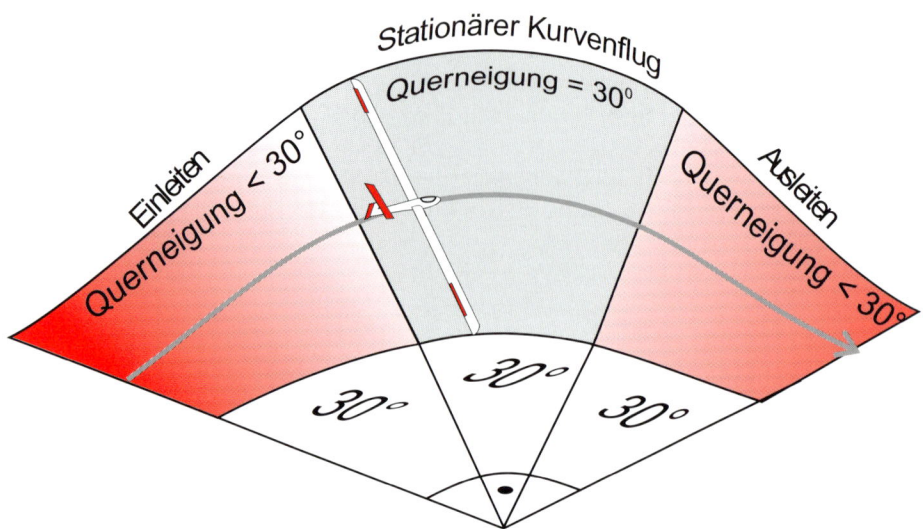

Bild 3.1.3. Faustregel für die Querneigung

Das Beispiel in Bild 3.1.3 geht von einer Richtungsänderung von 90 Grad nach rechts aus. Das erste Drittel wird zum Einleiten benötigt, ein Drittel können wir kurven und ein Drittel benötigen wir zum Ausleiten. Wollen wir zum Beispiel mit 45° fliegen, so besteht unser 90° Kreisabschnitt nur noch aus dem Aus- und Einleiten. Dies auch als Hinweis für diejenigen, die später bei der Landeeinteilung versuchen, eine zu spät eingeleitete Landekurve durch große Querneigung hinmogeln zu wollen! Für die Praxis bedeutet dies, daß kleine Richtungsänderungen entsprechend nur mit kleinen Querneigungen geflogen werden.

Wie gesehen, müssen wir beginnen, eine Kurve auszuleiten, noch bevor wir am Ende des gewünschten Kreisfluges angelangt sind! So läßt sich oft in der Praxis beobachten, daß eine Kurve „überdreht" wird. Du mußt im Hinterkopf behalten, daß das Segelflugzeug nicht blitzartig Querneigung aufnimmt oder wieder verliert. Wenn wir eine Kurve ausleiten, kurvt das Segelflugzeug solange, bis die Querneigung wirklich „Null" ist. Eine Trägheit des Segelflugzeuges, ein sogenanntes *Nachdrehen*, ist nicht vorhanden! Willst Du auf einen bestimmten Punkt hin eine Kurve (mit 30 Grad Querneigung) ausleiten, so mußt Du ***etwa 30 Grad vor Erreichen des Bezugspunktes mit dem Ausleiten beginnen***. Dies ist mit ein Grund, sich vor dem Einkurven einen Richtungspunkt zu suchen, auf den hingekurvt werden soll.

Wenn das Segelflugzeug nicht nachdreht, so bedeutet dies für uns, daß sowohl beim Einleiten als auch beim Ausleiten das Quer- und Seitenruder solange gleichzeitig und gleichsinnig gegeben werden, bis die gewünschte Querneigung vorhanden ist. Nicht zu früh aufhören!

Weil das Segelflugzeug in jeder Kurve eine gewisse Zeit benötigt, um Querneigung zu gewinnen der abzubauen, kurvt es unterdessen mit einer anderen als der gewünschten Querneigung und einem veränderten Radius. Diesen Kurvenflug müssen wir mit einkalkulieren, wenn wir auf einen bestimmten Punkt hin ausleiten wollen (*siehe links*).

Geht man von einem Kreisradius von 100 Metern bei 30 Grad Querneigung aus (*siehe Kapitel 6, Tips und Tricks*), so wird eine Kurve (zum Beispiel aus dem Queranflug in das Endteil) 100 Meter vor dem Erreichen des Richtungspunktes (in diesem Fall der Endanflug) eingeleitet.

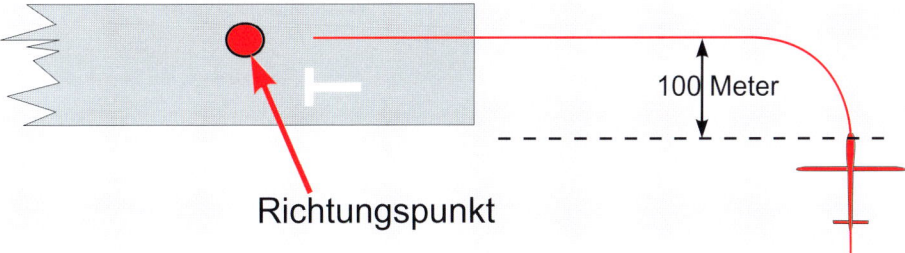

Richtungspunkt

Bild 3.1.8 Einleiten der Kurve vor dem Bezugspunkt (normale Windverhältnisse)

Zusammenfassung:

Das Koordinatensystem des Segelflugzeuges (Querachse, Hochachse und Längsachse) bleibt in jeder Fluglage gleich. Die immer wieder auf Flugplätzen herumgeisternde Meinung, daß in der Kurve das Seitenruder zum Höhenruder und umgekehrt werde, ist falsch!

Wir unterscheiden die ***Normalstellung der Ruder*** (*alle Ruder in Mittelstellung*) von der ***Neutralstellung der Ruder*** (*das Segelflugzeug behält seinen Flugweg bei*). Die häufig gehörten Worte, schon vor einem Start das Höhenruder „neutral zu nehmen" sind mißverständlich und falsch, da (noch am Boden und ohne jede Geschwindigkeit) die Neutralstellung jede beliebe Ruderstellung ist, denn das Flugzeug bleibt bei jeder beliebigen Ruderstellung auch weiterhin am Boden stehen.

Durch die Fliehkräfte und die damit verbundene Flächenbelastung benötigt das Segelflugzeug in der Kurve einen höheren Auftrieb. Wegen der zusätzlichen wirkenden Kräfte müssen die Ruder für den stationären Kurvenflug in eine ***Kurvenneutralstellung*** gebracht werden.

Zusammenfassung

Der Fluglehrer wird Dich immer wieder Kurven fliegen lassen, bis Du die Abstimmung der Ruder beherrschst. Hierzu fliegst Du sogenannte *Rollübungen* (*siehe Kapitel 5: Die Platzrunde, Übungsteil*).

Wir unterscheiden zwischen der **Normalstellung der Ruder** (*alle Ruder in Mittelstellung*) und der **Neutralstellung** (*das Segelflugzeug behält die Fluglage bei*). In der Kurve werden die Ruder in eine **Kurvenneutralstellung** gebracht. Jede Kurve wird genau so gleichmäßig gesteuert, wie der Geradeausflug. Immer gilt:

Horizont - Höhenruder (Knüppel vor und zurück)

Faden - Füße (Seitenruderpedale links und rechts)

Querneigung - Querruder (Knüppel links und rechts)

Bei der *Neutralstellung der Ruder in der Kurve* hat jedes Ruder seinen Sinn und keines kann ohne die anderen wirken. Sind die Kräfte ausgewogen, ist der Kurvenflug stationär. Im Gegensatz zum Geradeausflug müssen zur Beendigung einer Kurve sogar größere Kräfte aufgewendet werden, um diese Stabilität zu überwinden.

Wichtig bei aller Theorie bleibt aber, auch in der Kurve darauf zu achten:

Horizont - Höhenruder (Knüppel vor und zurück)

Faden - Füße (Seitenruderpedale links und rechts)

Querneigung - Querruder (Knüppel links und rechts)

4. Kapitel
Der Start

Der Start
Aufwärts mit der Winde

Nachdem Du schon die Ruder und ihre Wirkungen kennst, geht der Fluglehrer mehr und mehr dazu über, mit Dir den Start zu üben. Das heißt aber nicht, daß nicht schon in den Flügen zuvor beobachtet werden sollst, wie das Segelflugzeug am Seil reagiert. So konntest Du die Steuerbewegungen des Fluglehrers mitfühlen. Doch nun ist es an Dir, die „Geheimnisse" des Starts zielstrebig zu ergründen.

Der Windenstart setzt sich aus drei Phasen zusammen, dem *Anrollen und Abheben*, der *Steigphase* und dem *Flug am Seil im Ausklinkraum*. Der gesamte Startvorgang bedarf unserer größten Aufmerksamkeit, da sich das Segelflugzeug in Bodennähe befindet und Fehler gravierende Auswirkungen haben können. Der richtig durchgeführte Start ist dagegen sicher, an die plötzlichen Beschleunigungen im Startvorgang wirst Du Dich schnell gewöhnen.

An dieser Stelle der Startcheck:

-	*Haube geschlossen und gesichert?*
-	*Luftbremsen eingefahren und eingerastet?*
-	*Höhenmesser auf Null gestellt?*
-	*Funk eingeschaltet? (Frequenz?)*
-	*Trimmung (Gewicht + Ruder) beachtet?*
-	*fest und richtig angeschnallt?*
-	*Fallschirm angelegt und (bei Automatikschirmen) eingeklinkt?*
-	*Windrichtung?*
-	*Auf Seilriß vorbereitet sein!!!*
-	*Startstrecke frei?*

Es hat sich bewährt, den Startcheck im Uhrzeigersinn durchzuführen. Wir beginnen nach dem Schließen der Haube und hören auf mit „Startstrecke frei". Der Check wird so leichter behalten.

Das Abheben

Nach dem Einstieg in das Segelflugzeug und dem Startcheck geben wir dem Helfer ein Zeichen, damit er das Startseil in die Schwerpunktkupplung einklinken kann (Ausklinkprobe vor dem erstem Start am Tag !). Erst wenn die Startstrecke freigeben ist, geben wir das Zeichen, daß der Flügel gehoben werden darf. Aber Achtung: nachdem das Seil eingeklinkt ist, müssen wir jederzeit mit einem plötzlichen Anschleppen rechnen, also immer die rechte Hand am Steuerknüppel (... und die linke Hand auf dem linken Knie in der Nähe des Ausklinkknopfes)!

66

Der Windenstart
Kurz und heftig

Steht das Segelflugzeug in der Startgasse abflugbereit, wird das Windenseil eingeklinkt. Ein Ende führt zur Startwinde. Am anderen Ende kommt erst ein Seilfallschirm (um zu verhindern, daß das Seil nach dem Ausklinken aus einigen hundert Metern Höhe ungebremst zu Boden fällt), dann das versteifte Vorseil (versteift, damit es sich nach dem Ausklinken nicht durch zu leichte Biegebewegungen am Segelflugzeug einhängen kann oder bei einem Überrollen im Radkasten verfängt). Am Ende des Vorseils befindet sich in einer Blechmanschette die Sollbruchstelle. Sie schützt das Segelflugzeug im Start vor Überlastungen. Erst daran schließt sich das Seil an, welches mit dem kleineren Ring eines Ringpaares am Segelflugzeug eingeklinkt wird (kleiner Tip: Häufiger sehe ich Flieger, die auf das Kommando zum Einklinken warten -gerade erfolgt am Parallelseil ein Start- und dabei das Ringpaar in der Hand halten, vielleicht noch einen Finger durchgesteckt. Würden sich nun irgendwo in der Windenstartstrecke die Seile miteinander verschlingen, wäre der Finger ab!).

Die Sollbruchstelle hat je nach Segelflugzeugmuster verschiedene Farben, die Manschette ist oft mit Kerben gekennzeichnet. Schüler werden doppelsitzig mit der roten Sollbruchstelle fliegen, Einsitzer erhalten eine blaue. Über die Gepflogenheiten am Platz laß Dich vom Fluglehrer einweisen. Vor dem Einklinken wird das Vorseil auf eventuelle Schadstellen untersucht. Ist es eingeklinkt, werden die ersten Meter vor der Maschine gerade gezogen. Steht das Segelflugzeug nicht genau in Startrichtung, dann bitte erst ausrichten!

Sind wir startbereit, geben wir die Kommandos zum Einklinken laut und deutlich:

Pilot	**Helfer am Segelflugzeug**
„Es kann eingeklinkt werden!"	Nimmt das Seil:
	„Aus!"
„Aus" (Einklinkknopf wird gezogen)	das Seil wird eingehängt:
	„Ein!"
„Ein" (Einklinkknopf wird losgelassen)	

Das Abheben

Anschließend geht der Helfer zum Flügel (bei Seitenwind zu dem, der gegen den Wind zeigt) und hält diesen so waagerecht, daß das Segelflugzeug auch bei Seitenwind kaum als Last in der Hand spürbar ist. Der Flügel wird an der Hinterkante des Randbogens gehalten. Jetzt hebt der Helfer den anderen Arm (an manchen Plätzen eine Flagge) für den Startleiter deutlich sichtbar senkrecht. Dies bedeutet: **SEIL ANZIEHEN!** Ist das Seil straff, dann wird der Arm waagerecht genommen: **SEIL STRAFF!**. Beschleunigt jetzt die Winde, dann einige Meter mit dem Flügel in der Hand mitlaufen, bis der Pilot alleine steuern kann. **NIEMALS VERSUCHEN, SICH AN DEM FLÜGEL FESTZUHALTEN!**

Beim Anrollen achten wir darauf, daß uns kein Flügel herunterfällt. Die Richtung wird mit dem Seitenruder gehalten, beim ersten Anzeichen eines fallenden Flügels wird sofort ein großer Gegenquerruder-Ausschlag gegeben, der zurückgenommen wird, sobald die Flügel waagerecht liegen. Niemals mit hängendem Flügel starten! Sollte ein Tragflügel trotz unserer Gegenmaßnahmen nicht wieder heraufkommen, **sofort** ausklinken! Das Problem des fallenden Flügels entsteht in der Regel, weil der Pilot nicht glauben wollte, daß gerade bei seinem Segelflugzeug so etwas geschehen kann, und weil er hofft, daß es sich schon wieder geben würde. Das Flugzeug ist aber kein Lebewesen, das wir durch „Bravsein" besänftigen können, sondern wir müssen bei Abweichungen vom Regulären eingreifen (dies gilt übrigens für alle Flugabschnitte).

Das zweite sich beim Anrollen ergebende Problem ist die Neigung des Segelflugzeuges zum Aufbäumen. Der daraus folgende Kavalierstart ist äußerst gefährlich, da das Flugzeug ohne ausreichende Fahrt steil in der Luft hängt. Die Ruder sprechen schlecht an und ein Seilriß (es kann zum verkehrten Zeitpunkt auch einfach nach hinten aus der Kupplung fallen) hätte mit Sicherheit einen Absturz zur Folge (die Chance ist recht groß, sich anschließend unterhalb des Grüns wiederzufinden). Der Seilriß selbst wird in Kapitel 8 (*Verhalten in besonderen Fällen*) besprochen.

Der Kavalierstart läßt sich mit etwas Aufmerksamkeit leicht vermeiden. Der Steuerknüppel wird je nach Segelflugzeugmuster und eigenem Gewicht leicht gedrückt gehalten und bleibt in dieser Stellung bis nach dem Abheben!! (Beim Segelflugzeug ASK 13 läßt sich die Startstellung etwa folgendermaßen ermitteln: Knüppel bis zum Anschlag nach vorne und dann eine Handbreit nach hinten. Bei der ASK-21 etwa 2 Zentimeter vor der Normalstellung. Laß Dir diese Knüppelstellung auf jeden Fall von Deinem Fluglehrer zeigen! Woher die Neigung zum Aufbäumen kommt, ist auf der rechten Seite zu lesen.

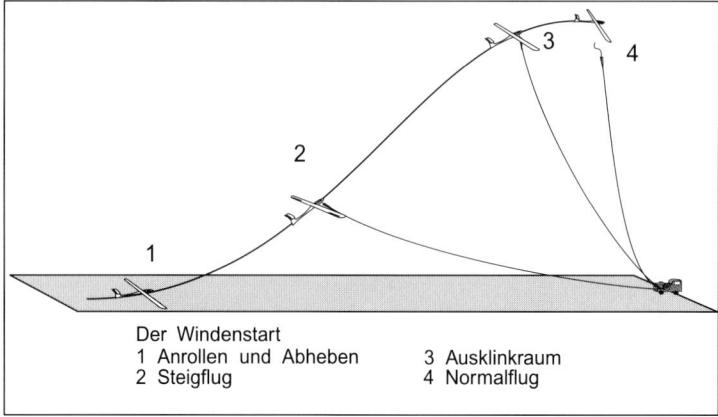

Der Windenstart
1 Anrollen und Abheben   3 Ausklinkraum
2 Steigflug   4 Normalflug

Bild 4.1 Die Phasen des Windenstarts

Wenn wir beim Mitlaufen stolpern, ziehen wir unwillkürlich das Segelflugzeug aus der Richtung! Sollte es während des Straffziehens zu einer Störung kommen und der Pilot ausklinken, sofort die Fläche des Segelflugzeuges auf den Boden legen und den Arm heben: **HALT STOP** (Startunterbrechung).

Eine Schwierigkeit birgt die Neigung des Segelflugzeuges, sich beim Abheben aufzubäumen. Die Gefahr besteht in einem sogenannten „Kavalierstart", der lebensgefährlich ist. Diese Neigung zum Aufbäumen ist abhängig von der Beschleunigung des Anziehens und von der Lage des Schwerpunktes bzw. der Kupplung (die Schwerpunktlage ist je nach Flugzeugmuster verschieden und hängt auch von der Zuladung ab). Grund ist, daß der Schwerpunkt unseres Segelflugzeuges oberhalb des Zugpunktes des Seiles liegt, denn die Kupplung für den Windenstart ist unten. Folgendes Bild soll es verdeutlichen:

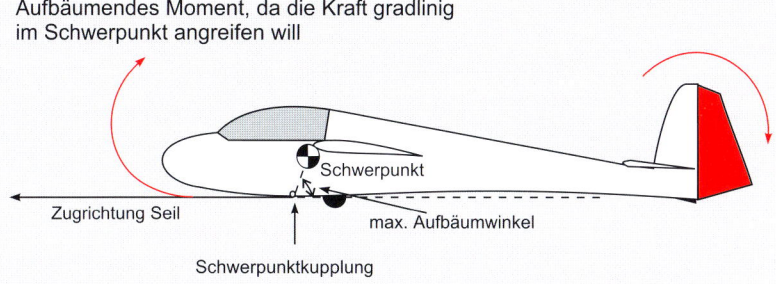

Bild 4.3 Die Neigung zum Aufbäumen

Dieses Drehmoment nimmt mit zunehmender Beschleunigung ab. Starten wir also unser Segelflugzeug mit leicht gedrücktem Steuerknüppel, so heben sich das Moment des Höhenruders und das der Anfangsbeschleunigung mit dem aufbäumenden Moment gegenseitig auf. Das Segelflugzeug hebt „in sich" ab, es wird keinesfalls vom Boden weggezogen!

Für Piloten gibt es keine Ausreden für schlechte Starts, etwa Begründungen wie: „Der Windenfahrer hat so ruppig angeschleppt". Wir sind selbst verantwortlich. Erst mit dem abnehmenden Moment der Beschleunigung kommt der Knüppel allmählich wieder in die Normalstellung (*siehe linke Seiten*).

Bei vielen Schulflugzeugmustern liegt die Kupplung nicht in der Mitte unter dem Rumpf, sondern ist seitlich (in der Regel links) angebracht. Genau wie beim aufbäumenden Moment gibt es bei der Anfangsbeschleunigung eine Neigung, seitlich auszubrechen (ist die Kupplung links, will das Segelflugzeug nach rechts ausbrechen). Deshalb tritt der Fluglehrer unmittelbar vor dem Start das linke Seitenruderpedal, läßt es aber sofort nach dem Abheben wieder in die Mitte kommen. Leider machen, wie bei der Neigung zum Aufbäumen, viele Flugschüler den Fehler, die Ruder länger als nötig stehen zu lassen. **Das ist jedoch gefährlich, da mit zunehmender Fluggeschwindigkeit die Ruderwirkung stark zunimmt und die Maschine schnell in einen ungewollten (gefährlichen) Flugzustand geraten kann.**

Das Segelflugzeug soll parallel zum Boden abheben. Ist es in der Luft, lassen wir den Steuerknüppel, dem Druck folgend, langsam nach hinten kommen, bis er in etwa (angezeigten) 50 Metern Höhe in der Mittelstellung steht. Während dieses Vorganges müssen wir folgendes beobachten (bei Abweichungen entsprechend reagieren):

Die Fahrt auf dem Fahrtmesser muß beständig zunehmen, während der Steuerknüppel auf seinem Weg nach hinten (bis zur Mittelstellung) ist.

Der Steuerdruck in Richtung „drücken" muß vorhanden sein.

Sollten wir etwas anderes beobachten, so können wir folgende Schlüsse ziehen:

*Die Fahrt auf dem Fahrtmesser nimmt kaum zu, wir spüren nur geringen Ruderdruck: Der Start ist zu langsam. Der Knüppel muß **ganz** langsam bis in Mittelstellung geführt werden. Sollte jetzt die Fahrt nicht zugenommen haben, leicht nachdrücken, bis die Horizontallage erreicht ist. Nimmt die Startgeschwindigkeit nun immer noch nicht zu, ausklinken und wieder (geradeaus) landen. Dabei nach Möglichkeit nicht in das Seil hineinfliegen (Luftbremsen nicht vergessen). In der Regel wird der Windenfahrer aber beschleunigen, da er deutlich sieht, daß wir keine Höhe gewinnen (siehe unten).*

*Die Fahrt auf dem Fahrtmesser nimmt rasend zu, der Knüppel will nach hinten, es fühlt sich an, als würde vom zweiten Sitz aus jemand ziehen: Wir werden zu schnell gestartet! Zwar können wir etwas zügiger den Knüppel bis in Mittelstellung kommen lassen, aber ihn keinesfalls nach hinten reißen: Das Seil wäre überlastet, es käme zum Seilriß in geringer Höhe (unangenehm)! Sollte die Fahrt, nachdem der Knüppel in Mittelstellung ist, immer noch zu hoch sein, leicht nachdrücken (um den Seilzug zu verringern), sofort ausklinken, **weiter nachdrücken** bis die Horizontallage stimmt und landen (s.o.). Das beschriebene Problem taucht häufig auf, wenn wir während des Starts (obwohl die Geschwindigkeit in Ordnung war) zu langsam (oder gar nicht) den Knüppel in Mittelstellung kommen ließen und der Windenfahrer denkt, wir seien zu langsam (siehe oben).*

Auf alle Fälle ist während des Abhebens folgendes zu vermeiden:

Wir lassen den Knüppel auf seinem Weg in der Normalstellung stehen. Folge ist, daß wir dem Seil hinterherfliegen und der Seilschirm sich vor uns aufbläht. Jetzt wird es kritisch, denn der Schirm könnte sich über das Flugzeug legen (Haube?) und bei einem plötzlichen Wiederanziehen schwerste Beschädigungen hervorrufen.

Fehler Nummer zwei: nach dem Abheben wieder drücken. Dann würden wir unter das Seil fliegen, was noch gefährlicher ist. Leider habe ich (zum Glück ohne schlimme Folgen) beide Fälle schon mehrfach beobachten müssen!

Nochmal: Wir können als Anfänger von der Physik keine mildernden Umstände erwarten!!! Will das Segelflugzeug -wie in unserem Beispiel nach rechts ausbrechen wird der linke Flügel schneller und der rechte langsamer. Nur hat der linke Tragflügel mehr Auftrieb als der rechte, der sich senkt. *Dies kann nur durch einen kräftigen Gegenquerruderausschlag behoben werden.* Sollten wir jetzt aber immer noch die trügerische Hoffnung haben, das Segelflugzeug würde den Schaden selbst wieder beheben und der Flügel berührte den Boden, hilft nur noch **sofortiges Ausklinken**. Ein Abheben mit dem Flügel am Boden ist lebensgefährlich!

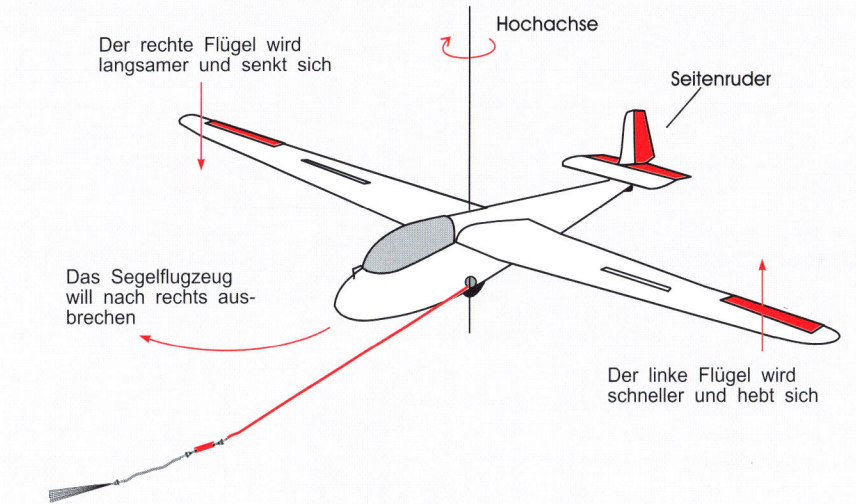

Bild 4.4 Die Neigung zum seitlichen Ausbrechen

Solltest Du derjenige sein, der seinem Kameraden in der Maschine das Seil einklinkt, dann kannst Du ihm den Start erleichtern, indem Du nach dem Einklinken das Seil die ersten Meter gerade ziehst und nicht mitten vor das Segelflugzeug legst, sondern ruhig einen Meter seitlich (in Startrichtung links).

Wie links beschrieben, ist es nicht angebracht, den Steuerknüppel (Höhenruder) aus seiner gedrückten Stellung beim Anrollen und nach dem Abheben entweder ruckartig oder überhaupt nicht in die Normalstellung zu bewegen. Vergegenwärtigen wir uns nochmals: Das Höhenruder war gedrückt, um das aufrichtende Moment zu unterdrücken! Dieses Drehmoment nimmt aber mit zunehmender Eigengeschwindigkeit des Flugzeuges ab! Ist der Knüppel in Mittelstellung, so reicht das restliche aufbäumende Moment immer noch aus, das Segelflugzeug in den Himmel zu katapultieren. Ziel der Übungen im Start ist, das Verhalten des Flugzeuges unter unterschiedlichen Bedingungen kennenzulernen. Die Stärke des aufbäumenden Momentes läßt sich fühlen: Achte einmal darauf, wie stark beim Anziehen und ersten Abheben der Knüppel nach hinten kommen will (es preßt Dich ja ganz schön in den Sitz). Trotz aller Beschleunigung muß die rechte Hand den Knüppel unabhängig steuern.

An dieser Stelle ein kleiner Tip für Fluglehrer: Man kann dem Schüler die Kräfte am Höhenruder beim Start leichter erklären, wenn wir vom hinteren Knüppel in einer Pause die Kräfte simulieren (kräftiger Ruck beim Anziehen usw.). Dann kann der Schüler so lange probieren, bis er verstanden hat, was hier beschrieben ist.

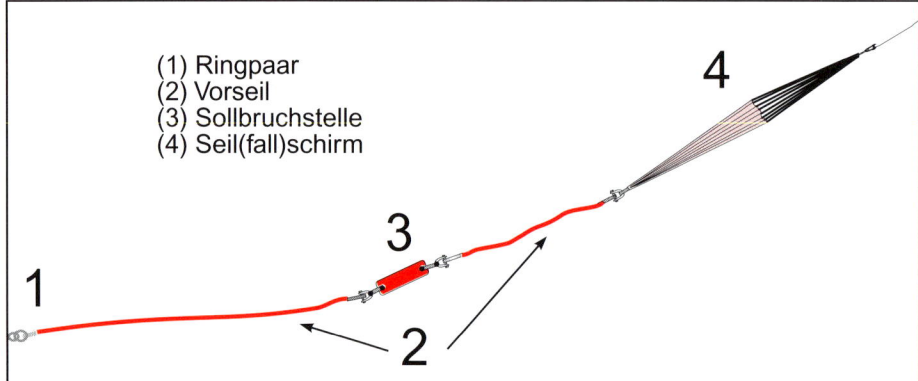

(1) Ringpaar
(2) Vorseil
(3) Sollbruchstelle
(4) Seil(fall)schirm

Bild 4.2 Das Vorseil für den Windenstart

Der Steigflug

Wie vorher erwähnt, ist etwa in (angezeigten) 50 Meter Höhe der Knüppel in Mittelstellung. Natürlich beträgt unsere wahre Höhe etwas mehr, denn auch der Höhenmesser „geht nach" (*siehe Kap.1*). Wenn die Fahrt jetzt in Ordnung ist, wird der Knüppel weiter über diese Mittelstellung hinausgezogen. Wollte er bisher von alleine in die Mittelstellung kommen (dies ist ja die Normalstellung des Höhenruders), so ist jetzt Kraft aufzuwenden, da er natürlich wieder in die Mittelstellung zurück strebt. Keine Sorge, Du machst hier nichts kaputt!

Da wir während des Steigfluges nach vorne keine Flugsicht haben, müssen wir den Fahrtmesser „mit einem Auge" ständig beobachten. Die Geschwindigkeit muß entsprechend der Einträge im Flughandbuch eingehalten werden (z.B. ASK 13 = 100 km/h). Bei Abweichungen sollte zuerst nachgedacht werden, ob eine falsche Fahrt selbstverschuldet ist.

Ist die Geschwindigkeit zu niedrig, können wir natürlich den Steuerknüppel nicht so stark über die Mittelstellung hinaus nach hinten ziehen. Unter Umständen müssen wir sogar den Knüppel etwas nachlassen. Sollte jetzt die Geschwindigkeit noch nicht zunehmen, so wird bis in Normalfluglage nachgedrückt. Hat der Windenfahrer dieses Zeichen nicht verstanden (Nachdrücken = zu langsam), so wird ausgeklinkt und die Landung eingeleitet (*siehe Kap. 8: Verhalten in besonderen Fällen*). Bei zu hoher Startgeschwindigkeit besteht die Gefahr, daß das Segelflugzeug überlastet wird oder die Sollbruchstelle (vielleicht auch das Seil) reißt. Wir versuchen etwas mehr zu ziehen, maxi-

Der Steigflug

Wie beschrieben, reicht das aufbäumende Moment aus, das Segelflugzeug schon mit einer normalen Höhenruderstellung in einen Steigflug zu bringen (*siehe Bild 4.3*). Das Höhenruder will sich parallel zur anströmenden Luft (in Mittelstellung) ausrichten. Mit zunehmender Starthöhe würde der Steigflug jedoch wieder flacher, da die Seilkraft zunehmend direkt im Schwerpunkt angreifen kann.

Wir wollen im Windenstart den Anstellwinkel vergrößern, um eine größere Starthöhe zu erzielen. So wird der Knüppel ab angezeigten 50 Metern Höhe über die Normalstellung = Mittelstellung leicht hinausgezogen. Das Segelflugzeug beschreibt jetzt gegenüber dem Boden einen Steigflug von 45 bis 50 Grad. Von innen her sieht das alles etwas steiler aus. *Ein zu starkes Ziehen* am Knüppel bewirkt das sogenannte „Pumpen" am Seil (oft bei leichtem Rückenwind). Grund ist ein Strömungsabriß bei hoher Fahrt an den Flügeln, da der Anstellwinkel zu groß war. Das Segelflugzeug kippt leicht nach vorne und mit der Verringerung des Anstellwinkels (trotz gezogenen Höhenruders) legt sich die Strömung sofort wieder an. Hier hilft nur, den Knüppel etwas nachzulassen, denn mit mehr als mit maximalem Anstellwinkel (ca_{max}) kann selbst der größte Könner nicht fliegen. Jede Geschwindigkeit hat ihren maximalen Anstellwinkel.

Während des Steigfluges muß der Fahrtmesser immer wieder kontrolliert werden. Eine zu spät erkannte Fahrtabnahme ist riskant, da das Segelflugzeug schon alleine wegen des größeren Gewichtes eine erhöhte Geschwindigkeit benötigt.

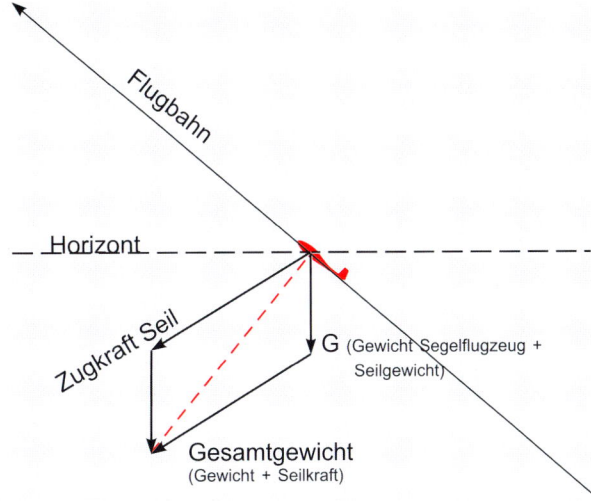

Bild 4.5 Die Gewichtskräfte im Steigflug

Da der Trend zu kräftigeren Startwinden (*Dieselmotor, siehe auch links*) vorhanden ist, müssen wir damit rechnen, daß ein Ziehen im Start wegen der steileren Flugbahn eine Fahrtzunahme bewirkt. Nur ein elastischer Motor reduziert bei stärkerer Belastung die Drehzahl. Das bedeutet nicht, daß zu langsame Fahrt durch Ziehen ausgeglichen werden kann! Noch ein Wort zu den Sollbruchstellen: Sie sollen das Segelflugzeug im Start vor Überlastung schützen (Doppelsitzer = in der Regel rot). Spontanes Ziehen im Steigflug kann zu einer Überlastung führen, die Sollbruchstelle reißt (dazu ist sie ja da). Der Fluglehrer sollte von Zeit zu Zeit den Zustand der Sollbruchstelle und der sie umgebenden Manschette prüfen, um seinen Schülern nicht gerade im ersten Alleinflug das Vergnügen eines Seilrisses zu bieten.

mal bis das Segelflugzeug anfängt zu „pumpen" (*siehe rechts*). Reduziert der Windenfahrer die Geschwindigkeit nicht, so wird wiederum bis in Normalfluglage nachgedrückt
und ausgeklinkt.

Aber bitte noch einmal nachdenken, bevor wir leichtfertig ausklinken, denn es muß ja
anschließend noch eine Landung erfolgen. Dabei ist es nicht besonders günstig, wenn
wir uns nach dem Ausklinken in einer unmöglichen Position befinden und der Fluglehrer
uns zeigen muß, was er alles kann. Die oft gelehrten Zeichen an den Windenfahrer, wie
Seitenruderwackeln oder Querruderwackeln, sind problematisch und wir sollten sie nicht
anwenden.

Es ist jedoch keinesfalls richtig, während des Startvorganges ängstlich im Cockpit zu
sitzen und keinen Blick nach außen zu riskieren. Im Gegenteil, nur durch Beobachtung
nach links und/oder rechts ist die Fluglage zu erkennen. Wenn wir während dieser Zeit
den Steuerknüppel ruhig halten, besteht keine Gefahr, daß uns das Segelflugzeug außer
Kontrolle gerät.

Der Flug am Seil im Ausklinkraum

In der letzten Phase des Startvorganges merken wir, daß, obwohl wir noch beständig
ziehen, die Flugbahn flacher wird und allmählich von ganz unten der Horizont auf-
taucht. Wir fühlen, daß sich der Steuerknüppel leichter nach hinten ziehen läßt. Grund
ist, daß der Windenfahrer im letzten Teil des Starts die Seilgeschwindigkeit reduziert,
um uns nicht über die Winde hinauszukatapultieren. Für uns ist dies das Zeichen, nun
das Höhenruder allmählich bis in die Normalstellung nachzulassen. Ist das geschehen,
so haben wir wieder unser vertrautes Horizontbild. Jetzt wird das Seil deutlich hörbar
selbsttätig ausklinken. Anschließend wird noch dreimal von uns ausgeklinkt, um ganz
sicher zu gehen. Dies wäre zwar im Normalfall nicht nötig, aber dieser Griff soll uns in
Fleisch und Blut übergehen, falls wir einmal einen Seilriß haben. Denn wäre es nicht
sinnvoll, mit einem, unter Umständen einige hundert Meter langen, Seilrest herum-
zufliegen (*siehe Kapitel 8: Verhalten in besonderen Fällen*).

In diesem Moment will das Segelflugzeug einen Sprung nach oben machen, da es ja
weniger Gewicht zu tragen hat. Wir müssen unbedingt das bekannte Horizontbild beibehalten und nachdrücken, wenn es nach unten wegwandern will!

Die Geschwindigkeit im Ausklinkraum entspricht auf jeden Fall der für den Windenstart
vorgeschriebenen Fahrt. Wenn anschließend das Seil herausfällt, baut das Segelflugzeug die Überfahrt (zur Normalgeschwindigkeit) in einem Steigen „in sich" ab, was wir
nur durch einen Blick auf das Variometer feststellen können. Dabei reduziert sich die
Geschwindigkeit auf die normale Fahrt des Horizontalfluges. Dieses oben beschriebene
Verfahren ist nach Möglichkeit einzuhalten, denn immer wieder haben Flugschüler nach
dem Ausklinken Probleme, ihr richtiges Horizontbild zu finden.

Der Flug am Seil im Ausklinkraum

Im letzten Teil des Starts reduziert der Windenfahrer die Geschwindigkeit. Weil der Vortrieb durch das Seil nahezu fortfällt, verflacht sich automatisch die Flugbahn. Ad diesem Augenblick (auch das Höhenruder läßt sich leichter ziehen) bewegen wir den Steuerknüppel nach vorn zurück in die Normalstellung, sonst laufen wir Gefahr, daß das Seil an Ende des Schlepps „herausknallt". Wir müssen beim Flug im Ausklinkraum letztendlich wieder das vertraute Horizontbild herstellen. Die Geschwindigkeit ist aber immer noch erhöht, da das Gewicht des Segelflugzeuges durch das unten hängende Seil vergrößert ist. Erst mit dem Ausklinken (geschieht im Normalfall automatisch) baut sich die Überfahrt in einem Eigensteigen ab. Dies läßt sich auf dem Variometer beobachten. Niemals jedoch im Ausklinkraum mit einer zu geringen Geschwindigkeit fliegen, da wir die Fahrt und den damit verbundenen Auftrieb benötigen, um das Seil tragen zu können!

Während wir das normale Horizontbild sehen, hat das Segelflugzeug trotzdem eine höhere Fahrt, da das zusätzliche Gewicht einen höheren Vortrieb erzeugt. Durch das Herausfallen des Seiles verringert sich dieser Vortrieb. Bist Du zum ersten Male alleine in der Luft, wirst Du nach dem Ausklinken feststellen, daß Du bei gewohntem Horizontbild langsamer als bisher fliegst (*siehe Kapitel 9: Der Alleinflug*). Denn nun fehlt Dir zusätzlich noch das Gewicht des Fluglehrers! Dir bleibt also nichts anderes übrig, als nach einem neuen (höheren) Horizont zu fliegen, die Flugbahn muß also etwas steiler sein (*siehe links*).

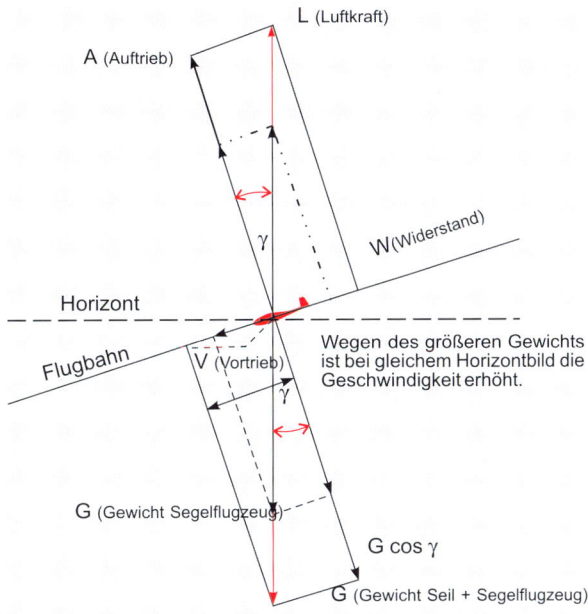

Bild 4.6 Der Flug im Ausklinkraum

Links ist beschrieben, daß sich noch vorhandene Überfahrt durch Steigen des Segelflugzeuges abbaut. Ist unsere Geschwindigkeit höher als die dazugehörige Fluglage (= Horizontbild), ist der Auftrieb größer als der Widerstand. Der beschriebene Effekt läßt sich nicht nur im Ausklinkraum beobachten, sondern auch beim Einflug in Luftmassen mit anderen Luftgeschwindigkeiten. So zeigt sich beginnende Thermik oft zunächst durch eine Fahrtzunahme auf dem Fahrtmesser, noch bevor das Variometer Steigen signalisiert. Ingo Renner (ehemaliger Segelflugweltmeister) hat den dynamischen Segelflug in der Praxis beschrieben.

Verfährst Du so, macht es auch im Alleinflug keine Schwierigkeiten, den (neuen) Horizont zu finden. Im Alleinflug ist das Segelflugzeug leichter (weil der Fluglehrer fehlt) und braucht eine andere (steilere) Fluglage, um mit der bekannten Geschwindigkeit zu fliegen. Als Faustregel kann man sich merken, daß das Horizontbild im letzten Teil des Ausklinkraumes bei vorgeschriebener Startgeschwindigkeit etwa der Normalfluggeschwindigkeit ohne Seil entspricht (z.B. 100 km/h [ASK-13] am Seil = 80 km/h ohne Seil).

Der normale Spezialfall: Vorhalten im Windenstart

Da der Wind (laut Kompaß) 360 verschiedene Möglichkeiten hat, sich eine Richtung zu suchen, besteht eine recht große Chance, daß wir während des Startvorganges Seitenwind haben. Leicht kann das Seil (mit dem Fallschirm) weit neben der Windenstrecke zu Boden kommen und unter Umständen andere Luftfahrzeuge gefährden.

Bevor wir uns mit der Technik des Vorhaltens beschäftigen, sei gesagt, daß wir damit erst beginnen, nachdem das Segelflugzeug seine Sicherheitshöhe (die bekannten 50 m) erreicht hat. Dies deshalb, da im ersten Teil des Starts ganz „auf Nummer Sicher" geflogen wird.

Nach dem Erreichen der Sicherheitshöhe wird das Segelflugzeug mit dem Seitenruder gegen den Wind gedreht (Vor dem Start gemerkt, woher der Wind kam?). Eine Hilfe: Wahrscheinlich wehte vorher der Faden aus der Mitte, also Seitenruder gegen den Faden. Diese Drehung um die Hochachse beträgt maximal 10 Grad. Das Seitenruder bleibt bis zum Ausklinken in dieser Stellung stehen, auch wenn es schwer gängig ist (*siehe rechts*)!

Natürlich wird jetzt der Faden erst recht auswehen, nur können wir nicht mehr das Seitenruder gebrauchen, um ihn wieder in die Mitte zu bekommen. Da wir aber gelernt haben, daß es auch mit dem Querruder geht, geben wir Querruder zum Faden (keine Angst vor der so entstehenden Querneigung!). Jetzt bitte noch darauf achten, daß die Querneigung kaum zunimmt. Dieser Flugzustand wird beibehalten, bis das Seil ausgeklinkt hat.

Nun wird deutlich, weshalb wir während des Starts immer wieder seitlich hinausschauen sollen. Nur so erkennen wir die Querneigung und können kontrollieren, ob unser Vorhalten erfolgreich ist (sind wir noch über, oder in Windrichtung leicht neben der Windenstrecke?). Auch wenn wir uns über ein erfolgreiches Vorhalten zu Recht freuen, darf die Aufmerksamkeit für den Fahrtmesser zu keiner Zeit reduziert werden!

Im Grunde genommen ist Vorhalten nichts anderes als eine Kurve am Seil. Nur kurven wir nicht ein, da das Seil uns festhält. Würde es reißen, so befänden wir uns tatsächlich in einer Kurve. Aber es gibt sogar noch einen bisher nicht genannten Vorteil: Durch die Kurve am Seil hat sich unser Flugweg über Grund verlängert. Manche Piloten behaupten, daß bei idealem Vorhalten und richtiger Windrichtung das Segelflugzeug eine größere Starthöhe erreicht.

Vorhalten im Windenstart

Wie links beschrieben, können wir häufig von einer Seitenwindkomponente im Start ausgehen. Für den normalen Flug (ohne Seil) ist dies kein Problem, doch am Seil müssen wir den Seitenwindeffekt ausgleichen. Wir „halten vor".

Vom freien Flug kennen wir schon die Möglichkeit, einen Luvwinkel zu fliegen. Das tun wir nun am Seil, indem wir die Längsachse mit dem Seitenruder gegen den Wind richten (maximal 10 Grad). Da das Segelflugzeug sich im Windenstart wie im freien Flug dabei nur um die Hochachse dreht, die alte Flugrichtung aber beibehält, müssen wir mit einem gleichsinnigen Querruderausschlag eine Kraft erzeugen, die uns luvwärts zieht. Wir lassen dabei den luvseitigen Flügel nur soviel hängen, daß der Faden in der Mitte bleibt und keinesfalls nach Lee ausweht.

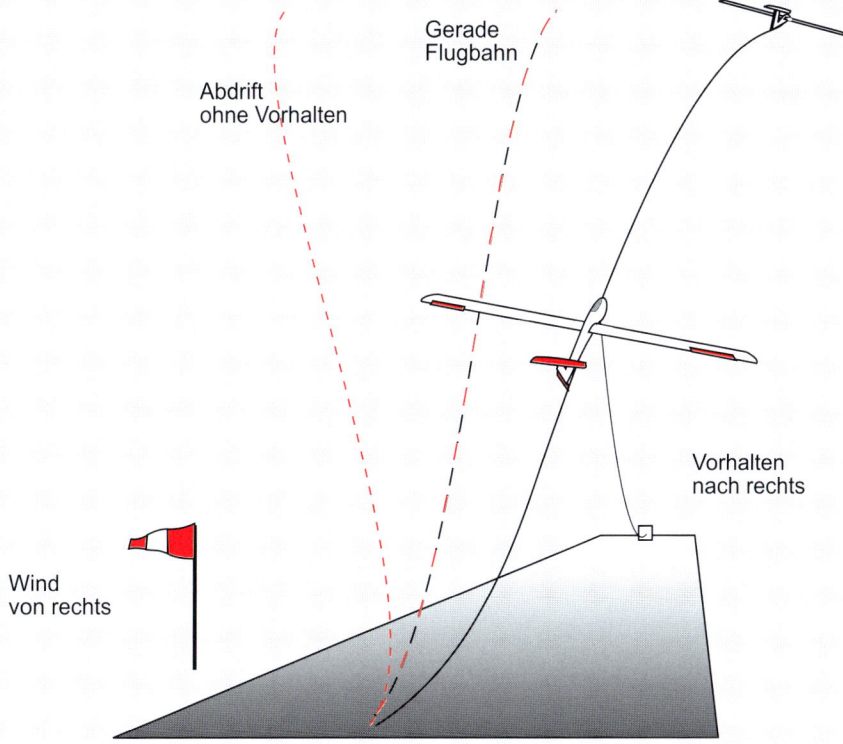

Bild 4.7 Vorhalten

Das Segelflugzeug kurvt am Seil gegen den Wind, ist aber gleichzeitig (durch das Seil) gefesselt. Das Seitenruder bestimmt den Vorhaltewinkel und muß während des ganzen

Bevor dieses Kapitel abgeschlossen wird, möchte ich nochmals die häufigsten Fehler zusammenfassen:

- *Beim Anrollen berührt ein Flügel den Boden.*
- *Das Flugzeug bäumt sich beim Start auf.*
- *Die Geschwindigkeit wird nicht beachtet.*
- *Die Querneigung wird im Start nicht beachtet, ein Flügel hängt.*
- *Es wird nicht beachtet, daß der Windenfahrer im Ausklinkraum die Seilgeschwindigkeit reduziert, und es wird weiter kräftig gezogen.*
- *Das Horizontbild wird beim Ausklinken nicht gehalten und das Segelflugzeug macht einen Satz nach oben.*
- *Es wird nach dem Ende des Starts nicht nachgeklinkt (3x).*
- *An Seilriß wird nicht gedacht, und es ist kein Konzept dafür vorhanden (siehe Kapitel 8).*

Der ganze Startvorgang an der Winde dauert höchsten 1 Minute, dafür so viele Seiten Text? Aber ja, denn Fehler im Windenstart können sich bitter rächen!

Vorganges ausgeschlagen bleiben, da das Seil die Nase des Segelflugzeuges zurückziehen will. Der Ruderausschlag ist dabei abhängig von der Seilgeschwindigkeit (rückrichtendes Moment) und der Seitenwindkomponente.

Wie links beschrieben, kontrolliert das Querruder den Faden. Wichtig ist jedoch, daß die Querneigung nicht unbeabsichtigt so groß werden darf, daß das Segelflugzeug über den tieferen Flügel ausbricht oder gar abkippt. Mit dem Vorhalten wird keinesfalls unter der Sicherheitshöhe (angezeigte 50 Meter) begonnen. Du steuerst sicherer und effektiver, wenn Du kontinuierlich etwas vorhältst, anstatt kurzfristig stark und übertrieben, weil Du vorher vergessen hast, an Seitenwindeinfluß zu denken.

Der Flugzeugschleppstart
Immer dem Flugzeug hinterher

Sicherlich ist der Windenstart für den Segelflieger die schnellere Möglichkeit, in die Luft zu kommen. Viele Fluggelände verfügen aber nicht über ausreichende Länge, sie sind auf den Flugzeugschleppstart -kurz F-Schlepp- angewiesen. Vorteilhaft daran ist außerdem, daß der Segelflieger sich hinschleppen lassen kann, wohin er will. Der Windenstart dauert zwar nur kurz und ist sicher die umweltfreundlichere Methode, hat aber seine speziellen Risiken (zu den Schwierigkeiten des Flugzeugschleppstarts kommen wir gleich) und er stellt uns nur eine begrenzte Höhe zur Verfügung.

Zuerst fällt das unterschiedliche Schleppseil beim F-Schlepp auf. Es hat eine spezielle Sollbruchstelle und wird in die dafür vorgesehene Bugkupplung (sofern vorhanden) eingeklinkt. Diese Kupplung befindet sich an der Rumpfspitze. Es ist keine Sicherheitskupplung, das Seil klinkt nicht am Ende des Schlepps automatisch aus. Sofern wir ein Schleppflugzeug mit einer Einziehvorrichtung haben, braucht das Seil (wenn beide Maschinen fertig an der Startstelle stehen) nur am Seileinlauf des Motorflugzeuges herausgezogen und mit dem kleineren Ring des Ringpaares am Segelflugzeug eingeklinkt zu werden. Bei Motormaschinen ohne diese praktische Einrichtung wird ein Ende des Seils in der dafür vorgesehenen Einklinkvorrichtung der Schleppmaschine befestigt. Die Sollbruchstelle sitzt immer am Seilende vor dem Segelflugzeug.

Die bei uns verwendeten Seile sind zwischen 40 - 60 Meter lang. Meistens bestehen sie aus Kunstfasern und sind in der Lage, plötzliche Beschleunigungen ein wenig abfedern. Das hat aber gleichzeitig den Nachteil, daß sie sich im Schlepp gerade in ungünstigen Flugabschnitten spannen können und anschließend unser Segelflugzeug katapultartig nach vorne schleudern.

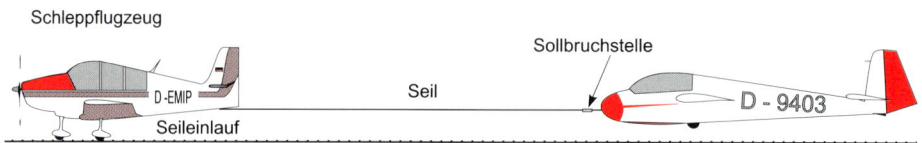

Der Flugzeugschlepp

Bild 4.1.1 Der Flugzeugschlepp in der Startphase

Wenn wir startklar sind (Startcheck? - die Trimmung muß über normal hinaus auf kopflastig stehen) und die Schleppmaschine in Position ist, geben wir dem Helfer draußen das Zeichen zum Einklinken. Je nach Fluggelände gibt ein Winker dem Piloten des Motorflugzeuges Zeichensignale, um das Seil straff zu ziehen, oder wir benutzen den Funk. Ist der Start freigegeben, kann der Flügel angehoben werden. Sinnvollerweise sollten während des Straffziehens die Luftbremsen gezogen werden, da sie in aller Regel im letzten Teil des Hebelweges auf die Radbremse wirken. Ein Überrollen des Seiles wird somit vermieden. Man darf nur nicht vergessen, die Bremsen rechtzeitig wieder

Der Flugzeugschleppstart
Paarlauf

Diese Startart ist aerodynamisch komplizierter, da beispielsweise die unterschiedliche Spannweite der beiden Luftfahrzeuge diese verschieden reagieren läßt. Doch zahlreiche Segelflugpiloten empfinden diese Startart oft als angenehmer, da hier keine plötzlichen Beschleunigungen wie im Windenstart auftreten. Der Flugzeugschleppstart dauert viel länger (ca. 5 Minuten), man hat viel mehr Zeit Fehler zu machen.

Bild 4.1.12 Segelflugausbildung im F-Schlepp: Flugschule Burg Feuerstein

Das Schleppseil ist oft aus Kunststoff bzw. einem Fasermischgewebe hergestellt. Stahlseile finden bei uns kaum Verwendung (im Gegensatz zu anderen Ländern). Das elastische Seil soll plötzliche Beschleunigungen abfedern, was ein Stahlseil nicht kann. An manchen Plätzen werden noch Hanfseile verwendet, die an beiden Flugzeugen eingeklinkt werden müssen.

Die Beschleunigung im F-Schlepp nicht so stark ist. Das Segelflugzeug besitzt eine höhere aerodynamische Qualität (= weniger Widerstand) als das Motorflugzeug. So kommen immer wieder Flugphasen vor, in denen das Schleppseil durchhängt. Das geschieht um so mehr, je ungleichmäßiger wir steuern und das Seil entweder belasten oder entlasten (*siehe links*).

Vor dem Start (Startcheck?) wird die Rudertrimmng (grüner Hebel) etwas kopflastig gestellt, um zu verhindern, daß das Segelflugzeug bei der erhöhten Geschwindigkeit im Schlepp ständig nach oben steigt.

einzufahren. Der Helfer sollte jetzt noch einmal kontrollieren, ob das Schleppseil einge-klinkt ist (nur gucken, nicht hinlaufen)! Wir haben das Höhenruder im Unterschied zum Windenstart leicht gezogen, da eine Neigung zum Aufbäumen nicht vorhanden ist. Ein volles Ziehen des Höhenruders (oft beobachtet) ist zwecklos, denn mehr als den Sporn auf dem Boden zu halten ist in der Startphase nicht möglich. Dieses Herannehmen des Höhenruders dient während der Rollphase ausschließlich zur Verringerung der Rollrei-bung. Lediglich bei starkem Seitenwind kann man etwas stärker Ziehen, weil dann der Sporn (oder das Spornrad) fester auf den Boden gedrückt wird und die Richtung leichter gehalten werden kann.

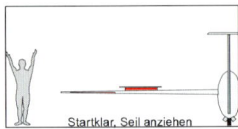 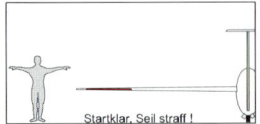 

Bild 4.1.2 Zeichensignale während des Starts

Anrollen und Abheben

Der Helfer am Flügel sollte bei Beginn des Schleppvorganges etwas länger mitlaufen, da die Geschwindigkeit beim Anrollen kaum für eine ausreichende Ruderwirkung ge-nügt. Hier gilt wie beim Windenschlepp: Als Helfer sich niemals am Tragflügel des Segelflugzeuges festhalten. Ebenso muß das Segelflugzeug bei Seitenwind alleine in der Waagerechten bleiben können. Der Helfer muß deshalb am Luvflügel mitlaufen und diesen etwas tiefer als den Leeflügel halten.

Schon während der Phase des Anrollens wird das Segelflugzeug mit großen Querruderaus-schlägen waagerecht gehalten und seine Richtung mit dem Seitenruder gesteuert. Übrigens, während des gesamten Schleppvorganges hat der Faden für uns keine Bedeutung. Das Schlepp-flugzeug vor uns gibt die Richtung an (so wie uns bei der Landung das Landefeld die Rich-tung vorgibt).

Das Segelflugzeug hebt zuerst ab. Falsch wäre es, jetzt das Höhenruder voll zu ziehen, denn dann befänden wir uns kurz darauf deutlich oberhalb der Schleppmaschine. Abheben wollen wir dennoch so früh wie möglich, um die Rollreibung (ältere Flugzeuge haben noch Kufen) zu überwinden. Du merkst deutlich, wie die Schleppmaschine nach unserem Abheben an Geschwindigkeit gewinnt.
Nach dem Abheben fliegen wir in ca. einem Meter Höhe hinter dem Motorflugzeug her. Sollten wir zu hoch steigen, so wird gefühlvoll nachgedrückt, um wieder die richtige Höhe zu erreichen. Anderenfalls könnten wir der Schleppmaschine den Schwanz hochziehen und verhindern, daß sie abhebt. Bist Du etwas zu hoch geraten (2 - 3 Meter), dann drücke keines-falls panisch nach, denn leicht setzt das Segelflugzeug wieder auf, um anschließend unkon-trolliert hochzuspringen.

Anrollen und Abheben

Während des Anrollens muß das Segelflugzeug genau hinter der Schleppmaschine bleiben, weil wir sonst durch den langen Hebelarm (das Seil steht während des Rollvorganges unter Spannung) die Schleppmaschine herumreißen könnten. Sollten wir zur Seite ausbrechen und eventuell sogar noch mit einem Flügel Bodenberührung bekommen, muß sofort ausgeklinkt werden. Andernfalls könnte der Schleppzug unter Umständen die Startbahn verlassen und andere gefährden. Gerade bei Seitenwind muß darauf geachtet werden! Richtung und Querneigung werden mit Seiten- und Querruder kontrolliert. Weil die Anfangsgeschwindigkeit gering ist, müssen große und zügige Ruderausschläge gemacht werden (*siehe links*).

Wir heben vor dem Schleppflugzeug ab, da das Segelflugzeug schon bei einer deutlich geringeren Geschwindigkeit flugfähig ist. Achte darauf, Deine Maschine nicht vom Boden „wegzureißen", weil Du sonst in Schwingungen um die Querachse (*Kap.3*) kommen kannst. Die Möglichkeit zu Nickschwingungen ist immer dann gegeben, wenn wir das Segelflugzeug mit maximalem Anstellwinkel (geringe Fahrt) vom Boden gezogen haben und nun ein Nachlassen des Höhenruders den Auftrieb soweit vermindert, daß er zusammenbricht.

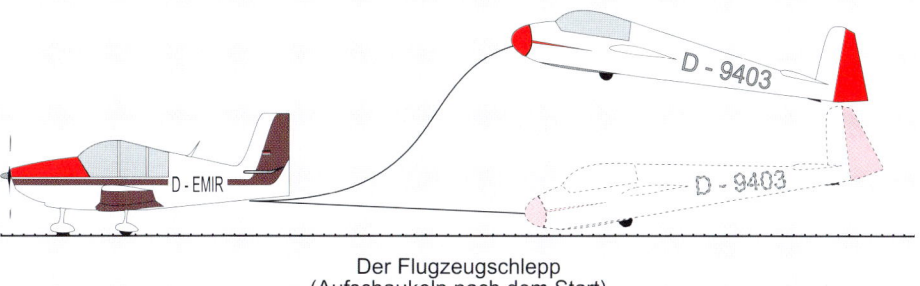

Der Flugzeugschlepp
(Aufschaukeln nach dem Start)

Bild 4.1.13 Nickbewegungen (übertrieben dargestellt)

Sollten wir nach dem Abheben etwas zu hoch sein (2-3 Meter), so ist dies noch nicht kritisch, da bei einer Seillänge von 40 Meter dies noch keinen großen Winkel darstellt. Während beim Anrollen Seitenwind uns durchaus zwingen kann, den Luvflügel minimal hängen zu lassen (es ist leichter, nun mit dem Seitenruder die Richtung zu halten, da das Segelflugzeug nicht beständig nach Lee kippen will), wird bei Seitenwind nach dem Abheben das Segelflugzeug mit dem Seitenruder luvwärts gedreht (*siehe links*). Diesen Luvwinkel steuern wir zur Sicherheit, denn nach dem Abheben kann es durchaus vorkommen, daß wir in turbulenter Luft wieder etwas tiefer geraten. Schon bei wenigen Grad Querneigung ist die Gefahr der Bodenberührung mit einem Flügel gegeben. Unser Ziel ist es, hinter der Schleppmaschine über dem Startstreifen bleiben zu können.

Hebt das Motorflugzeug ab, so richten wir die Nase des Segelflugzeuges wieder allmählich auf das Leitwerk des Schleppers aus. Eventueller Seitenwind wirkt jetzt auf den gesamten

Sollte in dieser Flugphase (Segelflugzeug in der Luft, Schleppflugzeug rollt noch) Seitenwind Dich versetzen wollen (vor dem Start auf den Windsack geguckt?), nehmen wir einen Luvwinkel (*siehe Kapitel 5*) hinter der Schleppmaschine ein. Die Nase des Segelflugzeuges wird dabei so weit mit dem Seitenruder gegen den Wind (*siehe Bild 4.1.3*) gedreht, bis wir wieder hinter dem Schlepper sind. Dieser Flugzustand wird bis zum Abheben des gesamten Schleppzuges beibehalten (Seitenruder getreten halten!).

Hierbei dürfen wir den Flügel nicht hängen lassen, denn wir sind noch nahe am Boden und wollen keine Bodenberührung mit einer Flügelspitze riskieren. Leicht wird unterschätzt, daß wenige Grad Querneigung bei unserer beachtlichen Spannweite ganz schöne Auswirkungen haben können. Während eines solchen Fluges mit Luvwinkel kannst Du gleich ein wichtiges Gebot des gesamten Flugzeugschlepps lernen: Wir halten immer die gleiche Querneigung wie die Schleppmaschine vor uns. In diesem Fall sind unsere Flügel noch waagerecht.

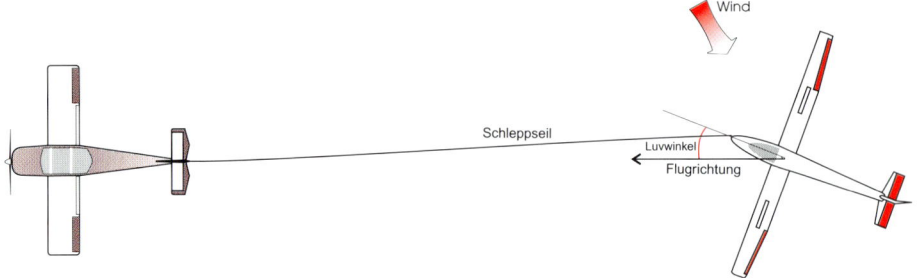

Bild 4.1.3 Vorhalten im Flugzeugschlepp (nur das Segelflugzeug fliegt)

Nach dem Abheben des Motorflugzeuges bleiben wir genau hinter diesem, die Nase unseres Segelflugzeuges zeigt auf das Seitenruder des Schleppers. Das erste Stück steigt der Schleppzug gradlinig in Verlängerung der Startrichtung. Selbst Seitenwind spielt jetzt für uns keine Rolle mehr, weil dieser auf den gesamten Schleppzug wirkt und wir lediglich in Längsachse hinter dem Motorflugzeug bleiben müssen.

Zu hoch / zu tief

In welcher Höhe sollten wir hinter dem Schleppflugzeug herfliegen? Der Profi denkt sich die Längsachse des Flugzeuges vor sich im Seil verlängert bis zur Nase des Segelflugzeuges und prägt sich das entsprechende Flugbild ein. Wir sehen als Anfänger aber noch nicht gar so genau hin und merken uns folgendes: Liegen die Flügel des Schleppflugzeuges von uns aus gesehen auf der Horizontlinie, so machen wir nichts verkehrt. Bei der oft als Schleppflugzeug verwendeten Robin DR 400 sitzen die Räder von uns aus betrachtet auf dem Horizont.

Sehen wir die Tragflügel der Schleppmaschine unter dem Horizont, so sind wir mit Sicherheit zu hoch (wir blicken von oben auf das Motorflugzeug herab.)! Sind die Flügel des Schleppers deutlich über dem Horizont, fliegen wir zu tief (wir erkennen die Unter-

Schleppzug. Das wird auch der Schleppilot merken und seinerseits einen Luvwinkel fliegen (wir fliegen das erste Stück in Verlängerung der Startrichtung). Da wir genau in Längsrichtung zur Schleppmaschine bleiben, haben wir automatisch den gleichen Luvwinkel. Zur Erinnerung: Der Luvwinkel dient nur dazu, eine seitliche Abdrift gegenüber dem Boden zu verhindern. Würden wir dies im freien Flug tun, (*siehe Kap.7 Die Landung*) stünde der Faden -genau wie jetzt im F-Schlepp- in der Mitte.

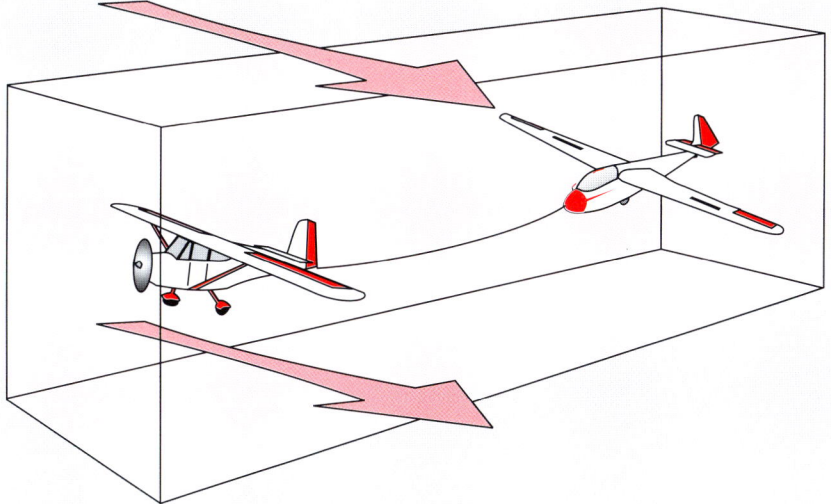

Bild 4.1.14 Seitenwind versetzt den gesamten Schleppzug mit dem Luftpaket

Manche Schleppiloten ziehen es vor, sofort nach dem Abheben schnell Höhe zu gewinnen. Es bleibt Dir nichts anderes übrig, als mitzusteigen.

Zu hoch / zu tief

Links ist beschrieben, in welcher Höhe wir hinter der Schleppmaschine fliegen sollten. Du wirst mit Deinem Fluglehrer ausprobieren, bis zu welchem Punkt Du gefahrlos nach oben bzw. nach unten darfst. Während des gesamten F-Schlepps ist aber zu beachten, daß die Ruder eine enorme Wirkung haben, da wir mit deutlich überhöhter Geschwindigkeit fliegen. Deshalb kann es leicht passieren, daß sich beim Segelflugzeug Schwingungen um die Querachse (Nicken) einstellen. Du bist über die Wirkung des eigenen Höhenruderausschlages überrascht und im nächsten Moment mußt Du den eigenen Ruderausschlag korrigieren. *So gilt auch hier: Nie so schnell steuern, daß Du die Reaktionen des Segelflugzeuges auf die Ruderbewegungen nicht mehr beobachten kannst!*

Bei der Schulung im Doppelsitzer ist das Schleppseil an der Bugkupplung eingeklinkt. Dadurch unterstützt das Seil das korrekte Richtunghalten mit dem Segelflugzeug. Die Ausnahme ist der Start mit Luvwinkel bei Seitenwind, wenn das Motorflugzeug noch rollt. Hier will

seite der Motormaschine). (*Sollte Dein Fluglehrer so nett sein und Dir erlauben, ein paar Punkte auf die Haube zu kleben (wie schon in Kapitel 3 beschrieben), so fiele es Dir leichter, mit dem Segelflugzeug die richtige Höhe hinter dem Schlepper einzuhalten.*)

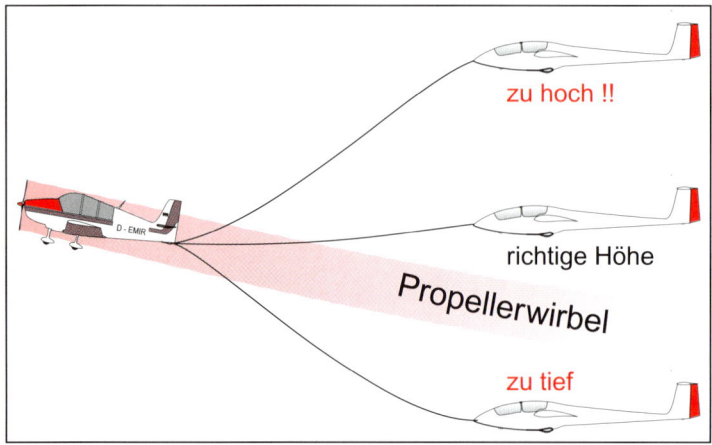

Bild 4.1.4 Welche Höhe hinter der Schleppmaschine ?

Zu hoch zu sein ist immer kritisch, denn wir ziehen das Leitwerk des Schleppflugzeuges nach oben (*siehe rechts*). Der Schleppzug droht außer Kontrolle zu geraten, das Schleppflugzeug kippt nach unten weg!! Da wir (wie beschrieben) keine Sicherheits-kupplung haben, kann sehr schnell der Fall eintreten, daß sich der gesamte Schleppzug in einem steilen Sturzflug der Erde nähert, wobei keiner der beiden Piloten die Möglichkeit hätte, diesen Zustand durch ein Abfangmanöver zu beenden. Ist es soweit gekommen, reichen die Handkräfte am Ausklinkknopf des Segelflugzeuges nicht mehr aus, da das Seil zu stark unter Spannung steht. Dieses Manöver in Bodennähe bedeutet, daß wir den Schlepppiloten (und uns) erheblich gefährden, wie zahlreiche Unfälle beweisen.

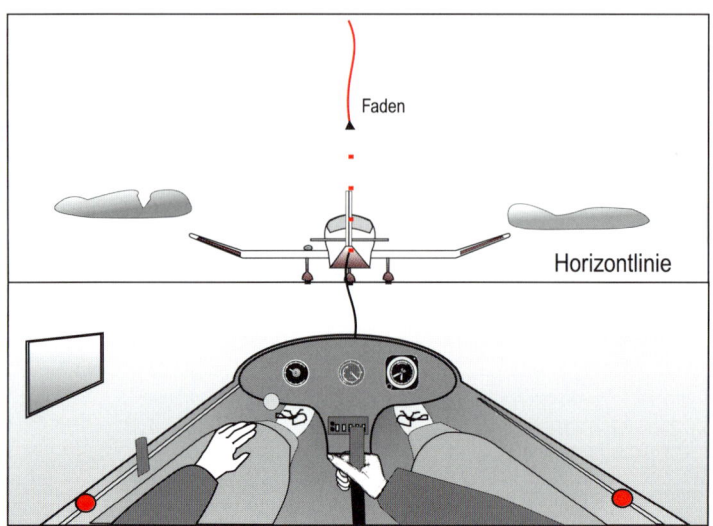

Bild 4.1.5 Ein korrekter Flugzeugschlepp

Verliert uns der Schleppilot im Rückspiegel aus den Augen, dann vermutet er uns zu hoch und wird zu Recht nervös. Wir müssen uns nicht wundern, wenn wir dann das Signal zum Ausklinken (siehe am Ende des Kapitels) erhalten, oder er gar selbst das Seil ausklinkt.

das Seil die Nase wieder in Richtung Schleppflugzeug ziehen, also muß das Seitenruder ausgeschlagen bleiben. Bei Segelflugzeugen, die keine Bugkupplung besitzen und daher an der Schwerpunktkupplung geschleppt werden, entfällt dieses ausrichtende Moment vollkommen.

Da die Bugkupplung vor dem Schwerpunkt des Segelflugzeuges sitzt (zur Erinnerung: Die Schwerpunktkupplung befindet sich unterhalb des Schwerpunktes), übt das Seil eine leichte Gegenkraft zum Höhenruder und Seitenruder aus. Diese kleine Trägheit hilft Dir etwas, denn wie beschrieben wirkt das Höhenruder wegen der hohen Schleppgeschwindigkeit ganz schön heftig. Du kannst Dir also jetzt vorstellen, wie labil ein Segelflugzeug fliegt, welches an der Schwerpunktkupplung gezogen wird.

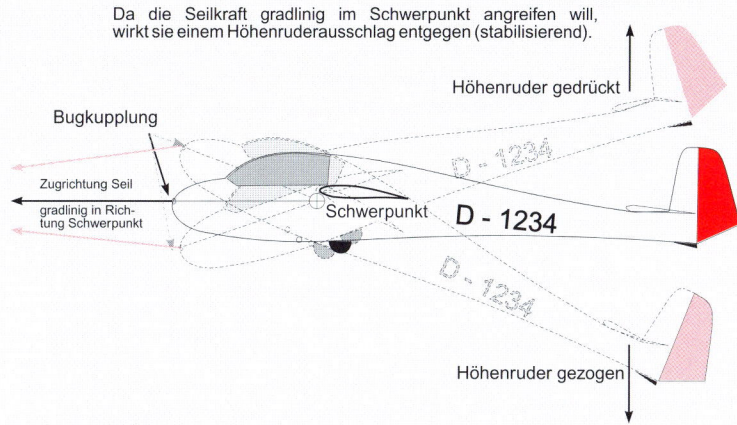

Bild 4.1.15 Die stabilisierende Kraft der Bugkupplung

Wenn Du das Segelflugzeug mit dem Höhenruder übersteuerst, dann mußt Du schon einen Ruderausschlag gemacht haben, der die gewisse Stabilität im Schlepp überwindet. Das Schulflugzeug ASK-21 fliegt im Schlepp (sofern das Höhenruder richtig getrimmt ist (Startcheck?) viele Flugabschnitte beinahe alleine.

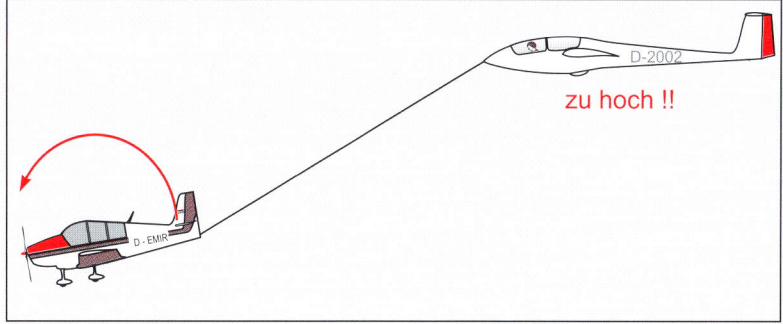

Bild 4.1.16 Das Segelflugzeug hebt das Leitwerk der Schleppmaschine an

Zu tief zu sein ist in erster Linie für uns unangenehm, weil wir in die Propellerwirbel des Motorflugzeuges geraten. Ansonsten besteht (bei kleinen Motorflugzeugen) keine große Gefahr. Du wirst das zu tiefe Fliegen aber freiwillig lassen, wenn Dein Fluglehrer mit Dir einmal in diese Turbulenzen hineinfliegt und Du erhebliche Probleme mit der Kontrolle und Steuerung des Segelflugzeuges bekommst (ein Sonderfall wäre der Tief-schlepp unter den Propellerwirbeln, er wird aber hier noch nicht behandelt. In einigen Staaten - beispielsweise in Australien- ist der Tiefschlepp unterhalb der Propellerböen obligatorisch). Sind wir zu hoch, so steuern wir das Segelflugzeug weich aber zügig (nicht zu lange überlegen) durch entsprechendes Drücken des Höhenruders wieder in die korrekte Fluglage. Wir sehen die Schleppmaschine wieder da, wo sie vorher war. Das Problem ist, daß wir mit dem Nachdrücken Fahrt gewinnen und das uns ziehende Flugzeug einzuholen drohen. Das Seil hängt durch. Dies läßt sich vermeiden, wenn die Störklappen *vorsichtig* (Achtung, sie saugen sich heraus) ausgefahren werden. Das Seil wird straff gehalten, weil wir den Widerstand erhöhen. Zurück in der richtigen Höhe, drücken wir kurz vor dem Spannen des Schleppseiles noch etwas nach, um einen kräfti-gen Beschleunigungsruck zu vermeiden, der das Seil zerreißen könnte.

Eine (elegantere) Methode wäre, bei einem Seildurchhang das Segelflugzeug in einen (leichten) Schiebeflugzustand zu bringen. Dies wird in der Anfängerschulung jedoch weniger angewendet, da der Flugschüler Probleme bekommt, in Längsachse hinter dem Schleppflugzeug zu bleiben.

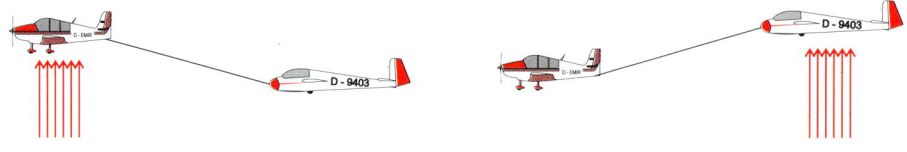

Die Schleppmaschine kommt in einen Aufwind

Das Segelflugzeug ist zu schnell mit ge-stiegen und überhöht in dem Moment, wo es selbst in den Aufwind kommt

Bild 4.1.6 Überhöhung durch Thermik

Gerade an Tagen mit Thermik ist es leicht, im Schlepp zu hoch oder zu tief zu geraten. Erst kommt das Motorflugzeug in die Thermik und steigt zügig in sich nach oben. Da wir gelernt haben, schnell zu reagieren, steuern wir gleich mit und sind eine Seillänge später in der gleichen Thermik, während die Schleppmaschine schon wieder im Ab-windbereich ist. Obwohl wir es gut meinten, sind wir im nächsten Augenblick zu hoch.

Thermik spüren wir als ungleichmäßige Luftbewegungen, unser Segelflugzeug will dau-ernd korrigiert werden. Steigt die Schleppmaschine deutlich bei gleichbleibender Längs-richtung, so wird uns kurz darauf das Variometer ebenfalls Thermik anzeigen. Erkennen wir, daß das Motorflugzeug vor uns in Thermik eingeflogen ist, dürfen wir nicht unmit-

Sind wir zu hoch, ziehen wir mit dem langen Kraftarm des Seiles das Leitwerk der vor uns fliegenden Maschine nach oben und zwingen diese, nach unten zu tauchen. Der Schlepppilot kann dabei so viel am Höhenruder dagegen ziehen, wie er will, gegen den langen Hebelarm kommt er nicht an. Sein Flugzeug gerät in einen immer steiler werdenden Bahnneigungsflug.

Je tiefer die Schleppmaschine durch ein solches Manöver gerät, desto höher fliegt das Segelflugzeug im Verhältnis zu ihr und um so stärker wird die Zugkraft nach oben. Das richtige Höhenverhältnis wird hier deshalb so ausführlich behandelt, da Überhöhen die Hauptunfallursache im Flugzeugschlepp ist.

Links ist beschrieben, daß Nachdrücken im Schlepp zu einem Seildurchhang führt. Der notwendige Kraftaufwand, um ein Segelflugzeug selbst mit erhöhter Fahrt gleiten zu lassen, ist verhältnismäßig gering. Da das Motorflugzeug einen erheblich höheren Luftwiderstand als unser Segelflugzeug hat, fällt es uns viel leichter, durch Nachdrücken Fahrt zu gewinnen als dem Schleppiloten. Zwar entlasten wir mit einem Nachdrücken das Seil, der Schlepper wird dadurch jedoch nicht sofort schneller, sondern steigt in einem Satz nach oben, da die ihm zusätzlich zur Verfügung stehende Kraft zur Auftriebserhöhung dient. Wir müssen also davon ausgehen, daß uns bei einer Überhöhung die Flugphysik nicht hilft.

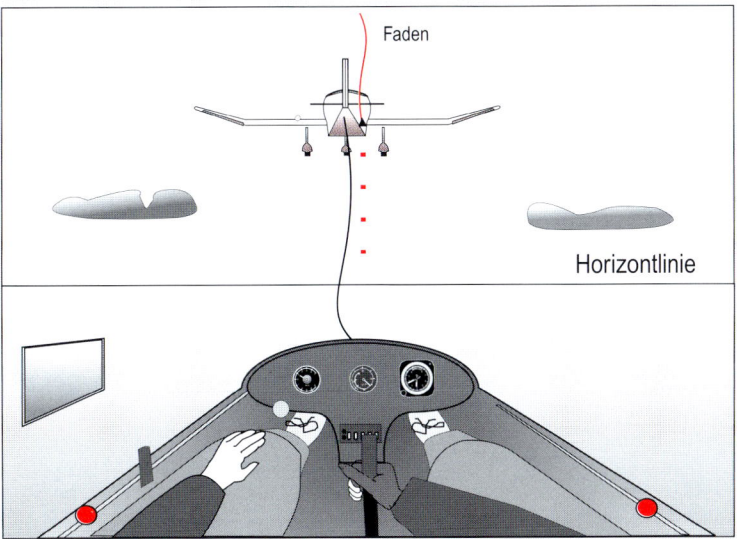

Bild 4.1.17 Das Segelflugzeug ist im Schlepp zu tief

Wir haben nur die Möglichkeit, den Widerstand des Segelflugzeuges zu vergrößern. Praktischerweise haben wir Luftbremsen. Jedoch ist vor einem Ausfahren daran zu denken, daß zuerst der Widerstand der Verriegelung überwunden werden muß und danach die Bremsen mit Kraft ausfahren wollen, weil ja auf der Oberseite des Flügels ein Unterdruck

telbar hinterher steuern. Es gilt daran zu denken, daß wir 40 Meter später auf den glei-chen Aufwind treffen. Mehr Aufmerksamkeit müssen wir dagegen aufbringen, gerät das Schleppflugzeug in einen starken Abwindbereich und sinkt stark: Wir dürfen keinesfalls eine starke Überhöhung zulassen!

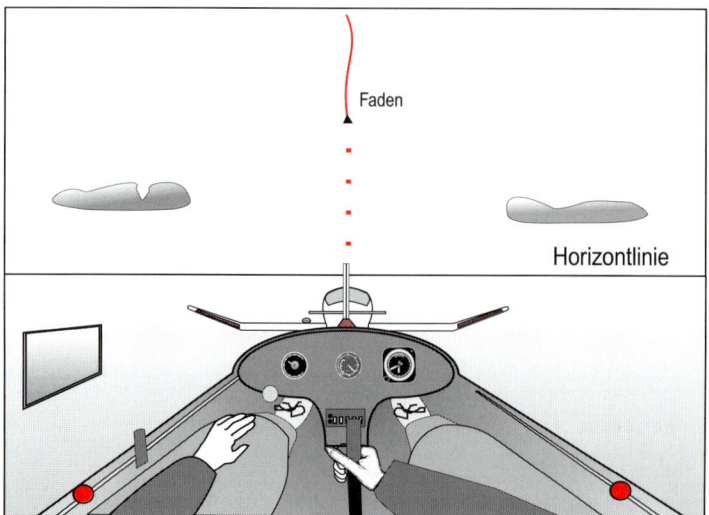

Bild 4.1.7 Das Segelflugzeug ist im Schlepp zu hoch

Korrekturen der Richtung und Querneigung

Eingangs ist beschrieben, daß unsere Querneigung immer der des Schleppflugzeuges entsprechen soll. Das hört sich einfach an, aber auch hier hat uns der F-Schlepp einige Schwierigkeiten zu bieten: Wir fliegen mit einer deutlich höheren Geschwindigkeit als der Normalfahrt, da das Motorflugzeug eine höhere Mindestgeschwindigkeit als wir besitzt (Schlepp mit einer DR 400 ca. 120 km/h). Die oft in der Schulung verwendete ASK-13 ist bei Normalfahrt mit 80 km/h ein wunderbares Segelflugzeug, bei 120 km/h sind die Querruder jedoch so schwergängig als wären sie eingerostet.

Bei jeder Richtungskorrektur mit dem Seitenruder bekommt das Segelflugzeug (*siehe rechts*) automatisch eine Querneigung in Richtung des ausgeschlagenen Seitenruders (die wir nicht immer haben wollen). Möchtest Du aber bei einer Richtungskorrektur die Querneigung nicht verändern, so **muß** das Querruder bei einem Seitenruderausschlag leicht gegensinnig ausgeschlagen werden. Wie gesagt, dies dient nur zur Beibehaltung der Querneigung, keinesfalls jedoch, um sie ins Gegenteil zu verändern! Das läßt sich (**mit Fluglehrer !!**) hervorragend im freien Flug üben, wenn wir mit 120 km/h gerade-aus fliegen und die Richtung mit dem Seitenruder verändern. Das Schulsegelflugzeug ASK-21 hat bei einer bestimmten Schleppgeschwindigkeit die Neigung, im Geradeaus-flug um die Längsachse von links nach rechts zu pendeln. Dummerweise entspricht der

herrscht (manche altersschwachen Schleppseile haben den Ruck vollausfahrender Bremsen nicht überlebt und sind gemeinerweise einfach gerissen). Da auch Dein Fluglehrer nicht jederzeit vorausahnen kann, was Du im nächsten Moment zu tun gedenkst, solltest Du ankündigen, wenn Du im Schlepp die Luftbremsen ziehen möchtest!

Wie links eine Seite voher beschrieben, ist die zweite Möglichkeit, den Widerstand zu erhöhen, ein Schiebeflug hinter der Schleppmaschine. Dabei wird die Nase des Segelflugzeuges mit dem Seitenruder etwas aus der Richtung gedreht und mit dem Querruder leicht gegengesteuert, jedoch nur soviel, daß Du in Längsachse der Schleppmaschine bleibst. Dieser Flugzustand wird als Slip bezeichnet, kann aber Anfänger unter Umständen überfordern. Die Wahl der richtigen Methode solltest Du Deinem Fluglehrer überlassen. Eine genaue Erklärung des Slips findest Du in Kapitel 6 (*Tips und Tricks*).
Im Gegensatz zur Überhöhung wird von den Flugschülern das zu tiefe Fliegen eher vermieden, da das Bild der Schleppmaschine voraus deutlich als Fehler zu erkennen ist. Besser als jeder Fluglehrer erinnert Dich die Propellerwirbel des Schleppers daran, daß Du zu tief geraten bist.

Korrekturen der Richtung und Querneigung

Bei jedem Seitenruderausschlag will das Segelflugzeug in Richtung des getretenen Ruders kurven, da wir damit einen Flügel voreilen lassen (schneller = höherer Auftrieb) und einer zurückbleibt (langsamer = geringerer Auftrieb). Wenn Du Modellflieger bist, so kennst Du diesen Effekt, da viele Modelle kein Querruder besitzen und doch irgendwie gesteuert werden müssen. Besonders bei höherer Geschwindigkeit wird dieser Effekt als *Schiebekurve* deutlich.

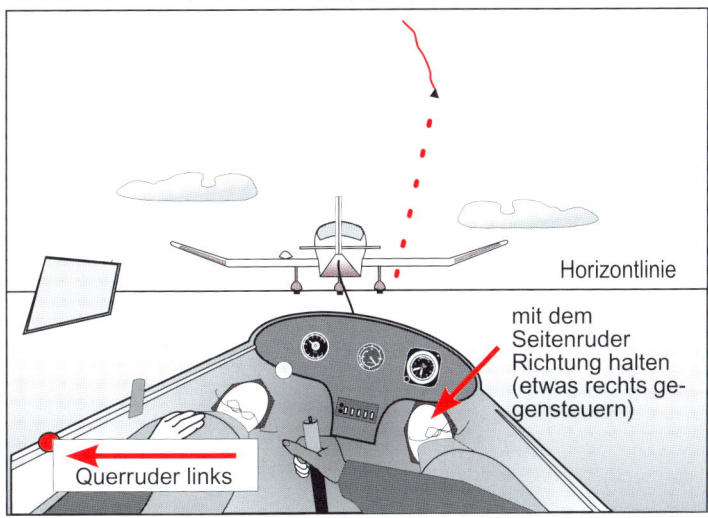

Bild 4.1.18 der rechte Flügel hängt im Schlepp

Zeitraum bis zu einer Korrektur mit dem Querruder oft genau der Dauer des Pendelns. Hier weiß sich der Profi zu helfen, indem er kurz die Nase des Segelflugzeuges etwas zur Seite dreht (*und dabei das Querruder ein wenig stärker gegensinnig ausschlägt, um nicht aus der korrekten Richtung hinter der Schleppmaschine hinausgetragen zu werden*). Durch diesen kleinen Trick läßt sich eine Pendelbewegung stoppen, die wir in aller Regel selbst verschuldet haben.

Umgekehrt ist es bei Querneigungskorrekturen: Ein negatives Wendemoment *(siehe Kap. 3)* ist kaum vorhanden, da das Seil immer wieder die Nase des Segelfluges zur Motormaschine zieht *(siehe rechts)*. Somit hat ein Querruderauschlag stets eine Richtungsänderung zum tieferen Flügel zur Folge. Auch in diesem Fall muß das Seitenruder leicht gegensinnig ausgeschlagen werden, willst Du neben der Korrektur der Querneigung nicht die Richtung verlieren.

> Bei allen **Richtungskorrekturen** auf die *Beibehaltung der Querneigung* achten
>
> Bei allen **Querneigungskorrekturen** auf die *Beibehaltung der Richtung* achten

Der Kreisflug

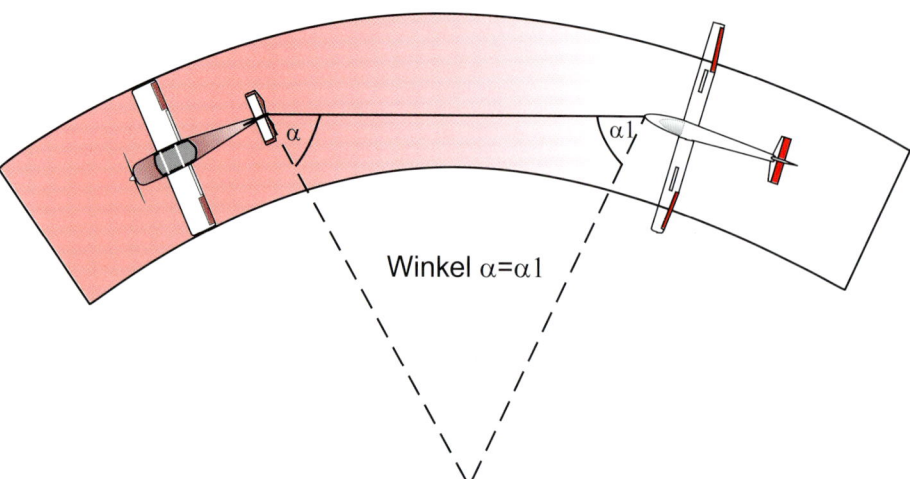

Bild 4.1.8 Der Flugzeugschlepp auf seiner Kreisbahn

Somit zur ersten Kurve während des Schlepps: Stell Dir vor, daß der gesamte Schleppzug auf einer gemeinsamen Kreisbahn fliegt. In jeder Kurve behalten wir die gleiche Querneigung wie das Motorflugzeug vor uns. Aber Achtung: Beim Einkurven ist weniger negatives Wendemoment vorhanden, wir benötigen entsprechend weniger Seitenruder.

Während das Seil ein stabilisierendes Moment auf Querachse (= Höhenruder) und Hochachse (= Seitenruder) ausübt, entfällt dies beim Querruder. Dieses Ruder geht aber bei den
meisten Schulsegelflugzeugen ohnehin sehr schwer. Die Wirksamkeit ist wegen der hohen
Fluggeschwindigkeit jedoch groß! Da das Seil immer die Tendenz hat, die Nase des Segelflugzeuges in Seilrichtung zu ziehen, wird diese richtende Kraft dem negativen Wendemoment beim Querruderausschlag entgegenwirken. Schließlich benutzen die Motorflieger
auch kaum ihr Seitenruder, da der Motor sie um die Kurve zieht.

Für Korrekturen der Richtung gilt also:

Seitenruder links, gleichzeitig etwas *Querruder* rechts (*bisherige Querneigung behalten*)

Seitenruder rechts, gleichzeitig etwas *Querruder* links (*bisherige Querneigung behalten*)

Für Korrekturen der Querneigung gilt:

Querruder links, gleichzeitig etwas *Seitenruder* rechts (*bisherige Richtung beibehalten*)

Querruder rechts, gleichzeitig etwas *Seitenruder* links (*bisherige Richtung beibehalten*)

Befindet sich der Schleppzug in einer Kurve, müssen beide auf einer gemeinsamen Kreisbahn sein, sonst treten Probleme auf.

Der Kreisflug

Der Schleppzug fliegt in der Kurve mit gleichem Radius. Steuern wir mit der Nase des
Segelflugzeuges genau auf das Leitwerk des Motorflugzeuges zu, so haben wir das Segelflugzeug zu weit um die Hochachse in den Kreis gedreht (*siehe Bild 4.1.19*).

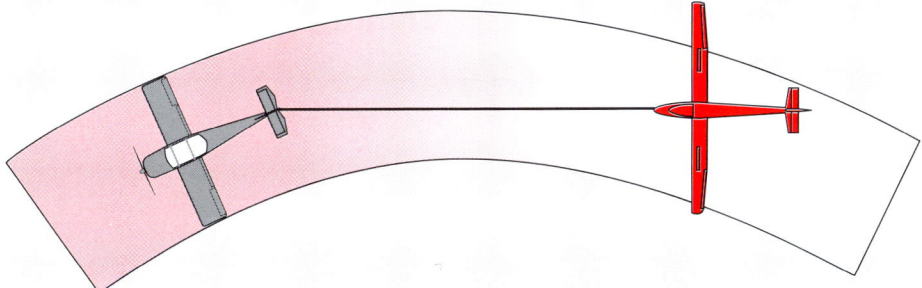

Die Nase des Segelflugzeuges zeigt zu weit in den Kreis hinein
(Richtung Leitwerk Schleppflugzeug), es kürzt ab.

*Bild 4.1.19   Das Segelflugzeug hat die Nase zu weit nach innen (Richtung Leitwerk Schlepp-
flugzeug) und kürzt ab*

In der Kurve behält für uns der Rumpf des Schleppflugzeuges den gleichen Höhenabstand zum Horizont. Die Ruder werden im Kurvenflug in Neutralstellung gebracht (*siehe Kap. 3.1 linke Seite*). Sobald der Schlepper Querneigung aufnimmt und einkurven möchte, kurven wir gleichzeitig mit. Handeln wir zu spät, sind wir bald zu weit außen.

Geraten wir in einer Kurve zu weit nach außen, kann es gefährlich werden. Wir fliegen mit einem größeren Kreisradius als das Schleppflugzeug und sind schneller. Dabei besteht natürlich die Gefahr, das Schleppflugzeug zu überhöhen. Gleichzeitig ziehen wir den Schwanz des Motorflugzeuges aus der Kurve heraus. Wir geraten noch weiter nach außen, weil der Kreis der Motormaschine enger wird. Das Schleppflugzeug droht in den Kreis hinein abzukippen. ***Sollte sich dieser Zustand nicht mehr korrigieren lassen, weil wir zu weit außen und zu hoch sind, müssen wir auf jeden Fall ausklinken, ehe es zu kritisch wird!***

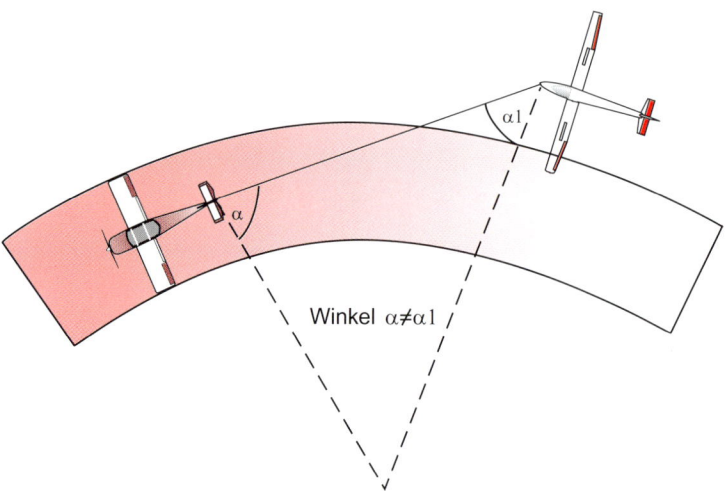

Winkel α≠α1

Bild 4.1.9 Das Segelflugzeug ist zu weit außen

Sind wir zu weit innerhalb der Kreisbahn, könnten wir das Schleppflugzeug innen überholen. Spannt sich dann das Seil anschließend, ziehen wir das Leitwerk des Motorflugzeuges in die Kurve hinein. Dies bringt den Schleppzug unter Umständen wieder in eine gerade Flugbahn. Da aber das Segelflugzeug auf der kurveninneren Bahn langsamer ist, sinkt es gleichzeitig nach unten weg. Wegen der zu kleinen Geschwindigkeit verringern die Ruderwirkungen. Ausklinken ist für den Segelflugzeugführer die einzige Lösung.

Seitliche Ablagen lassen sich natürlich korrigieren, dabei ist gleichgültig, ob der Schleppzug kurvt oder nicht. Zur Erinnerung: Das negative Wendemoment des Querruders ist während des F-Schlepps wenig ausgeprägt. Es ist deshalb einfach, mit dem Querruder einen Flügel hängen zu lassen und über diesen hängenden Flügel in Richtung des Schlepp-

Um in diesem (falschen) Beispiel auf der gleichen Kreisbahn bleiben zu können, müßte der Segelflugzeugführer ständig den rechten Flügel etwas hängenlassen. Mit zunehmender Querneigung des Schleppzuges (je enger wir also kurven), hat die Nase des Segelflugzeuges immer mehr auf die kurvenäußere Flügelspitze des Schleppers zu zeigen. Die immer wieder anzutreffende Meinung, daß die Segelflugzeugnase generell auf die äußere Flügelspitze des Motorflugzeuges gerichtet werden sollte, ist - wie gesehen - nicht zutreffend. Das häufigste Problem ist jedoch, mit dem Segelflugzeug zu weit nach außen zu geraten.

Da beide Luftfahrzeuge durch das Seil verbunden sind, muß das folgende Segelflugzeug, wenn es mit einem größeren Kreisbogen zu weit außen fliegt, schneller sein. Da die Zeitspanne für einen Kreis durch die Geschwindigkeit des Motorflugzeuges festgelegt ist, vergrößert sich die Kreisumfangsgeschwindigkeit, je weiter wir uns vom Kreismittelpunkt entfernen. Umgekehrt verringert sich unsere Fahrt, je weiter wir uns dem Kreismittelpunkt nähern (*siehe Bild 4.1.20*).

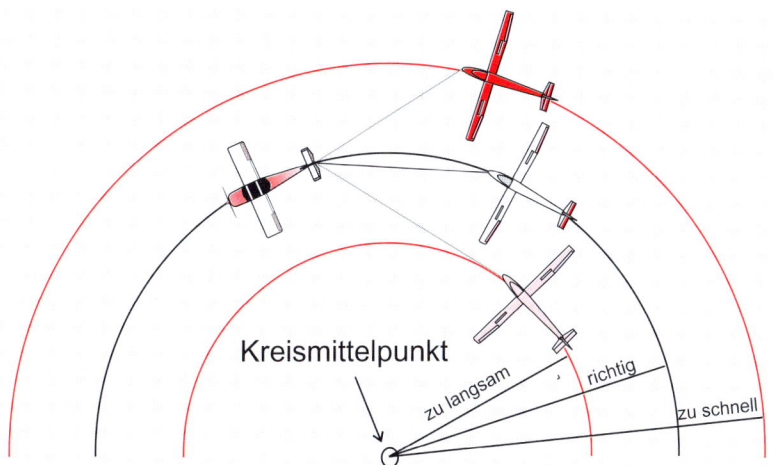

Kreismittelpunkt

zu langsam   richtig   zu schnell

Bild 4.1.20 Die Zusammenhänge zwischen Radius und Geschwindigkeit

An diesem Beispiel erkennst Du, daß ein Abdriften nach außen eine Geschwindigkeitserhöhung des Segelflugzeuges bedeutet, immer verbunden mit einer Auftriebserhöhung. Um auf einer zu weit außen liegenden Flugbahn das Segelflugzeug nicht zu sehr steigen zu lassen, müßtest Du das Höhenruder beständig drücken. Und das ungeachtet dessen, daß Du trotzdem das Leitwerk des Motorflugzeuges aus der Kurve ziehst (*siehe links*). Weil das Segelflugzeug mit zunehmender Fahrt und wachsendem Auftrieb gleichzeitig auch an Widerstand gewinnt, wird die Kraft, welches das Leitwerk der Schleppmaschine nach außen zieht, zunehmend größer. Das Motorflugzeug fliegt „in den Kreis hinein", kippt im Extremfall nach innen ab.

Seitliche Ablagen lassen sich durch Slippen in die zu verbessernde Richtung korrigieren (*siehe links*). Wir müssen jedoch die Korrektur frühzeitig beenden, da die Kräfte nicht zu unterschätzen sind, die bei der hohen Fluggeschwindigkeit aufgebracht werden müssen, um

flugzeuges zu rutschen, *während wir mit dem Seitenruder die gleiche Richtung wie die Schleppmaschine halten*! Das Schleppseil bleibt bei dieser Methode hierbei immer straff (*siehe Slip in Kapitel 6*). Aber aufgepaßt: Kurz vor der korrekten Position hinter der Schleppmaschine das Segelflugzeug wieder aufrichten, sonst überschießt Du die angestrebte korrigierte Position zur anderen Seite! Ist dagegen die zu verbessernde seitliche Ablage zu groß, so bleibt uns nichts anders übrig, als einen Kurvenwechsel zu fliegen. *Hier muß nach einem Drittel des Weges der Kurvenwechselpunkt liegen* (*siehe Bild rechts*). Du kannst Dir aber das fliegerische Leben leichter machen, wenn Du bei notwendigen Korrekturen weiche und überlegte, keinesfalls abrupte Ruderausschläge machst.

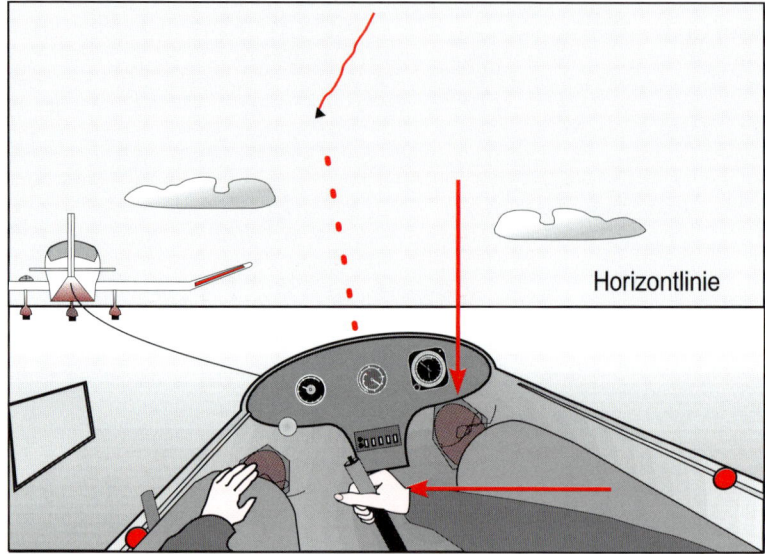

Bild 4.1.10 Seitliche Ablage: Verbesserung durch Rutschen nach links

Bei der Korrektur seitlicher Ablagen mit einem geflogenen Kurvenwechsel kommt es vor, daß das Seil durchhängt. Wenn Du siehst, daß es sich wieder straffen will, noch einmal kurz nachdrücken, um nicht ruckartig beschleunigt zu werden (auch ein Schleppseil kann reißen).

Ist die gewünschte Schlepphöhe erreicht, rollt das Schleppflugzeug deutlich um seine Längsachse. Der Pilot nimmt das Gas weg. *Dies ist für Dich das Zeichen zum Ausklinken*. In der Regel kurvt das Motorflugzeug nach dem Ausklinken nach links, während wir nach rechts kurven. Keinesfalls sollte unter voller Seilspannung ausgeklinkt werden, dann schießt das Seil in Richtung Schleppflugzeug. Wir stellen die Trimmung auf normal, pendeln unsere gewünschte Geschwindigkeit wieder ein und bestätigen über Funk: „D-1234 ausgeklinkt".

eine Seitwärtsbewegung des Segelflugzeuges zu beenden. Zur Erinnerung: Bei manchen Segelflugzeugmustern ist das Querruder bei hohen Geschwindigkeiten schwergängig.

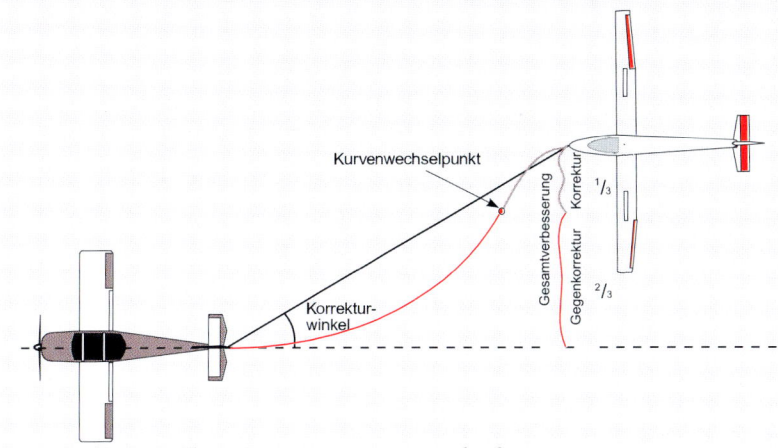

Bild 4.1.21 seitliche Verbesserung mit Kurvenwechsel

Wählen wir den Korrekturwinkel kleiner, haben wir mehr Zeit zu beobachten, ob die Verbesserung unserem Vorhaben entspricht. Je flacher wir zur gewünschten Seite slippen, desto später und sparsamer benötigen wir die Gegenkorrektur. Ist die seitliche Ablage zu groß und wir müssen einen Kurvenwechsel fliegen, so ist der Kurvenwechselpunkt (*siehe Bild 4.1.21*) **immer** nach einem Drittel der zurückzulegenden Strecke erreicht. All dies gilt auch im Kreisflug, nur müssen wir berücksichtigen, daß wir eine Querneigung haben! Kommen wir im Kreisflug von einer kurvenäußeren Bahn nach innen, so ist zusätzlich zu berücksichtigen, daß uns wegen der Querneigung eine Kraft in das Zentrum des Kreises ziehen will (Zentripetalkraft). Deshalb müssen die Korrekturen frühzeitig beendet werden.

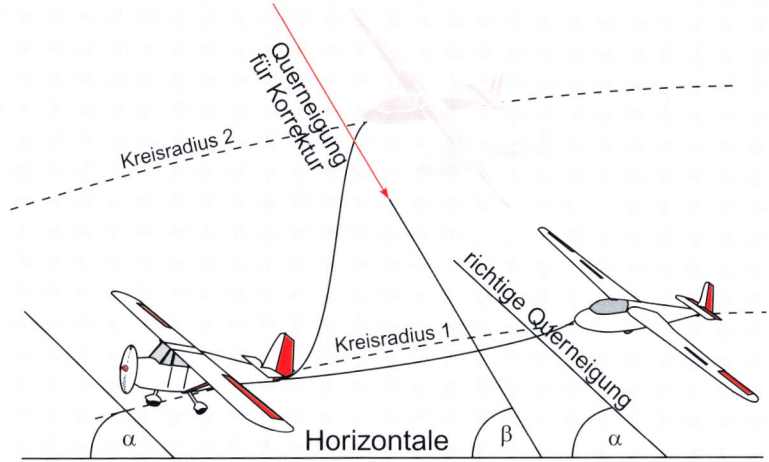

Bild 4.1.22 seitliche Verbesserung in der Kurve durch Slip

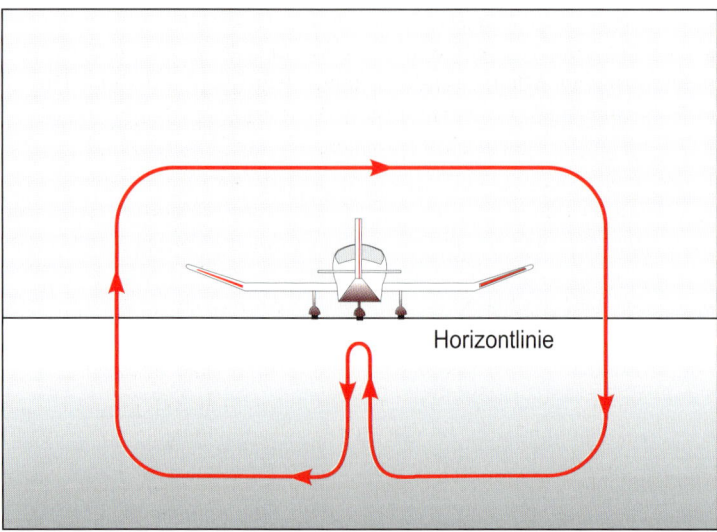

Bild 4.1.11 Der Flugweg im Kasten

Ist Dein Fluglehrer der Meinung, daß Du den Flugzeugschlepp sicher steuern kannst, wird er zur Kontrolle mit Dir einen sogenannten „Kasten" fliegen. Du sollst dabei zeigen, daß Du das Segelflugzeug im Schlepp beherrschst und in der Lage bist, gefährliche Situationen zu erkennen und zu meistern. **Der Flugweg hinter dem Schleppflugzeug hat auf jeden Fall innerhalb der zulässigen Toleranzgrenzen für den Flugzeugschlepp zu bleiben.** In dieser Übung mußt Du alles Gelernte über die Korrekturen im F-Schlepp anwenden und sinnvoll miteinander kombinieren. Wir beginnen hinter der Schleppmaschine und bewegen uns dem Bild folgend zuerst nach unten, dann dem Uhrzeigersinn folgend um das Motorflugzeug herum. Doch müssen wir so steuern, daß wir von jedem Punkt des „Kastens" sicher und unverzüglich in die korrekte Position zurückkehren können.

Zusammenfassung:

In der Startphase hebt das Segelflugzeug vor der Schleppmaschine ab, wir achten auf die korrekte Höhe hinter Schleppmaschine und auf Seitenwind.

Wir kontrollieren unsere Lage durch Beibehaltung des Flugbildes der Schleppmaschine.

Das Schleppflugzeug gibt uns die Querneigung und die Richtung vor (*im Kurvenflug gleiche Kreisbahn*).

Das Segelflugzeug wird koordiniert mit Höhen-, Seiten- und Querruder gesteuert.

Wir vermeiden jede Hektik.

Der links beschriebene Flug im Kasten ist eine Übung, die sich aus der Anwendung und Kombination der beschrieben Korrekturtechniken ergibt. Zwar ist diese Übung nicht ausschlaggebend für den Alleinflug, doch kann Dein Fluglehrer (und Du selbst natürlich) hieran überprüfen, ob Du in der Lage bist, den Flugzeugschlepp und seine Gefahrensituationen zu meistern. Gleichzeitig gewinnst Du an Sicherheit. Einige Flugschulen legen auf diese Übung keinen großen Wert, da das Schleppseil im Seileinlauf des Motorflugzeuges geknickt wird und Schäden davontragen kann. In diesem Buch wird der Flug im Kasten nicht weiter behandelt, da er eher ein Training für Fortgeschrittene ist.

Abschließend noch ein Rat: *Begegnest Du in der Luft einem Schleppzug, so hast Du diesem auszuweichen, da das Motorflugzeug erkennbar in seiner Bewegungsfreiheit eingeschränkt ist. Also Augen auf und vor jedem Einkurven Blickpunkt suchen!* Stell Dir einmal vor, bei Deinem ersten Alleinflug müßte der Schleppzug ein heftiges Ausweichmanöver fliegen, nur weil ein anderer Segelflieger nicht aufgepaßt hat. Mit etwas Rücksicht und Hilfsbereitschaft erhältst Du anderen und Dir die Freude am Segelfliegen!

Zusammenfassung:

Wir übersteigen mit dem Segelflugzeug keinesfalls die Schleppmaschine im Start.

Korrekturen werden frühzeitig begonnen, um einen kritischen Flugzustand gar nicht erst zuzulassen. Das Seil in der Bugkupplung übt eine ausrichtende Kraft auf Hoch- und Querachse des Segelflugzeuges aus.

Die hohe Geschwindigkeit beeinflußt die Ruderwirkungen und ihren spürbaren Widerstand.

5. Kapitel
Die Platzrunde

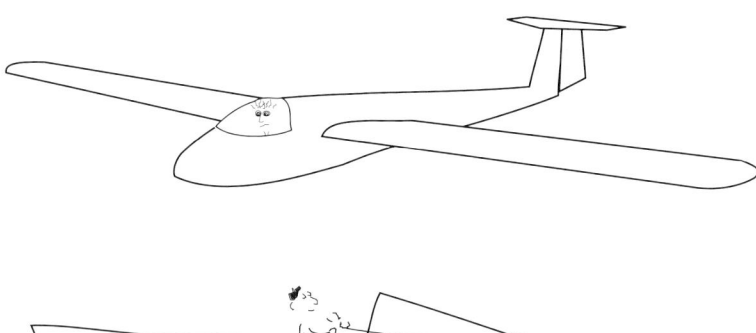

Die Platzrunde
Übungsteil

Du hast erfahren, wie die Ruder funktionieren und wie man in die Luft kommt. Der Raum für unsere Flugübungen liegt innerhalb der Platzrunde. Die genauen Ausmaße des Übungsraumes für den Platz, an dem Du fliegst, laß Dir bitte von Deinem Fluglehrer erklären. In diesem ersten Teil des Kapitels über die Platzrunde will ich zunächst auf Flugübungen eingehen, erst im Anschluß kommen wir zur eigentlichen Platzrunde.

In erster Linie hängt die Zahl Deiner Flugübungen von der Höhe ab, die Du mit dem Start erreicht hast. Hierzu aber später mehr. Noch geht es darum, die Koordination der Ruder zu verbessern, denn im zweiten Ausbildungsabschnitt der Anfangsschulung kann von Dir erwartet werden, daß Du die Ruder beherrschst. Letztlich droht der Alleinflug an der verkehrten Platzeinteilung und der sich daraus ergebenden unruhigen und hektischen Landung zu scheitern, da zu wenig Zeit für die taktische Ausbildung blieb.

Wie schon in Kapitel 3 beschrieben, nützt Dir der gleichmäßigste und schönste Quer- und Seitenruderausschlag nichts, wenn Du die Fahrt (Horizont) nicht kontrollieren kannst. Da Du aber kein dressierter Affe (frei nach Heinz Huth) werden sollst, der unter genau gleichen Bedingungen einen Flug um den Platz herum wiederholen kann, sondern lernst, um den Spaß an der Fliegerei und den Flug in der Thermik zu genießen, mußt Du schon etwas mehr zeigen, als geradeaus zu fliegen oder zu kreisen.

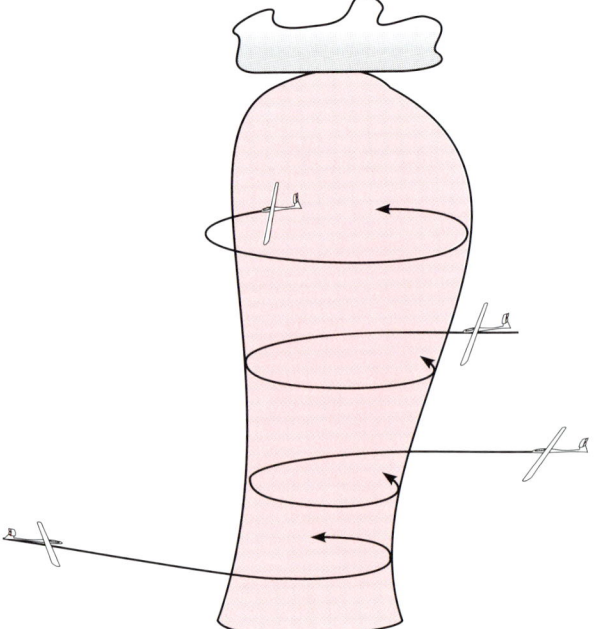

Bild 5.1 *Segelflugzeuge müssen in der Thermik häufig Kurven verbessern*

Gerade beim Flug in der Thermik gilt es Kurven öfters zu verbessern, da die Turbulenzen der Luft den Flugweg des Segelflugzeuges erheblich beeinflussen. Es gibt auch taktische Gründe, den Kreisdurchmesser zu verändern:

Die Platzrunde

Was Sie schon immer über Flugübungen wissen wollten, bisher aber nicht zu fragen wagten....

Bevor Du die Platzrunde selbst einteilst, sollst Du mit dem Segelflugzeug und seiner Steuerung vertraut sein. An Flugschulen ist dies das Ziel der ersten Woche, der Fluglehrer soll nur noch mit geringen mündliche Korrekturen eingreifen müssen. Ab der zweiten Woche wirst Du Dich (an Schulen) vorwiegend um die Platzeinteilung und die Landung zu kümmern haben. Lernst Du in einem Verein, so wird dies etwa ab dem dreißigsten Flug geschehen. Dieses Kapitel ist deshalb zweigeteilt und beschäftigt sich im ersten Teil mit Flugübungen.

In Kapitel 3 wurde die Wirkungsweise der Ruder erklärt. Grundvoraussetzung für alle Flugübungen ist, daß Du die Geschwindigkeit = Horizontlage des Segelflugzeuges kontrollieren kannst. Dabei solltest Du ruhige und gleichmäßige Ruderausschläge machen, da Du sonst nur den eigenen Fehlern hinterherarbeitest. Erschwerend käme hinzu, daß Du den von der Konstruktion vorgegebenen Stabilitätsbereich des Segelflugzeuges verlassen würdest.

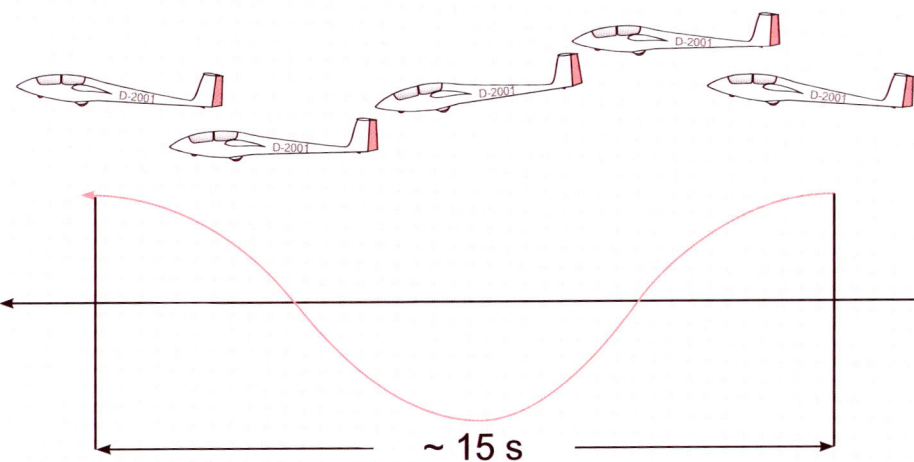

Bild 5.16 Bahnneigungs-Schwingung

Gerade das Höhenruder reagiert empfindlich auf plötzliche Anstellwinkeländerungen. Hakelige Höhenruderführung (Vor- und Zurück des Knüppels, weil man sich nicht entscheiden kann, was man will) und schlechte Kontrolle des Horizontbildes führen zu einer Bahnneigungs-Schwingung. Da die so angeregten Schwingungen etwa eine Zeitdauer von 15 Sekunden haben, kann dem unaufmerksamen Flugschüler ein schwingender Flugstil gelingen. Ruhige, konsequente Ruderführung verhindert solche Schwingungen im Ansatz.

- Der Durchmesser des thermischen Aufwindes ist enger als angenommen (der Kreis muß verkleinert werden), oder

- das beste Steigen ist nur durch größere Kreise mit langsamerer Geschwindigkeit zu erlangen (Kreis vergrößern), oder

- der Aufwind ist so unregelmäßig, daß immer wieder der Kreis verkleinert oder vergrößert bzw. verbessert werden muß (Normalfall).

Das nächste Ausbildungsziel heißt deshalb, Kreise mit wechselnder Querneigung und wechselnder Geschwindigkeit zu erlernen.

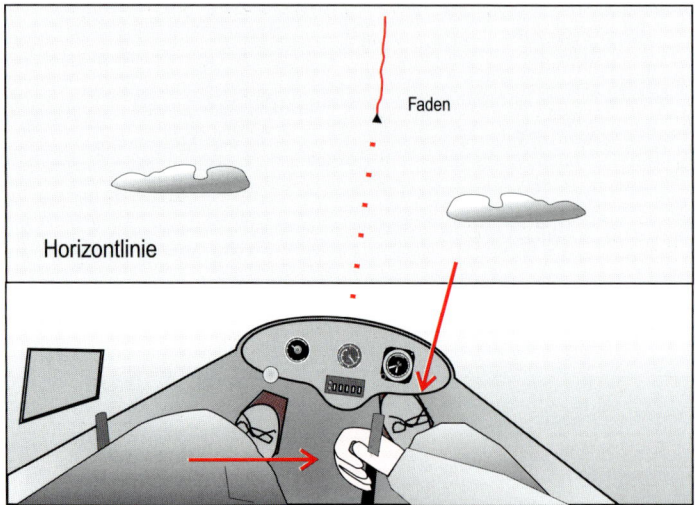

Bild 5.2 Koordinierte Kurve nach rechts

Mit einem koordinierten gleichzeitigen und gleichsinnigen Quer- und Seitenruderausschlag kommst Du in eine Kurve hinein und wieder heraus. Während Du im ersten Schritt stationäre Kreise fliegen solltest, so verlangt Dein Fluglehrer nun jedoch, einen Kreis einmal mit 90 km/h und den nächsten mit 70 km/h zu fliegen. Dazu wird die beabsichtigte Geschwindigkeit immer *vor* dem Beginn des Kreisfluges eingenommen (*Luftraum frei?*). Es ist eine Unsitte, im Kreis immer schneller zu werden, da man leider vergessen hat, daß das Horizontbild in der Kurve dem des Geradeausfluges zu entsprechen hat. Zu Recht muß der Fluglehrer bei solchen Schülern befürchten, daß diese, wenn alleine in der Luft, irgendwann in eine Steilspirale geraten. Daneben gibt es die Gruppe von Schülern, die vor einer Kurve schon einmal vorsorglich die Segelflugzeugnase nach oben ziehen, weil sie nicht mehr in der Kurve den Horizont kontrollieren wollen. Oder diejenigen, die beim Ausleiten der Kurve vergessen, daß das Höhensteuer wieder leicht nachgegeben werden muß, da sie im anschließenden Geradeausflug nicht mehr den höheren Abstellwinkel benötigen. Du siehst, in jeder Kurve kann man ein Überraschungselement für den Fluglehrer einbauen, um ihn (und sich selbst) davon zu überzeugen, daß er bitte so schnell nicht aussteigen möge.

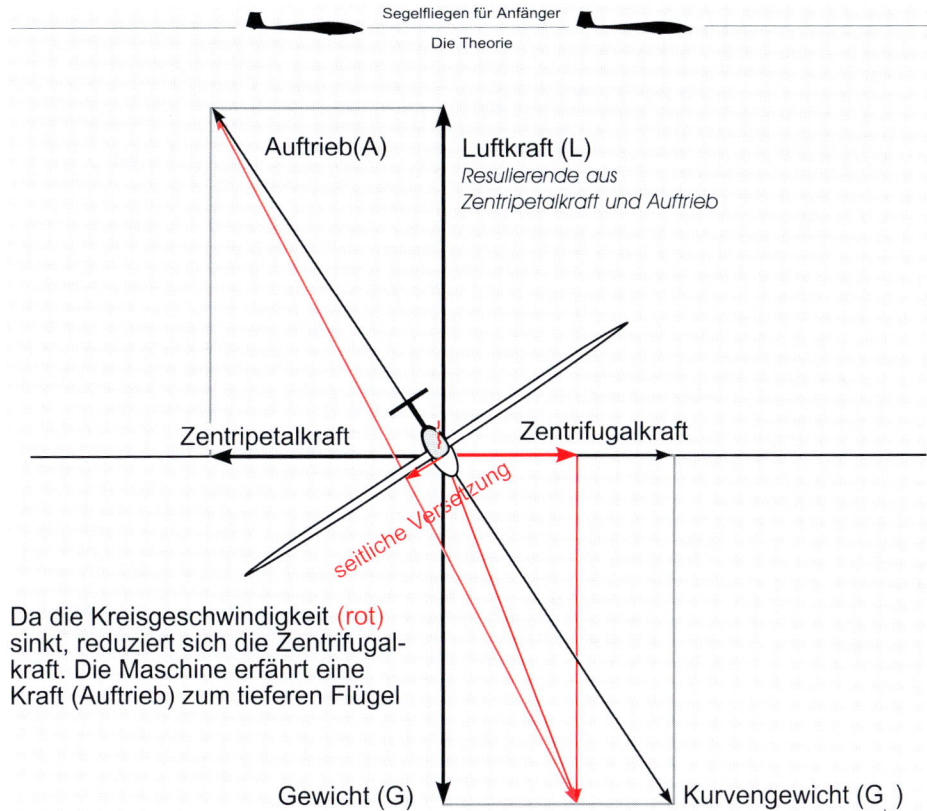

Bild 5.17 Das Segelflugzeug schmiert in die Kurve hinein

Nicht nur die Stärke, sondern auch die Dauer eines Ruderausschlages ist für eine Bewegung des Segelflugzeuges um eine der Achsen maßgeblich. Dies gilt besonders dann, wenn das Ruder nicht nur die zugehörige, sondern gleichzeitig weitere Achsen beeinflußt und sich ein neues Gleichgewicht der Kräfte einstellt. Schon in Kapitel 3 ist angerissen, daß das Höhenruder in der Kurve den Faden beeinflussen kann. Wird in einer Kurve die Fahrt bei gleicher Querneigung reduziert, verringert sich die Geschwindigkeit der Maschine auf der Kreisbahn. Die zugehörige Zentrifugalkraft sinkt, das Flugzeug *schmiert* in die Kurve hinein, *der Faden wandert nach außen*. Der gleiche Fehler tritt auf, wenn die Querneigung zu groß ist. Auch in diesem Fall ist das Segelflugzeug auf seiner Kreisbahn zu langsam.

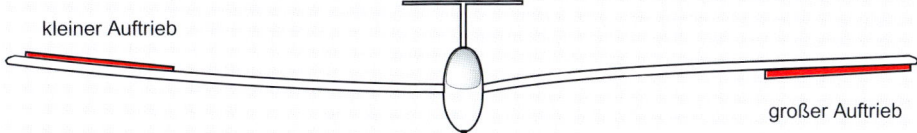

kleiner Auftrieb

großer Auftrieb

Bild 5.18 Verwindung der Tragflügel

Um Querneigung zu gewinnen, ist kein verhältnismäßig großer Querruderausschlag notwendig, da ansonsten der zugehörige Seitenruderausschlag zur Überwindung des nega-

Die Fluggeschwindigkeit beeinflußt die Wirkungen der Ruder und es ist bei zufälligem Tempo nicht verwunderlich, wenn Querruder (oder Seitenruder) wieder einmal nicht so gehorchen bzw. anders wirken, als wir es wollen oder wünschen. Merke, **nicht allein die Menge (Größe)** des Quer- und Seitenruderausschlages bringt Dich in die Kurve hinein, **sondern die Länge (Dauer)** des Quer- und Seitenruderausschlags.

Rollübungen

Die allgemeine Methodik will dem Schüler die Wirkungen der Ruder dadurch beibringen, daß aus dem Rollen um die Längsachse heraus der Kurvenflug erlernt wird. Leider habe ich in meinen zahlreichen Ausbildungsflügen bei kritischer Überprüfung der Lehrinhalte bei verschiedenen Flugschülern häufiger feststellen müssen, daß diese Methode so *nicht* zu einer erheblichen Steigerung des gelernten Wissens beiträgt. Deshalb möchte ich einen anderen Weg vorschlagen.

Auf den rechten Seiten ist noch einmal ausführlich erklärt, was das negative Wendemoment (auch als Roll-Gier-Moment bezeichnet) bewirkt. Um korrekte Rollübungen fliegen zu können, bedarf es einer Ausnützung dieses Momentes. Soweit sind wir aber noch nicht. Wir tasten uns deshalb zunächst schrittweise an die Rollübungen heran. Ziel der Rollübungen ist es, mehr über die Abstimmung der Ruder des geflogenen Segelflugzeugmusters zu lernen, sprich: „Wieviel Seitenruder brauche ich bei welchem Querruderausschlag?"

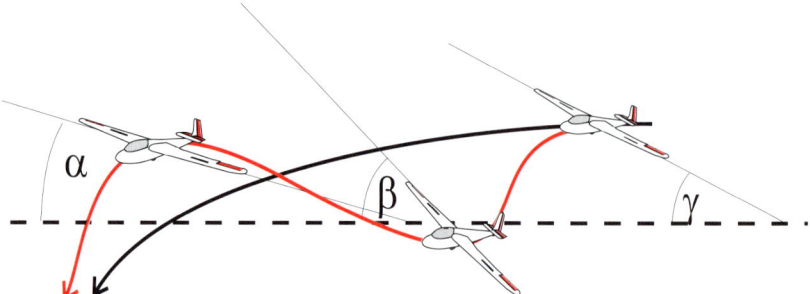

*Bild 5.3 Kurven mit wechselnder Querneigung. Das Segelflugzeug fliegt mit unterschied-
lichen Kreisradien (Winkel α ≠ β ≠ γ).*

Als ersten Schritt werden wir Kurven mit wechselnder Querneigung fliegen. Nach dem Einleiten der Kurve sollst Du die Querneigung etwas erhöhen, danach wieder verringern. Laß Dir ruhig dabei Zeit, Du mußt ja noch beobachten können, was die Ruderausschläge bewirken. Wichtig ist, daß Du die Geschwindigkeit (= Horizont) beibehältst. Du wirst merken, daß zum Erhöhen der Querneigung (Du fliegst bereits eine Kurve) nur ein geringer Querruderausschlag notwendig ist, während das Seitenruder normal in Kurvenrichtung bewegt wird. Umgekehrt ist es beim Verringern der Querneigung bzw. dem Ausleiten der Kurve: nun müssen Quer- und Seitenruder kräftiger ausgeschlagen werden. Der Faden wird natürlich in der Mitte gehalten.

tiven Wendemomentes entsprechend ausfallen müßte. Ein großer Querruderausschlag führt zu einem großen Drehmoment an der Längsachse, was gerade moderne Segelflugzeuge mit relativ flexiblen Flügeln derart danken, daß sie zunächst einmal die Flügel verwinden und nicht sofort Querneigung aufnehmen. Besser ist, beim Einleiten einer Kurve weniger Querruder (somit auch Seitenruder) zu geben und die Ruder etwas länger stehen zu lassen, bis die gewünschte Querneigung erzielt ist. Jeder Flugprofi erfliegt sich durch Rollübungen die optimale Ruderabstimmung und kämpft nicht mit dem Seitenruder gegen ein kaum zu beherrschendes negatives Wendemoment an.

Rollübungen

In Kapitel 3 hattest Du gelernt, zwischen der Neutralstellung der Ruder in der Kurve und der Normalstellung zu unterscheiden. Rufen wir uns kurz ins Gedächtnis: Mit dem Querruder veränderten wir die Querneigung, das Segelflugzeug rollte um seine Längsachse. Gleichzeitig drehte (gierte) das Segelflugzeug um die Hochachse zur anderen Seite, weil die Widerstandsverteilung sich an den Flügeln durch den Querruderausschlag verschob. Den Effekt hast Du als negatives Wendemoment kennengelernt.

Überlegen wir uns nun, welchen Zweck das Seitenruder hat. Mit ihm wirken wir dem unerwünschten Gieren entgegen, da das Segelflugzeug ja in die andere Richtung fliegen soll. Aus diesem Grund benötigten wir in der Kurve kein Seitenruder mehr, da das negative Wendemoment mit dem Kreisflug beendet war. Ich nehme an dieser Stelle an, daß Du mittlerweile weißt, daß beim Kurven sich der Horizont verändern will, weil der Auftrieb für ein durch Fliehkräfte „schwerer" gewordenes Segelflugzeug nicht ausreicht.

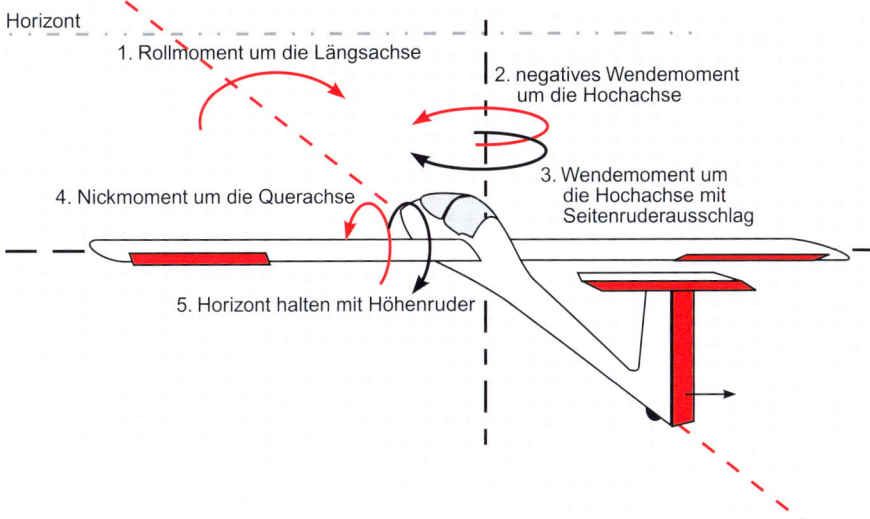

Bild 5.19 Ruderausschläge und die Momente beim Einleiten und Rollen nach rechts

Die Erklärung für die unterschiedliche Stärke für Quer- und Seitenruder findest Du auf der rechten Seite. Dies darf aber keinesfalls zur Annahme führen, daß die Ruder nacheinander gegeben werden könnten! Du erkennst, daß zuviel Querruder beim Einleiten einer Kurve oder bei einer Erhöhung der Querneigung eher schädlich ist. Das bedeutet im Extremfall, daß der maximale Querruderausschlag dadurch begrenzt wird, wenn zur Überwindung des hieraus entstehenden negativen Wendemomentes ein größerer Ruderausschlag als ein Vollausschlag des Seitenruders erforderlich würde!

Hast Du die Querneigung in der Kurve vergrößert hast und fliegst nun einen etwas steileren Kreis, müßtest Du registrieren können, daß die Neutralstellung der Ruder in der Kurve (*siehe Kap. 3*) anzupassen war. Mit zunehmender Querneigung benötigt das Segelflugzeug einen höheren Auftrieb, folglich mußt Du den Knüppel etwas weiter nach hinten nehmen, willst Du den Horizont beibehalten. Du mußt auch ein wenig mehr mit dem Querruder abstützen. Denn jede Querneigung in einem Kreis erfordert eine eigene Neutralstellung. Die Erklärung für diesen Effekt findest Du auf der rechten Seite.

Nachdem Du die Übungen zur Abstimmung der Ruder aufeinander kennst, wollen wir uns nun etwas mehr zutrauen und mit den eigentlichen Rollübungen beginnen. Sie werden Rollübungen genannt, weil das Segelflugzeug um seine Längsachse *rollt*. Wie rechts gezeigt, soll das Segelflugzeug dabei nicht kurven, was es nicht kann, solange das negative Wendemoment ausreichend vorhanden ist.

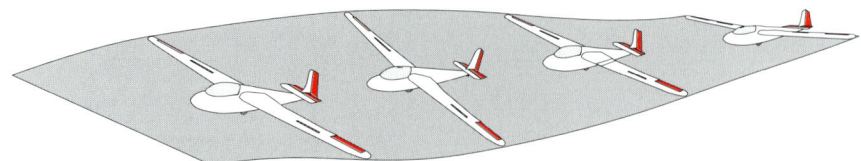

Bild 5.4 Rollübungen im Geradeausflug

Wir suchen uns einen weit entfernt liegenden Richtungspunkt, um den Kurs kontrollieren zu können. Beginnen wir mit dem Einleiten nach links. Quer- und Seitenruder werden gleichzeitig und gleichsinnig ausgeschlagen, mit dem Höhenruder halten wir den Horizont. Kurz bevor das Segelflugzeug einkreisen möchte, rollen wir in die entgegengesetzte Richtung über die Geradeausfluglage zur anderen Seite. Ein Tip: Laß Dir bei dieser Übung Zeit! Zähle innerlich mit: „Einundzwanzig" (erst jetzt sind wir nach links gerollt), „Zweiundzwanzig" (jetzt sind wir entgegengesetzt gerollt, aber erst in Normalfluglage), „Dreiundzwanzig" (nun sind wir zur gegenüberliegenden Seite gerollt). Je ruhiger Du steuerst, desto eher gelingt die Übung. Bitte denk daran, daß alle drei Ruder entsprechend der jeweiligen Fluglage bewegt werden müssen. In den Rollübungen steht kein Ruder still, das Ganze gerät oft nur dadurch durcheinander, weil Ruderausschläge zu schnell und unkoordiniert gegeben wurden.

Auf der anderen Seite hat es keinen Zweck, Flugschüler mit Rollübungen zu traktieren, die noch im normalen Kreisflug Probleme haben. Dies nur für meine Kollegen, die geneigt sind, ein Feuerwerk ihrer umfassenden Lehrmöglichkeiten abzubrennen.

Verändern wir nun in einer Kurve die Querneigung. Wir wollen nun mit noch mehr Querneigung fliegen (*siehe links*). Wieder mußt Du die Querneigung mit Quer- und Seitenruder vergrößern. Um mit der neuen Querneigung einen stationären Kreis fliegen zu können, muß die Neutralstellung der Ruder in der Kurve der neuen Querneigung angepaßt werden. Im nächsten Schritt verringern wir wieder die Querneigung: Die Kurve wird mit Quer- und Seitenruder verflacht. Hast Du die gewünschte (geringere) Querneigung, nimmst Du die Ruder wieder in die Neutralstellung.

Wird diese Übung mehrfach wiederholt (Kreisen, Querneigung vergrößern, Querneigung verkleinern usw.), so rollen wir das Segelflugzeug um seine Längsachse. Lernziel ist, beim Ein- und Ausleiten von Kurven *alle Ruder gleichzeitig in Aktion* treten zu lassen und nicht nacheinander! Du wirst weiterhin feststellen, daß beim Vergrößern der Querneigung ein geringerer Querrudereinsatz nötig ist, während der Seitenruderausschlag im üblichen Rahmen bleibt. Hierzu ist anzumerken, daß dem ein Effekt zugrunde liegt, den die Modellflieger benutzen, wollen sie ein (Segel) Flugzeug ohne Querrudersteuerung bedienen. Allein durch einen Seitenruderausschlag kann ein Segelflugzeug in eine Kurve gesteuert werden, da mit jedem Seitenruderausschlag ein Flügel voreilt, während der andere zurückbleibt. Der voreilende Flügel wird schneller und mit steigender Geschwindigkeit wächst hier der Auftrieb. Umgekehrt verhält es ich bei dem zurückdrehenden. Mit dem Seitenruder wird nicht nur das negative Wendemoment ausgeglichen, vielmehr unterstützt der Seitenruderausschlag gleichzeitig die Zunahme der Querneigung. Nun ist verständlich, weshalb beim Rollen in der Kurve das Segelflugzeug mit wachsender Querneigung weniger Querruder benötigt: Fliegt das Segelflugzeug bereits auf einer Kreisbahn, reicht alleine die Zurücknahme des Querruders aus der Neutralstellung in die Normalstellung aus, um allmählich die Querneigung zu erhöhen (erinnere Dich, das Segelflugzeug benötigt ein Abstützen des Querruders in der Kurve, da ansonten die Geschwindigkeitsdifferenz beider Flügel zu einer Querneigungserhöhung führen würde). Bewegst Du das Querruder nun noch über die Normalstellung hinaus weiter in Kurvenrichtung, so tritt das negative Wendemoment auf, was Du jetzt mit einem Seitenruderausschlag (gleichzeitig und gleichsinnig) bekämpfst. So unterstützt die Kraft des Seitenruders das Querruder. Hieraus kannst Du ableiten, daß mit zunehmender Querneigung ein immer geringerer Querruderausschlag benötigt wird.

Beim Verringern der Querneigung ist ein (gleichzeitiger und gleichsinniger) stärkererQuer- und Seitenruderausschlag nötig, da das Segelflugzeug durch die Fliehkräfte auf der Kreisbahn „schwerer" wurde und einfach größere Ruderkraft für ein schwereres Flugzeug benötigt wird.

Mit dem Rollen in der Kurve lernst Du die Abstimmung der Ruder aufeinander kennen und die Zeit, die das Segelflugzeug benötigt, bei entsprechenden Quer- und Seitenruderausschlägen um die Längsachse zu rollen. *Die größten Koordinationsfehler ergeben sich dadurch, daß die Ruder schneller bewegt werden, als das Segelflugzeug den Gedanken des Piloten folgen kann.* Willst Du Rollübungen beherrschen, so darfst Du nur so langsam die Steueranweisungen umsetzen, wie das Segelflugzeug ihnen gehorchen kann.

Wenn Du aus der Richtung gekommen bist, läßt Du das Segelflugzeug beim nächsten Rollen ganz leicht in die gewünschte Richtung kurven, bevor Du in die andere Richtung rollst. Das hat den Vorteil, zwischendurch kurz verschnaufen zu können und der Fluglehrer hinten hält Dich schon sehr bald für einen Profi.

Langsamflug, Überziehen im Geradeausflug

Nachdem Du jetzt das Segelflugzeug im Normalflugbereich steuern kannst, wollen wir uns ansehen, wie dies bei geringer Fahrt im Geradeausflug und in der Kurve ausschaut:
Zuerst werden wir im Geradeausflug die Geschwindigkeit auf etwa 60 km/h (ASK 13) reduzieren. Der Horizont ist weit nach unten gewandert, die Ruder sind extrem leichtgängig und das Fahrtgeräusch ist kaum noch wahrnehmbar. Du mußt Dich schon zwingen, diesen Flugzustand beizubehalten, so unnatürlich fliegt das Segelflugzeug. Die Fahrtanzeige ist am Beginn des grünen Fahrtmesserbereiches. Mit dieser Geschwindigkeit können wir noch kurven, nur dürfen wir jetzt nicht mehr mit großer Querneigung fliegen, da das Segelflugzeug in der Kurve mit zunehmender Querneigung mehr Fahrt benötigt.

Im nächsten Schritt werden wir im Geradeausflug die Fahrt noch weiter abbauen, bis unter den Beginn der grünen Fahrtmessermarkierung. Der Horizont liegt jetzt unnatürlich tief, aber wir fliegen noch immer. Mit weiter abnehmender Fahrt beginnt sich das Segelflugzeug zu schütteln, als deutliches Merkmal, daß der Strömungsabriß an den Tragflügeln bereits einsetzt. Ohne Frage wird bei jeder Art des Langsamfluges der Faden mit dem Seitenruder (Füße) in der Mitte gehalten.

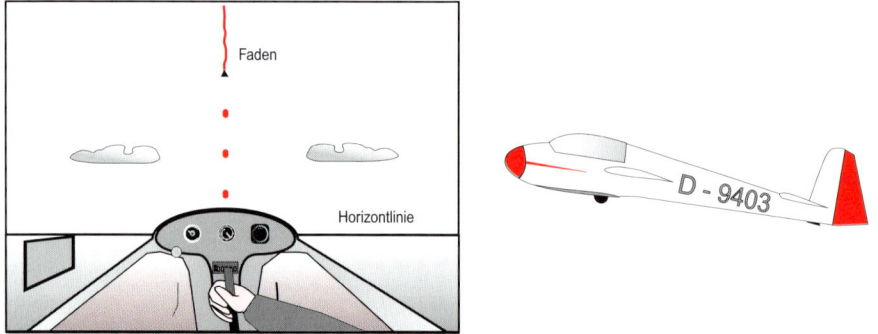

Bild 5.5 Sackflug in der Innen- und Außenansicht

Um im Langsamflug zu bleiben, mußt Du das Höhenruder gezogen halten, da ja zu jeder Geschwindigkeit bekanntermaßen nur eine Höhenruderstellung gehört. Der letztmögliche Flugzustand, bevor das Segelflugzeug über die Nase nach vorne abkippt, wird *Sackflug* genannt. In der Fortgeschrittenenausbildung werden sogar noch bei dieser geringen Fahrt flache Kurven geflogen!

Nun zum Rollen im Geradeausflug: Wie links beschrieben, rollen wir um die Längsachse auf ein Bodenziel hin. Quer- und Seitenruder werden wie bei jeder Kurve gleichzeitig und gleichsinnig in die Richtung gegeben, in die wir rollen wollen. Die Übung wird fadengerade ausgeführt. Weshalb kurvt bei einer korrekten Rollübung das Segelflugzeug trotzdem nicht?

Wie oben gezeigt, will das negative Wendemoment die Richtung des Segelflugzeuges entgegengesetzt zum nach unten bewegten Flügel auslenken (es giert gegen die Rollbewegung). Zwar unterbinden wir dies durch einen gleichzeitigen Seitenruderausschlag, doch hindert das negative Wendemoment uns solange einzukreisen, bis die Gegenkräfte des Seitenruders dieses Moment überwinden. Somit rollt ein Segelflugzeug beim Einkreisen (*vorausgesetzt, Quer- und Seitenruder wurden gleichzeitig und gleichsinnig ausgeschlagen, der Faden ist also in der Mitte!*) zuerst um seine Längsachse, erst **danach** kreist es ein! Deshalb ist es korrekt, wenn man von Rollübungen (auch in der Kurve) spricht, denn tatsächlich rollt das Segelflugzeug um seine Längsachse!

Nur darum können wir Rollübungen um die Längsachse fliegen. Wichtig ist, immer dann in die entgegengesetzte Richtung zu rollen, wenn das Segelflugzeug einkreisen möchte. Beginnst Du beim Rollen im Geradeausflug (auch nur angedeutete) Kurven zu fliegen, war die Übung fehlerhaft, **Rollen bedeutet nicht Kurven!** Korrekte Rollübungen sind nicht gerade leicht zu steuern, es lohnt sich jedoch immer wieder, die Ruderabstimmung zu trainieren.

Langsamflug, Überziehen im Geradeausflug

Im Langsamflug wird das Segelflugzeug mit großem Anstellwinkel geflogen, der Druckpunkt (*siehe Kapitel 2*) wandert nach vorne. Auftrieb und Widerstand sind deutlich erhöht. Das Segelflugzeug sinkt stark „in sich", wie ein Blick auf das Variometer zeigt. Dabei zeigt die Nase deutlich über den Horizont, die Ruder sind extrem leichtgängig. Durchaus kann die Fahrtmesseranzeige unter dem Anfang des grünen Fahrtmesserbereiches liegen, denn der beginnt erst 10% über der Mindestfahrt.

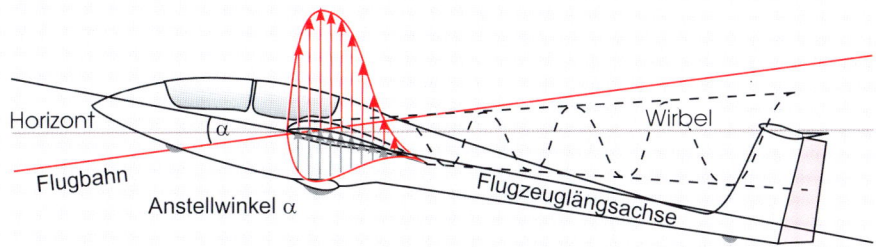

Bild 5.20 Sackflug

Wie in Bild 5.20 zu erkennen ist, treffen die Wirbel der Flügel das Leitwerk und schütteln das Segelflugzeug. Wird der Anstellwinkel noch weiter erhöht, so kann die Strömung dem Profil nicht mehr folgen und löst sich ab. Der Ablösepunkt wandert bis zum

se rollen und letztlich sogar (unter Umständen über einen Flügel) abkippen. Würdest Du jetzt versuchen, mit Querruder den fallenden Flügel (Du hast nur geringe Fahrt) wieder hoch zu holen, so würde genau das Gegenteil eintreten. Der Querruderausschlag läßt den hängenden Flügel noch langsamer werden. (Angenommen der rechte Flügel fällt, so wäre ein Querruderausschlag links eine instinktive Maßnahme. Bei einem Querruderauschlag links geht das linke Querruder nach oben und das rechte nach unten. Der Anstellwinkel am rechten Flügel wird größer, aber auch der Widerstand). Im Sackflug bleibt Dir nichts anderes übrig, als den fallenden Flügel mit Gegenseitenruder schneller zu machen und damit wieder nach oben zu bringen. Übrigens, weht der Faden in Längsrichtung, fällt kein Flügel. Für Dich als angehenden Alleinflieger gibt es jedoch etwas viel wichtigeres als die Steuerung im Sackflug zu beobachten (in den Du ja nie unbeabsichtigt kommen sollst): Dort unten, wo der Horizont im Sackflug auf der Haube zu sehen ist, muß er sein, wenn Du eine Landung sauber auf dem Sporn oder Spornrad (also mit Mindestfahrt) ausführen willst (*siehe Kap. 7: Die Landung*).

Im nächsten Schritt wird die Fahrt noch weiter verringert, bis das Segelflugzeug nach vorne abkippt. Dazu muß man nicht erst steil in den Himmel steigen und danach vornüber kippen, viel eindrucksvoller ist dies aus dem Sackflug heraus zu erreichen. Hältst Du das Höhenruder nach dem Abkippen gezogen, so holt das Segelflugzeug wieder Fahrt, um erneut in den überzogenen Flugzustand zu geraten. Es fliegt wie ein schlecht gebauter Papierflieger.

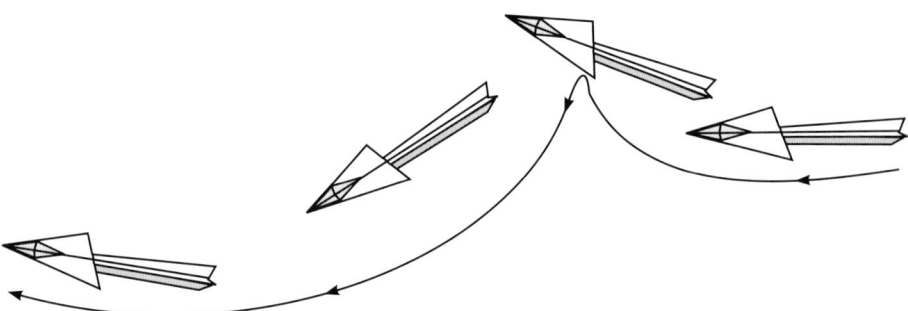

Bild 5.6 Überzogene Flugbahn eines Papierfliegers

Du sollst jedoch lernen, den überzogenen Flugzustand zu beenden. Kippt das Segelflugzeug nach vorne ab, so wird der Knüppel in Normalstellung gebracht. Erst **nachdem** das Segelflugzeug Fahrt aufgenommen hat, kann die Flugbahn abgefangen werden. Das Höhenruder wird weich aber zügig gezogen und sofort, wenn das normale Horizontbild zu sehen ist, in Normalstellung gebracht. Nicht erneut überziehen!

Umschlagpunkt in die laminare Strömung, die Wirbel zerreißen diese schlagartig. Segelflugzeuge sind oft so konstruiert, daß die Strömung im Querruderbereich bis zuletzt anliegt, um die Steuerungsfähigkeit so lange wie möglich zu erhalten.

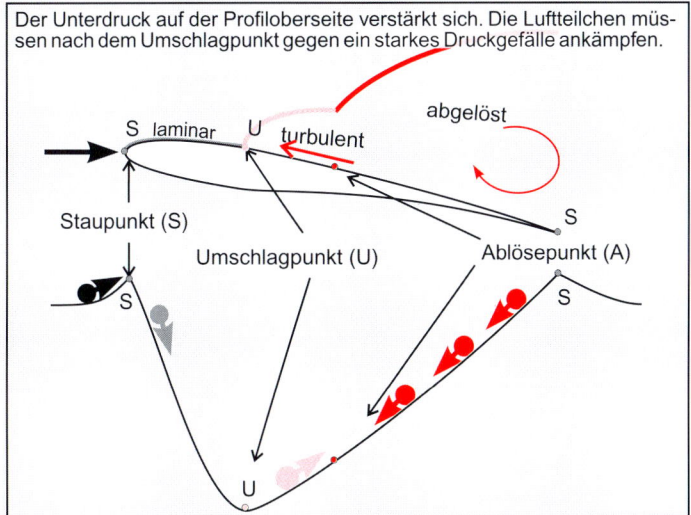

Bild 5.21 Die Strömung im Sackflug und ein entsprechendes Modell aus der Mechanik

Reißt die Strömung an den Flügeln ab, kippt das Segelflugzeug nach vorne. Der Anstellwinkel (Winkel zwischen Profilsehne und anströmender Luft) kann bei modernen Profilen nicht über 10-12 Grad hinaus vergrößert werden, ältere Profile können bis zu 18 Grad vertragen.

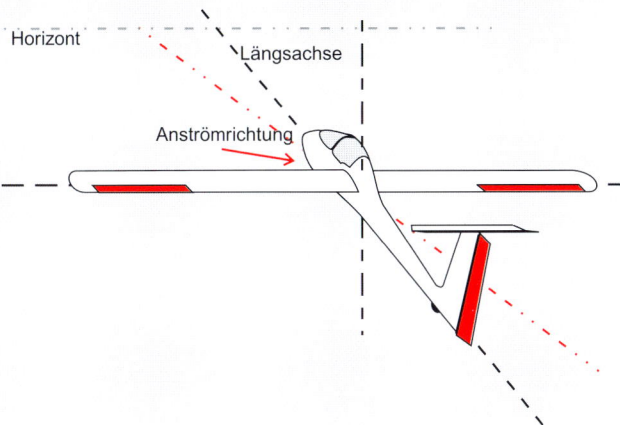

Bild 5.22 Sackflug kurz vor dem Abkippen

Durch das Abkippen nach vorne verringert sich der Anstellwinkel und das Segelflugzeug nimmt Geschwindigkeit auf. Es kann dann wie links beschrieben abgefangen werden.

Abkippen über den Flügel, Trudeln

Du hast schon beim Überziehen im Geradeausflug bemerkt, daß beim Segelflugzeug eine gewisse Neigung vorhanden ist, über einen Flügel abzukippen: Es beginnt zu trudeln! Während der Fluglehrer das Überziehen im Geradeausflug und Kurvenflug zeigen muß, wird das Trudeln (siehe Anmerkung unten) leider häufig aus zweierlei Gründen unterlassen:

Die Ansichten, ob Trudeln zur Anfängerausbildung gehört, sind geteilt;
Die modernen Schulflugzeuge trudeln schlecht oder garnicht.

Da Du aber später auf Einsitzern fliegen willst, kannst Du Dich nicht darauf verlassen, daß dieses Segelflugzeug nicht trudelt. Die Entschuldigung hilft nicht, daß Du in der Ausbildung diese Gefahreneinweisung nicht gelernt hast. Beinahe alle Einsitzer trudeln, kippen über den

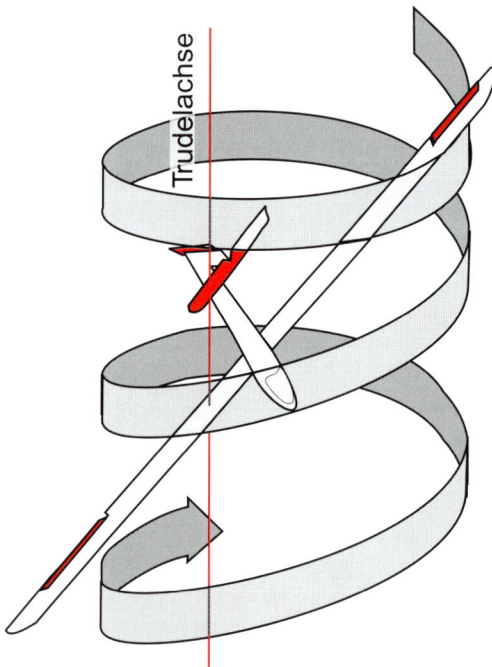

Flügel im überzogenen Flugzustand ab und drehen beim Beenden des Trudelns gerne nach. Hier hilft nur auf einem Muster zu üben, welches Trudeln zuläßt. Leider sind nur noch wenige Doppelsitzer in der Lage zu trudeln. Sogenannte Trudelgewichte am Heck sind fragwürdig, da die bei der Drehung stark zunehmende Massenbeschleunigung (trotz korrekter Beladung) das Segelflugzeug zumindest stark nachdrehen läßt. Die Anfängerausbildung lehrt Dich nicht, wie das Trudeln eingeleitet wird, sondern wie Du es beendest! Darüberhinaus kann der Fluglehrer erkennen, ob der Flugschüler den Kopf verliert, nur weil etwas Unangenehmes geschieht, oder ob er Nerven behält und reagiert. Trudeln in niedrigen Höhen ist riskant und nicht dazu geeignet zu beweisen, was für ein toller Typ man ist.

Bild 5.7 Rechtsherum trudelndes Segelflugzeug

Grundsätzlich gilt beim Überziehen in der Kurve (zu langsam in der Kurve) genau das gleiche wie beim Fallen eines Flügels im Geradeausflug: ***Hände weg vom Querruder!*** Schwieriger wird es, weil daß Segelflugzeug über einen Flügel abkippt und nun, obwohl die Nase

Wegen der weltweit häufigen Trudelunfälle setzt der Ausbildungs- und Sicherheitsausschuß der OSTIV Trudeln als Übung wieder in den Vordergrund. Der DAEC Segelflug schließt sich laut Ausbildungsbericht beim Segelfliegertag in Münster an!

Abkippen über den Flügel, Trudeln

Ein Flugzeug trudelt, wenn die Strömung einseitig an einem Flügel abgelöst ist (der andere jedoch noch „fliegt"). Einleuchtend, daß ein Querruderausschlag keinesfalls den Flügel mit der abgelösten Strömung beeinflussen kann. Unter Umständen kann die Trudelbewegung noch verstärkt werden. Ein Abkippen nach vorne oder über einen Flügel kann nicht durch weiteres Ziehen am Höhenruder verhindert werden, denn mehr als den maximalen Anstellwinkel können wir nicht steuern. Wenn das Segelflugzeug abkippt oder trudelt, kommt der Knüppel (Höhen- **und** Querruder) in Normalstellung! Die folgenden Bilder sollen zeigen, wie aus einem unsauberen Flug in der Kurve Trudeln entsteht.

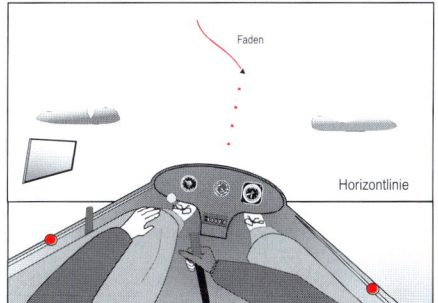

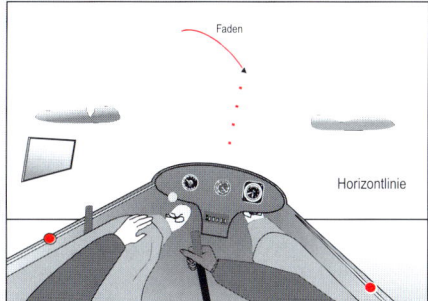

1. Fehler: Das Segelflugzeug schmiert nach rechts, denn es fliegt zu langsam und die Querneigung ist zu groß. Der Faden weht aus der Mitte nach links. Der Pilot versucht den Faden mit dem Querruder zum Faden in die Mitte zu bringen. Würde in diesem (noch harmlosen) Fall das Seitenruder gegen den Faden getreten, würde das Segelflugzeug schneller (Horizont wieder richtig), das Schmieren wäre beendet. Besser aber: 1. Horizont-Höhenruder, 2. Faden-Füße (Seitenruder) und 3. Querneigung-Querruder.

2. Fehler: Der Pilot gibt gleichzeitig Seitenruder gegen den Faden, versucht mit Querruder die zunehmende Querneigung zu bekämpfen und zieht instinktiv, da das Segelflugzeug abkippen will.

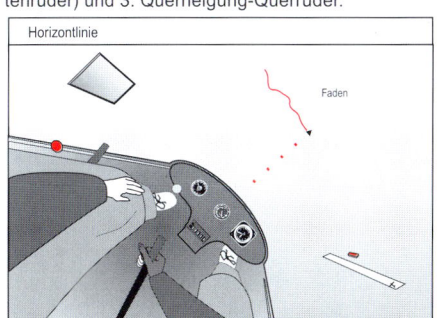

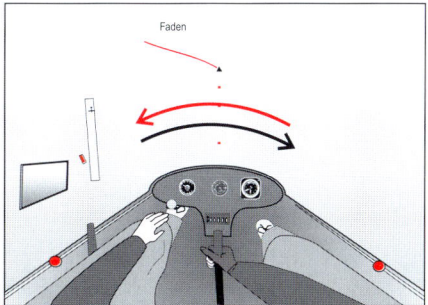

3. Fehler: Das Segelflugzeug kippt über den rechten Flügel, der Pilot behält die falschen Ruderausschläge bei.

Jetzt die richtige Gegenmaßnahme einleiten: Knüppel normal, Seitenruder Vollausschlag gegen die Drehrichtung (Seitenruder links). Achtung, das Segelflugzeug trudelt nach rechts, Objekte am Boden drehen nach links (roter Pfeil)! Seitenruder gegen die Trudelrichtung ausgeschlagen lassen, bis die Drehung vollständig aufhört!!!

Bild 5.23 - 5.24 Trudeln durch Pilotenfehler

115

nach unten zeigt, die Querneigung beibehält. Es fällt in einer steilen Spirale vornüber. Da die Trudelachse nicht der Längsachse des Segelflugzeuges entspricht und der Drehpunkt irgendwo im tieferen Flügel liegt, tritt der Effekt ein, daß weder Höhen- noch Querruder in Strömungsrichtung angeblasen werden und unwirksam sind (*siehe rechts*).

Es ist schwer zu erkennen, in welche Richtung man trudelt, da sich die Erde entgegen der Trudelrichtung dreht und der ansonsten so „kühle Kopf" leicht von den Eindrücken überwältigt ist. Zusätzlich preßt es Dich gegen die äußere Bordwand (Drehachse liegt nicht im Schwerpunkt). Klugerweise machst Du keine heftigen Drehbewegungen mit dem Kopf, sondern guckst genau nach vorne, weil sonst der Gleichgewichtssinn im Ohr verrückt spielt und sich Dein Magen meldet. Hilfreich ist, wenn Du Dir gemerkt hast, in welche Richtung das Segelflugzeug drehte, als es abkippte.

Trudeln wird folgendermaßen beendet:

1.	**Voller Seitenruderausschlag gegen die Drehrichtung, bis die Drehbewegung vollkommen beendet ist. Höhen- und Querruder in der Mitte (Normalstellung). Seitenruderausschlag auch beibehalten, sollte das Segelflugzeug einmal nicht sofort die Drehbewegung stoppen (*Nachdrehen*).**	
2.	**Nach Beendigung der Drehbewegung den sich dann ergebenden Sturzflug mit dem Höhenruder zügig abfangen, aber nur bis zum normalen Horizont. Nicht erneut überziehen!!!**	

Wie kamen Fluglehrer und Schüler überhaupt in den Flugzustand, der das Trudeln verursachte? Zu Beginn flog der Lehrer in der Kurve zu langsam und das Segelflugzeug rutschte hinein. Der Faden stand nach außen und wies auf das Schmieren hin. Während er die Fahrt reduzierte, gab er *Seitenruder in Kurvenrichtung* (machte den Faden gerade). Gleichzeitig versuchte er mit dem Querruder den tieferen Flügel nach oben zu holen (*gegen Kurvenrichtung*). Wie war die Ruderstellung kurz vor dem Beginn des Trudelns? Das Seitenruder stand in Kurvenrichtung (zum tieferen Flügel), während das Querruder zum höheren Flügel stand, das Höhenruder war gezogen. Sind die Ruder (Quer- und Seitenruder) derart gekreuzt, steht das Abkippen über einen Flügel unmittelbar bevor!

Dein Fluglehrer sollte Dir zeigen, daß Du aus *jeder* zu langsamen Kurve mit derart gekreuzten Rudern ins Trudeln kommen kannst (gerade die ASK-13 zeigt dies deutlich). Man kann sogar in Kurven mit 110 km/h zu langsam sein, wenn man eng (mit hoher Querneigung) kurven will. Viele Außenlandeversuche erfahrener Piloten zeigen, daß die notwendige Landung zu spät eingeleitet wurde und das Segelflugzeug in der letzten Kurve in den überzogenen Flugzustand geriet. So läßt sich jede Kurve zu langsam fliegen, selbst wenn wir (bis auf den Horizont) alles richtig zu machen glauben: *Das Seitenruder und das Querruder sollen ja lediglich den Faden in Richtung halten.*

Für die Grenzflugzustände ist die richtige Beladung des Segelflugzeuges lebenswichtig. Fehlendes Gewicht kann zu einem „Flachtrudeln" führen, die Achse des Segelflugzeuges ist weniger als 45 Grad gegenüber dem Horizont geneigt. Während im Steiltrudeln (>45 Grad) das Seitenruder als einziges Ruder halbwegs in Strömungsrichtung liegt, wird beim Flachtrudeln kein Ruder mehr angeströmt. Dieser Zustand läßt sich durch keine Gegenmaßnahmen mehr beenden. Du siehst, wie äußerst wichtig der Startcheck ist.

Pro Trudelumdrehung verliert das Segelflugzeug etwa 50 Meter Höhe, je nach Muster dauert eine Umdrehung 2-3 Sekunden. In einer Trudelübung verlieren wir (mit Ausleiten und Abfangen) circa 100 Meter, Trudeln muß spätestens in einer Höhe von 400 Metern beendet sein!

Steht das Querruder zum hohen Flügel und das Seitenruder zum tiefen, spricht man von gekreuzten Rudern. Dies ist nicht mit dem Slip zu verwechseln, hier steht das Querruder zum tiefen und das Seitenruder zum hohen Flügel! Gekreuzte Ruder leiten das Trudeln ein! Sollte das Segelflugzeug nach Beenden des Trudelns (senkrechter Sturz) zu schnell werden, können die Sturzflugbremsen zur Hilfe genommen werden.

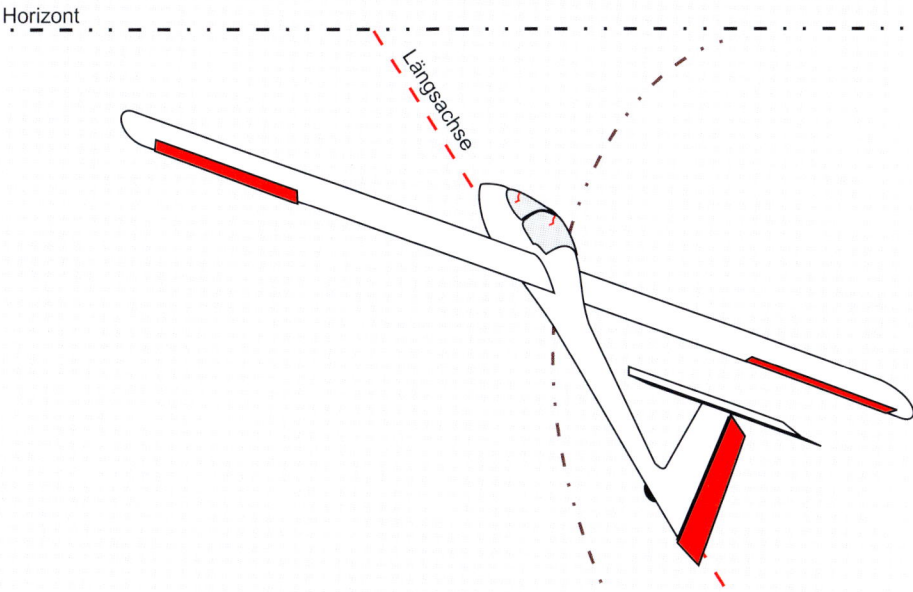

Horizont

Längsachse

Bild 5.25 Schmierkurve: Die Längsachse zeigt aus der Kurve heraus

Ist in einer Kurve der Faden zum äußeren Flügel ausgeweht, ist die Geschwindigkeit in der Kurve zu gering! Es läßt sich beobachten, daß der Horizont nur noch langsam am Haubenfixpunkt vorbeidreht. Durch Zurückholen des Fadens mit dem Seitenruder wird die Drehgeschwindigkeit korrigiert, da die Nase des Segelflugzeuges aus der Kreisbahn

Denke bitte nicht, Du selbst würdest niemals diesen Fehler machen. Beobachte Dich selbst, wenn Du vor lauter Angst über die Querneigung zuviel abstützt und das Segelflugzeug gleichzeiti mit Seitenruder um die Kurve zwingen willst.

Trudeln in ausreichender Höhe, mit einem geeignetem Segelflugzeug und einem Fluglehrer an Bord ist ungefährlich, sofern der Schwerpunkt stimmt. Das Segelflugzeug wird beim Trudeln -im Gegensatz zur Steilspirale- nicht gefährlich schneller (*siehe Kap. 3 Der Kurvenflug*). Ein häufig gemachter Fehler beim Beenden ist, entweder das Seitenruder zu früh nachzulassen und der „Vogel" daher weitertrudelt oder es voll ausgeschlagen zu lassen, worauf das Segelflugzeug anschließend in die andere Richtung abkippt.

Zusammenfassung:

-     Kurven werden koordiniert mit Höhen-, Quer- und Seitenruder eingeleitet, beendet oder verbessert.

-     Das Segelflugzeug muß mit jeder gewählten Geschwindigkeit geflogen werden können.

-     Rollübungen sind eine gute Möglichkeit, die Ruderbewegungen aufeinander abzustimmen.

-     Durch unsauberes Steuern (ausschließlich mit Fluglehrer geflogen !) sowohl im Geradeaus- als auch im Kurvenflug können Zustände eintreten, die das Segelflugzeug unkontrollierte Fluglagen einnehmen lassen.

herauszeigt. Wenn der Horizont erheblich zu tief ist (wir sind zu langsam) und der Faden zum höheren Flügel ausweht, kann allerdings ein Seitenruderausschlag in die Kurve hinein das Abkippen einleiten (der kurveninnere Flügel wird noch langsamer). ***Ein Nachlassen des Höhenruders ist die einzig sichere Maßnahme. Erst dann wird der Faden mit dem Seitenruder verbessert.***

Zusammenfassung:

- Im sauberen Kurvenflug sind die auf das Segelflugzeug wirkenden Kräfte ausgewogen
- Bei Rollübungen darf das Segelflugzeug nicht um die Längsachse taumeln
- Fliegen wir mit maximalem Anstellwinkel, führt jedes weitere Ziehen am Höhenruder zu einer Ablösung der Strömung.
- Ungewolltes Trudeln mit und ohne Fluglehrer ist gefährlich!

Die Platzrunde
Rechteck

Nachdem wir sicher in die Luft gekommen sind, befinden wir uns mit dem Segelflugzeug in der Platzrunde. Sie ist gegenüber dem Grund ein Rechteck und wird als solches geflogen. Die einzelnen Abschnitte stehen in einem Winkel von 90 Grad zueinander. Dies geschieht nicht aus reiner Gemeinheit, weil der Fluglehrer sehen will, ob Du eine Kurve mit 90 Grad Richtungsänderung fliegen kannst, sondern weil sich in der Platzrunde sämtlicher Flugplatzverkehr befindet (an- und abfliegende Luftfahrzeuge) und jeder Luftfahrzeugführer die anderen so gut wie möglich sehen soll.

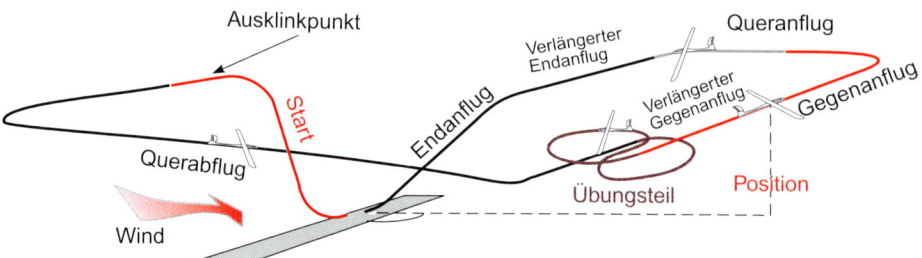

Bild 5.8 Die Abschnitte der Platzrunde beim Windenstart (hier Linksplatzrunde)

Die Kurve vom Start in den Querabflug heißt *Querabflugkurve*, die in den Gegenanflug *Gegenanflugkurve*, die in den Queranflug *Queranflugkurve* und die in den Endteil *Landekurve*. Unser Übungsteil liegt zwischen der *Gegenanflugkurve* und der *Position*. Während unserer Übungen achten wir darauf, dem Platz nicht zu nahe zu kommen und unter Umständen startende Flugzeuge zu behindern.

Nach dem Start (Winde, 3 x ausgeklinkt???) fliegen wir noch ein Stück geradeaus und suchen unser korrektes Horizontbild. Die Trimmung wird entsprechend eingestellt und ist für uns eine Hilfe. Jetzt geht unser Blick auf den Höhenmesser, dort lesen wir ab, wieviel Höhe zur Einteilung der Platzrunde zur Verfügung steht. Dabei müssen wir berücksichtigen, woher der Wind kommt und welche Stärke er hat (Startcheck?).

Der weitere Flug in der Platzrunde erfolgt geplant. Wir treffen unsere Entscheidungen vorher, bzw. legen fest, welche Entscheidungsmöglichkeiten wir haben. Alle Abschnitte in der Platzrunde liegen rechtwinklig gegenüber Boden zueinander. Weht im Start der Wind von rechts vorne, dann bedeutet dies für unsere vier Kurven und die Platzrundenteile (*siehe Bild 5.8*):

Querabflugkurve: Wir kommen schwer gegen den Wind voran, mit Eindrehen in den Querabflug macht uns der Wind schneller und treibt uns vom Platz weg. Wir haben nicht viel Zeit bis zur nächsten Kurve, da wir über Grund schnell fliegen.

120

Die Platzrunde
Was mache ich mit meiner Höhe?

Um den Verkehr von, zu und an Flugplätzen zu regeln, wurde eine Ordnung für den Luftver-
kehr geschaffen. Die Platzrunde ist keine willkürliche Bestimmung, sondern dient der
Sicherheit aller Luftfahrzeugführer. Wir sind als Schüler diesen Bestimmungen unterworfen
und können nicht nach Lust und Laune umherfliegen. Die für den Flugplatz gültige Platzrunde erklärt Dir Dein Fluglehrer. Einige Schulen lassen sich schriftlich bestätigen, daß Du
in die Besonderheiten des Platzes eingewiesen worden bist. Wie links beschrieben, liegen
alle in den jeweils nächsten Platzrundenteil führenden Kurven gegenüber Grund in einem
Winkel von 90 Grad zueinander. Willst Du den vorgeschriebenen Flugweg über Grund ein-
halten, so hast Du immer den aktuellen Windeinfluß zu berücksichtigen.

Unser Übungsteil liegt im verlängerten Gegenanflug. Wie schon mehrmals beschrieben,
befinden wir uns selten allein in der Luft. Wir können nicht davon ausgehen, daß ein in der
Nähe fliegender Pilot unsere Flugbewegungen voraussieht. Es kann ebenfalls ein Schüler
sein, der noch nicht so weit fortgeschritten ist wie Du. Luftraumbeobachtung ist in jeder
Phase der Ausbildung lebenswichtig, selbst der Fluglehrer hinter uns kann kurz abgelenkt
sein. Deshalb hier die Ausweichregeln für Luftfahrzeuge, soweit sie uns betreffen:

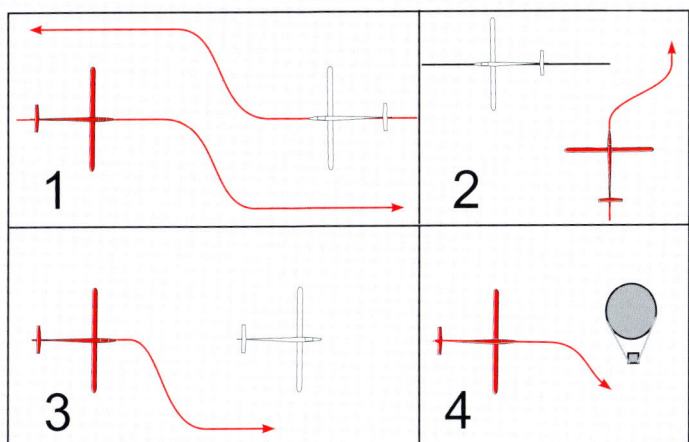

Bild 5.26 Ausweichregeln

Zwei sich in gleicher Höhe entgegenkommende Luftfahrzeuge (Kreuzungswinkel kleiner
als 90 Grad) weichen beide nach rechts aus (**1**). Kreuzt sich der Flugweg, so hat das von
rechts kommende Segelflugzeug Vorflugrecht (**2**). Willst Du ein vorausfliegendes Segelflugzeug überholen, dann immer auf der rechten Seite (**3**). Immer muß Ballonen ausgewichen
werden (**4**), da sie selbst über keinen Antrieb verfügen. Motorflugzeuge müssen Dir auswei-
chen, das bedeutet aber nicht, daß Du vorsätzlich eines behinderst (zum Beispiel im

Gegenanflugkurve:	Wir fliegen mit Rückenwindanteil mit großem Kreisradius, kommen unter Umständen etwas weit vom Platz weg. Wollen wir parallel zu Platz bleiben, müssen wir einen Luvwinkel (*siehe etwas später*) nach links fliegen (gegen den Wind vorhalten).
Queranflugkurve:	Wir drehen in den Wind hinein. Wir haben im Queranflug etwas Zeit, da wir schlecht gegen den Wind vorankommen, aber Vorsicht, wir werden vom Platz weg versetzt (Vorhalten).
Landekurve:	Die Kurve kann uns zu klein geraten, da wir gegen den Wind kurven. Also mit weniger als 30 Grad Querneigung kurven, nach der Landekurve soll das Landefeld gerade voraus liegen.

Mit dem Wissen um unsere Höhe, Windrichtung und Stärke (Flugzeugmuster und Eigensinken beachten) planen wir die Platzrunde. Wir drehen in den Querabflug. Vorher schauen wir, ob der Luftraum frei ist. Wir suchen einen Blickpunkt, um die Kurve rechtzeitig zu beenden. Unter Beibehaltung des Horizontbildes leiten wir die Kurve mit Quer- und Seitenruder gleichzeitig und gleichsinnig ein (*Kap. 3.1*). Ein Tip: Der Blick über die Flügelspitze hinweg zeigt uns den neuen Blickpunkt nach Durchführung einer 90Grad Kurve. Reicht die zur Verfügung stehende Höhe noch aus, legen wir unsere Flugübungen in den verlängerten Gegenanflug (je nach Gelände wir wollen in 150 bis 200 Meter Höhe über Grund an der Position sein. Die Position ist die Stelle im Gegenanflug, an der wir uns querab vom Landezeichen befinden).

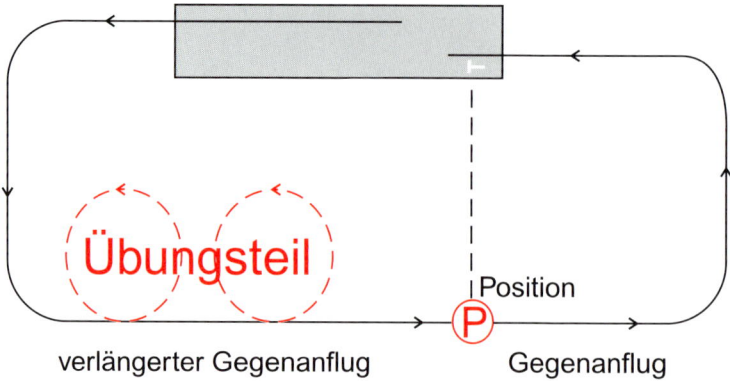

Bild 5.9 Schema einer Platzrunde von oben

Das letzte Stück wird bereits im verlängerten Gegenanflug gradlinig zur Position geflogen, so daß wir in der vorgeschriebenen Höhe dort ankommen. Keinesfalls wird hinter der Position gekreist! Wenn wir uns zur Landung entschlossen haben, wird diese selbst dann durchgeführt, wenn wir hinter der Position Thermik finden sollten. *Viele Unfälle auf Überlandflügen - gerade mit erfahrenen Fliegern- geschehen, weil die Landung überhastet wegen fehlender Höhe eingeleitet werden mußte. Früh eingeübte Disziplin hilft Dir später als fortgeschrittener Pilot.*

Landeanflug)! Sinnvollerweise solltest Du jedoch einem Schleppzug Platz machen, da er sich nicht so frei bewegen kann wie Du. **Keinesfalls wird die Startstrecke unter der möglichen maximalen Ausklinkhöhe überflogen. Im Querabflug, hinter der Position oder im Queranflug (noch schlimmer im Endteil) wird nie gekreist !!!!!** Ein Flugschüler, der den Luftraum nicht beobachtet oder die Platzrunde grob fahrlässig verletzt, ist mit Sicherheit nicht für den Alleinflug geeignet!

Während der Fluglehrer Dich in der ersten Zeit häufiger (oft nur mündlich) bei der Steuerung des Segelflugzeuges unterstützte, möchte er jetzt während des Fluges Vorschläge hören, was Du zu fliegen beabsichtigst. Mit etwas Übung wirst Du merken, daß es leicht möglich ist, laut zu denken. Wenn dann von hinten kein Widerspruch kommt, wird Dein Vorhaben richtig sein. In dieser Phase werden auch erste „Flugaufträge" erteilt.

Bei der Einteilung der Platzrunde wird oft vergessen, daß das Segelflugzeug allein schon für das Abfliegen des Rechtecks Höhe benötigt. Angenommen, allein das Umfliegen des Platzes nach dem Start dauert drei Minuten. Dann müssen wir schon an der Winde eine Ausklinkhöhe von 250 Metern haben, wollen wir die Landekurve in 100 Meter Höhe (ASK-13) beendet haben, denn wir verlieren ohne jeden Kreis 150 Meter (gerechnet ohne Thermikeinflüsse). Sollte eine einfache Runde um das Flugfeld etwa drei Minuten dauern, kannst Du über eine zusätzliche Flugübung erst nachdenken, wenn Du höher als die Mindestausklinkhöhe fliegst. Wäre Deine Höhe geringer, müßtest Du unter Umständen den Querabflug abkürzen oder hinter der Position diagonal in den Queranflug übergehen.

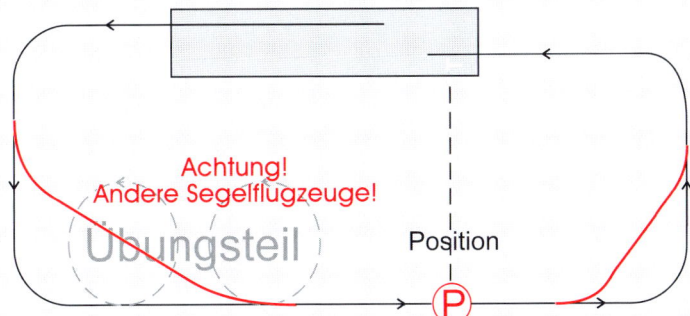

Bild 5.27 Abkürzen, wenn die Höhe nicht reicht

Die Platzrunde einzuhalten verlangt selbst dann Disziplin, wenn beste Thermik hinter der Position zum Einkreisen lockt. Du darfst dort nur kreisen, wenn Du deutlich oberhalb der in der Platzrunde üblichen Höhe bist. Willst Du die Platzrunde verlassen, weil Du einen Aufwind gefunden hast, so hat das im Übungsteil zu geschehen. Kommst Du zum Platz zurück, so steigst Du im Übungsteil unter Beachtung des Verkehrs in die Platzrunde ein.

Wie schon kurz erwähnt, wird Dein Flugweg häufig durch die aktuelle Windversetzung beeinflußt. Da die Platzrunde entlang genau definierter Geländemerkmale führt, wird Dir oft nicht anderes übrigbleiben, als bei Seitenwindeinfluß mit Luvwinkel zu fliegen.

Fliegen mit Luvwinkel

Da wir meistens Seitenwind erwarten können, will ich Dir nun zeigen, wie mit einem Luvwinkel geflogen wird. Ziel ist, eine bestimmte Linie über Boden zu fliegen, ohne daß deswegen der Faden aus der Mitte weht.

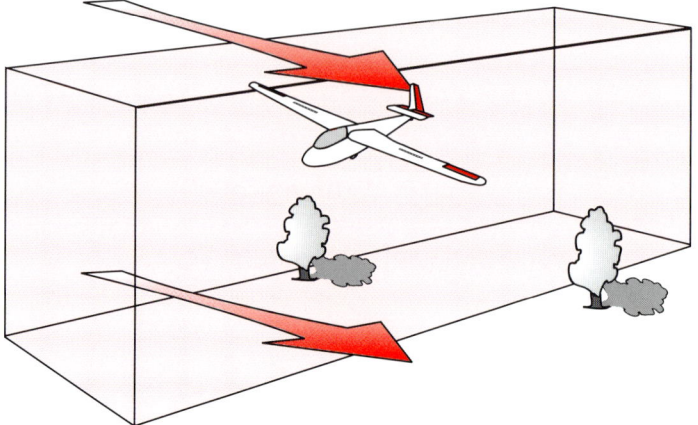

Bild 5.10 Das Segelflugzeug im Luftpaket

Ein Segelflugzeug bewegt sich in einem Luftpacket, daß selbst eine eigene Geschwindigkeit besitzt. Fahrtmesser und Faden zeigen nur an, welche Geschwindigkeit Du gegenüber dieser Luft hast und ob Du sauber steuerst. Da die Luft mit dem Wind über Land zieht, wirst Du automatisch mit ihr versetzt, ohne das dies die Steuerung des Segelflugzeuges beeinflußt.

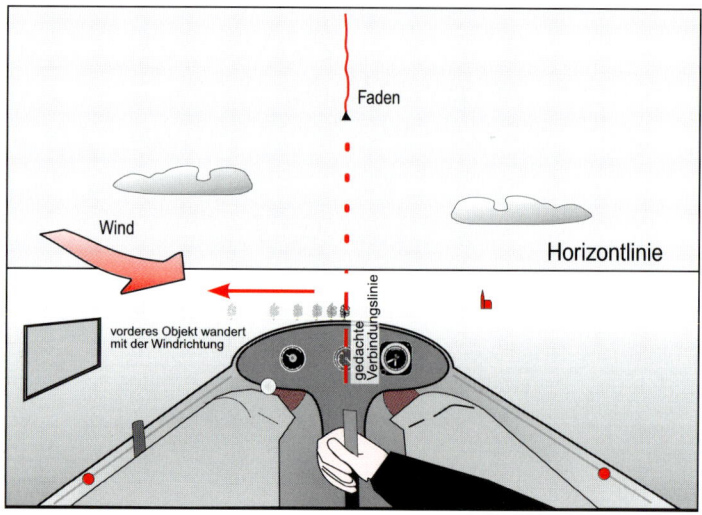

Bild 5.11 Seitliche Abdrift nach rechts durch Wind von links

Fliegen mit Luvwinkel

Die Vorwärtsbewegung eines Segelflugzeug in der Luft wird vom Fahrtmesser als Geschwindigkeit angezeigt. Die umgebende Luft muß mit ihrer Richtung und Stärke zur Eigengeschwindigkeit hinzugezählt werden. Beides zusammen ergibt die Geschwindigkeit über Grund,
die tatsächlich geflogene Strecke gegenüber Boden ist der zurückgelegte Flugweg.

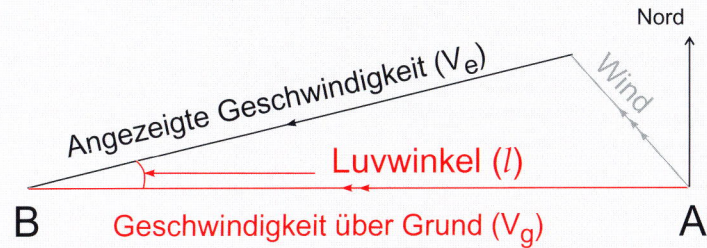

Bild 5.28 Wahre Fluggeschwindigkeit bei Rückenwind (Gegenanflugteil)

Wollen wir trotz Seitenwindeinfluß einen bestimmten Weg über Grund fliegen, so müssen wir die seitliche Versetzung aufheben. Im unten gezeigten Beispiel wollte ein
Segelflugzeug von A nach B fliegen. Durch den Seitenwindeinfluß von hinten links kam
es aber bei B_1 an, die angezeigte Fahrt war geringer als die tatsächliche Geschwindigkeit über Grund. Drehen wir die Nase genau um den Betrag des Abdriftwinkels **gegen**
den Wind, so heben sich Abdrift und Verbesserung gegenseitig auf. Dieser Ver-
besserungswinkel wird Luvwinkel genannt. Übrigens, die windzugewandte Seite ist Luv,
die abgewandte Seite Lee (wie in der Seefahrt).

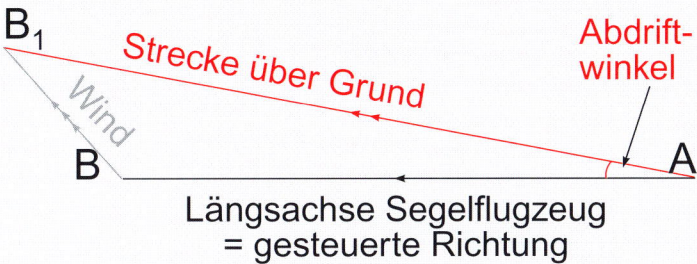

Bild 5.29 Bei Wind führt der Weg von A nach B ohne Luvwinkel zu B_1

Der Faden bleibt beim Flug mit Luvwinkel natürlich in Längsrichtung, da wir diesen
Winkel nur gegenüber dem Boden fliegen. Gegenüber der Luft nehmen wir eine neue
Flugrichtung ein. Während wir das Segelflugzeug fadengerade fliegen, zeigt die Längsachse zwar nicht mehr in Flugrichtung gegenüber Grund, entspricht gegenüber der Luft
jedoch dem Flugweg. Die Strecke gegenüber Grund heißt Kurslinie. Fliegen mit Luvwinkel wird durch mehrere hintereinanderliegende Geländepunkte am Boden kontrolliert,
nur sehen wir diese Punkte nicht mehr genau voraus in Verlängerung der Längsachse,

Bei der Landung (*siehe Kap. 7*) lassen wir den Luvflügel (dem Wind zugewandt) leicht hängen. Das hat den Nachteil, daß wir unsauber fliegen. Das zusätzliche Sinken ist sicherlich im Landeanflug sinnvoll, da wir ohnehin Höhe verlieren wollen. Im Normalflug hat unsauberes Fliegen ein Sinken zur Folge, das Dir nur das Vergnügen verkürzt, in der Luft zu sein. Ich habe sogar schon Flugschüler erlebt, die so unsauber flogen, daß der damit verbundene Höhenverlust die gesamte Platzeinteilung vereitelte. Geschickter ist es, ein wenig gegen den Wind zu fliegen und damit die seitliche Versetzung gegenüber dem Boden aufzuheben.

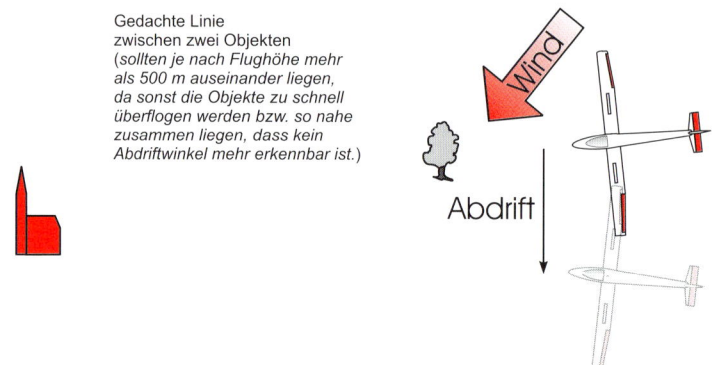

Bild 5.12 Das Segelflugzeug wird nach rechts versetzt

Eine seitliche Abdrift durch Windeinfluß läßt sich beobachten, wenn Du mindestens zwei hintereinanderliegende Ziele auf dem Boden in Verlängerung der Flugrichtung suchst. Wir beobachten, in welche Richtung langsam das nähere Ziel auswandert. Der Seitenwind bläst aus der Richtung, in die sich unser gesuchtes Objekt bewegt (*siehe Bild 5.12*). In unserem Beispiel befinden wir uns im Gegenanflug (im Start kam der Wind von rechts), der Seitenwind kommt nun von links. (In Bild 5.12 sind die beiden Segelflugzeuge nicht parallel verschoben, da ein entfernteres Ziel über einen längeren Zeitpunkt weiterhin in Flugrichtung zu sehen ist als ein näher gelegenes Objekt.) Um einen Luvwinkel zu fliegen, leiten wir eine flache Kurve gegen Wind ein und beobachten gleichzeitig, ob die Verschiebung des näher gelegenen Zieles gestoppt wird.

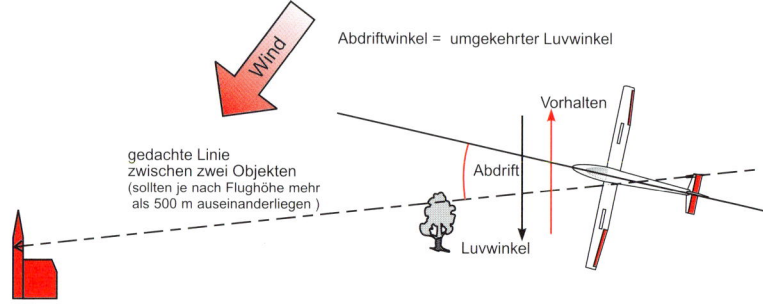

Bild 5.13 Mit Vorhaltewinkel behält des Segelflugzeug seinen Flugweg über Grund bei

sondern etwas seitlich davon entlang der Strecke über Grund auf der windabgewandten Seite (im Lee).

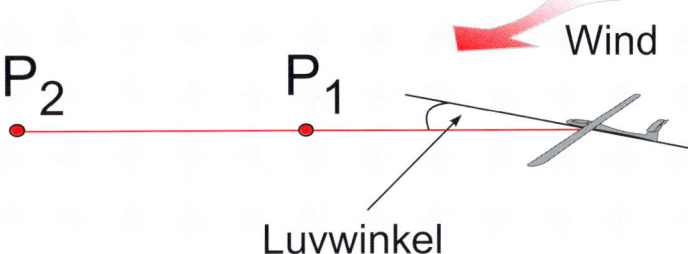

Bild 5.30 Mit zwei Geländepunkten läßt sich der Luvwinkel kontrollieren

Wandern die Geländemerkmale vor uns in Windrichtung (also nach Luv), so war unser Luvwinkel zu klein, wir werden immer noch versetzt. Bewegen sie sich dagegen zur anderen Seite, so ist der Winkel zu groß. Auf längeren Strecken sollte die Flugrichtung gegenüber Grund zusätzlich mit dem Kompaß kontrolliert werden.

Hat der Wind das Segelflugzeug bereits versetzt, kann mit dem korrekten Luvwinkel allein nicht mehr auf die beabsichtigte Kurslinie zurückgekehrt werden, da Du lediglich einen Parallelkurs zur Kurslinie fliegen würdest. Willst Du auf eine bestimmte Kurslinie zurückkehren, sollte als Kursverbesserung der doppelte Luvwinkel eingenommen werden, bis Du die Kurslinie erreicht hast. Erst dann wird wieder mit einfachem Luvwinkel geflogen.

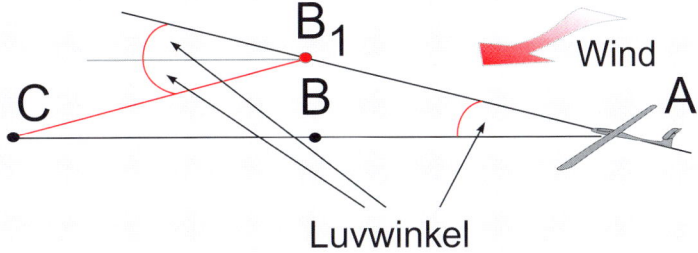

Bild 5.31 Doppelter Luvwinkel bis zum alten Kurs

Auf der linken Seite steht, daß zum Erfliegen eines Luvwinkels solange in einer flachen Kurve gegen den Wind gekurvt wird, bis die Versetzung des Segelflugzeuges von der gewünschten Kurslinie beendet ist. Da selbst bei kräftigem Seitenwind ein Luvwinkel kleiner als 30 Grad ist (wäre der Wind stärker, blieben wir besser am Boden), muß die Kurve lange genug dauern, um ausreichend Zeit zur Beobachtung zu haben.

Im Gegenanflugteil (nach der Position) wird mit Luvwinkel geflogen, wenn Seitenwindeinflüsse das Segelflugzeug zu versetzten drohen. Will Dich der Wind vom Platz weg versetzen, gerät der Queranflug zu lang, weil Du zu weit vom Platz entfernt bist. Dabei

Wir verbessern mit einer flachen Kurve, um genügend Zeit zur Beobachtung des gewünschten Effektes zu haben (*siehe rechts*). Wenn Du wie im Beispiel nach rechts vorhalten mußt (Seitenwind von rechts), so siehst Du anschließend die Objekte, die Dich die
Richtung kontrollieren lassen, nicht mehr in der Verlängerung der Flugzeuglächsachse,
sondern etwas links voraus.

Mit Luvwinkel zu fliegen liest sich schlimmer als es in der Praxis ist. Mit Luvwinkel muß
gesteuert werden, willst Du über Grund auf einer bestimmten (Kurs) Linie fliegen. Steuerst Du
allerdings trotz Seitenwind nur auf *ein* bestimmtes Ziel zu, ohne einen Luvwinkel einzuneh-
men, so spricht man von einer Hundekurve. Sie wird so genannt, weil ein Hund im Wasser zwar
auf einen Punkt zuschwimmt, dabei aber die (Wasser) Strömung nicht berücksichtigt. Er
nähert sich seinem Ziel in einer Kurve.

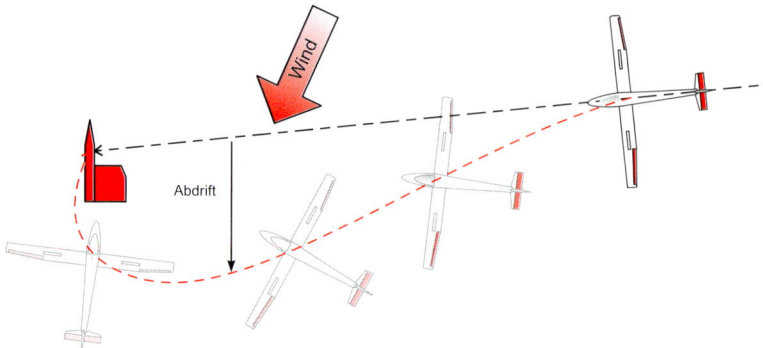

Bild 5.14 Hundekurve

Der Flugweg ist bei einer Hundekurve länger, der Weg über Grund wird nicht beibehalten. Zu
Recht wäre Dein Fluglehrer unzufrieden, würdest Du so einen Kurs halten wollen.

Natürlich kannst Du während des Fluges in der Platzrunde alle Korrekturen (Horizont-
Querneigung-Faden) wie gewohnt durchführen. Stellst Du aber am Ende fest, daß Du die
gewählte Richtung verloren hast, **so wird mit Quer- und Seitenruder eine Kurve in die
gewünschte Richtung geflogen**, jedoch keinesfalls probiert, sich nur mit einem Ruder
hinmogeln zu wollen. Das sieht dann in der Praxis so aus: der Flugschüler versucht nur
mit dem Seitenruder die Richtung zu halten und wundert sich gleichzeitig darüber, daß
der Faden nicht gerade steht.

Taktik in der Platzrunde

Die Schwierigkeit dieses Ausbildungsabschnitts besteht darin, die zur Verfügung stehende
Höhe sinnvoll einzuteilen. Wie anfangs beschrieben, ist die Beachtung des Windes wichtig.
Zusätzlich ist das Sinken (oder Steigen) zu berücksichtigen, welches durch Abwinde (Aufwin-
de) hervorgerufen wird. Es schadet nicht, hin und wieder auf das Variometer zu gucken.

entsteht ein zu großer Höhenverlust. Treibt er Dich zum Platz hin, so wird der Queranflug zu kurz: Du kannst den Landeanflug nicht korrekt vorbereiten und Queranflug- und Landekurve gehen ineinander über. Die Landung wird entsprechend ausfallen.

Im Queranflug wird bei eine seitliche Abdrift mit einem Luvwinkel aufgehoben, da ansonsten der sich anschließende Landeanflug zu lang wird (Gegenwind bei der Landung) oder zu kurz gerät (Rückenwind im Landeanflug). Da wir in der Regel mit Wind von vorne starten und landen, kannst Du erwarten, daß Du im Queranflug einen Luvwinkel zum Platz hin fliegen mußt.

Die Größe des Luvwinkels (*siehe Kapitel 7: Die Landung*) gibt Dir Auskünfte über Richtung und Stärke des Windes, den Du im Landeanflug zu erwarten hast. Beachte aber, daß bei einem Luvwinkel zum Platz hin im Queranflugteil die Luftraumbeobachtung zur anderen Seite etwas erschwert ist. Du mußt Dich etwas weiter umdrehen.

Taktik in der Platzrunde

Beim Schulsegelflugzeug ASK-13 dürfen wir ein mittleres Eigensinken von 90 cm pro Sekunde annehmen, da wir noch nicht jeden Flugabschnitt verlustfrei zu steuern vermögen. Dauert ein Kreis mit 30 Grad Querneigung bei Normalfahrt ungefähr 30 Sekunden (*siehe Kap. 6*), so verbraucht unser Segelflugzeug einschließlich Aus- und Einleiten etwa 30 Meter Höhe, sofern durch Auf- oder Abwinde keine erhebliche Abweichung entsteht. Ist der Flugweg von Beginn des Gegenanfluges bis zur Position 2 Kilometer lang, so müßte bei 340 Meter Höhe zu Beginn des Gegenanfluges unsere Rechnung so aussehen:

Für die verbleibende Strecke von 2000 Metern zur Position benötigen wir 90 Sekunden, dies entspricht 80 Metern Höhenverlust. War die Ausgangshöhe Beginn Gegenanflug 340 Meter (abzüglich 80 Meter) so sind wir an der Position 260 Meter hoch. Wollen wir an der Position 200 Meter haben, stehen uns noch 60 Meter Höhe für Flugübungen zur Verfü-

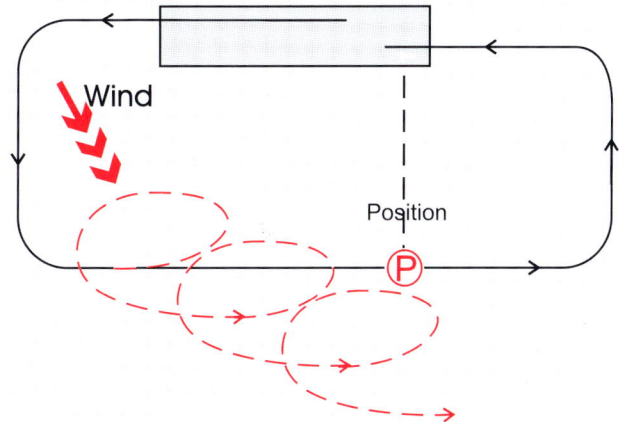

Bild 5.32 Windeinfluß versetzt das Segelflugzeug

gung. Da wir einen Höhenverlust von 30 Metern pro Kreis annehmen, können wir zwei Vollkreise fliegen. Wohlgemerkt: Diese Rechnung stimmt nur ohne thermische Einflüsse. Sie zeigt aber, daß für die Höheneinteilung in der Platzrunde überlegt werden sollte.

Ist die Höhe nach dem Ausklinken gering (~ 250 Meter), kannst Du erst einmal **nicht** davon ausgehen, daß Dir Höhe für Flugübungen in der Platzrunde zur Verfügung steht. Du wirst der Platzrunde folgend zur Position fliegen. Tritt unterwegs durch Abwinde zusätzliches Sinken ein, so könntest Du unter Umständen den Querabflug abkürzen und diagonal zur Position fliegen. Auf keinen Fall gibt es eine Entschuldigung an der Position zu tief anzukommen.

Bemerkst Du im verlängerten Gegenanflug, daß der Höhenverlust geringer war als befürchtet, hast Du nun die Möglichkeit, Flugübungen im Übungsraum einzubauen. Da das Segelflugzeug nicht nur Vollkreise fliegen kann, lassen sich Kreisabschnitte mit anschließendem Kurvenwechsel hintereinander legen. So näherst Du Dich trotzdem der Position. Je geringer die zur Verfügung stehende Höhe ist, desto flacher werden die Kurvenwechsel (*siehe Kapitel 6: Tips und Tricks*).

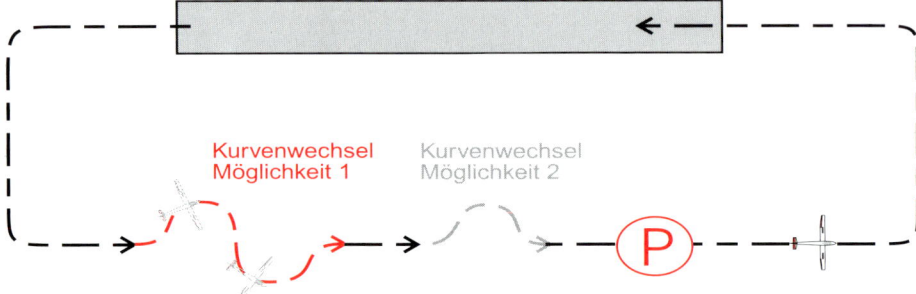

Bild 5.15 Kurvenwechsel auf dem Weg zu Position

Das Bild 5.15 zeigt bei der *Möglichkeit 2*, daß vier Viertelkreise hintereinander gelegt wurden, die zusammengenommen wieder einen Vollkreis ergeben. Erst wenn Du nach dem Eindrehen in den Gegenanflugteil auf dem Höhenmesser siehst, daß abzüglich der Höhe, die Du zur Position benötigst, mehr als 30 Meter zur Verfügung stehen, kannst Du einen Vollkreis fliegen (*siehe Kapitel 6: Tips und Tricks: Pro Vollkreis werden etwa 30 Meter Höhe benötigt*). Auf jeden Fall soll die letzte Kurve, bevor Du zur Position fliegst, **zum Platz hin geflogen** werden. Nur so kannst Du abschätzen, ob der richtige Abstand zum Platz vorhanden ist.

Taktische Platzrundeneinteilung verlangt von Dir, mit einem Plan die zur Verfügung stehende Höhe einzuteilen. Auf der anderen Seite mußt Du im Handeln flexibel bleiben, und nicht stur ein einer vorgefertigten Meinung kleben.

Im Abschnitt zuvor konntest Du einiges über den Flug mit Seitenwind lesen. Bald wirst Du in der Lage sein, mit Luvwinkel einen Kurs über Grund zu fliegen. Aber auch wenn ein Segelflugzeug kreist, wird es vom Wind versetzt. Den können wir schwerlich mit einem Luvwinkel fliegen. Kannst Du Dir die Windversetzung mehrerer Kreise hintereinander nicht

Korrekte Höheneinteilung verlangt *sich vor* jedem Kreis zu überlegen, ob er noch fliegbar ist oder nicht. Trotz aller Planung müssen wir im Kreis ständig „mit einem Auge" das Variometer kontrollieren. Zeigt es uns ein Sinken von 2 Metern (das ist normal an Tagen mit thermischen Einflüssen), so verlieren wir pro Vollkreis 60 Meter Höhe! Zeigt es dagegen keinen Höhenverlust oder gar Steigen, so kannst Du unter Umständen weitere Übungen fliegen. Nie stur an einem Plan „kleben", wenn das Variometer deutliche Abweichungen (von einem Konzept zugrundegelegten Wert) anzeigt! Flugübungen im Übungsraum sind der Versetzung durch den Wind unterworfen. Ein Kreis in der Luft beschreibt gegenüber Boden dann eine Ellipse. Bei normalen Windverhältnissen (in Start und Landung von vorne), hat der Gegenanflug Rückenwindeinfluß. Schon zwei, drei Vollkreise können Dich hinter die Position versetzt haben. Deshalb wird immer wieder bei ausreichender Höhe gegen den Wind in den Übungsteil zurückgeflogen, um erst dann weitere Kurven einzuleiten.

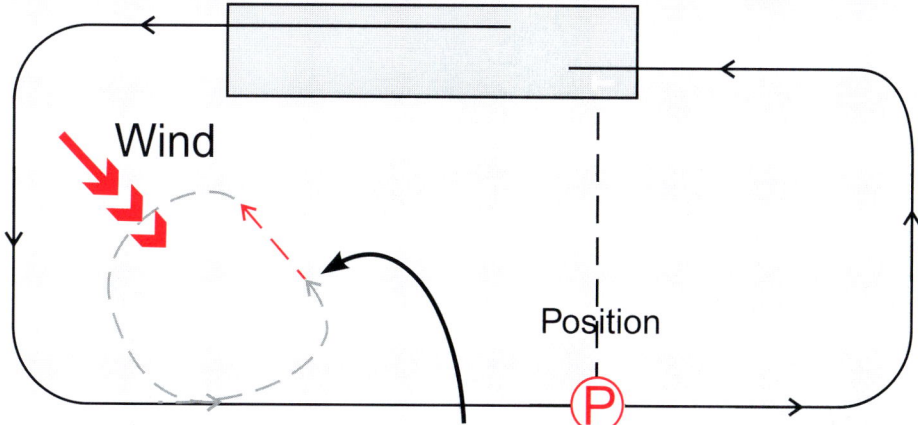

Vom Punkt, an dem die Kurve in den Wind zeigt, ein Stück gegen den Wind in den Übungsraum zurückfliegen, erst dann weiterkreisen!

Bild 5.33 Taktik im Übungsraum

Jede Taktik in der Platzrunde ist zum Scheitern verurteilt, wenn Du das Segelflugzeug von thermischen Einflüssen in Kurven zwingen läßt. Da Thermik das Segelflugzeug beim Anschneiden des Aufwindes immer in den Abwindbereich drängt, machen solchermaßen geflogene Zwangskurven eine Höheneinteilung zunichte, da Du immer im starken Sinken fliegst. Ein Blick auf das Variometer ist immer wieder hilfreich, denn oft läßt sich ein stärkerer Höhenverlust so leichter erklären und man kann taktische neue Entscheidungen treffen. Wenn Du im Segelflugzeug verstehst, was gerade geschieht, gewinnst Du wieder Sicherheit und kannst Streß vermeiden.

Du siehst aber, daß, taktisches Fliegen einen gewissen Erfahrungsschatz verlangt, den Du ausschließlich nur durch das Fliegen selbst erlernen kannst.

leisten (entweder fehlt die Höhe oder die Windversetzung ist zu stark), mußt Du innerhalb der Platzrunde den Windeinfluß mit berücksichtigen (*nähere ich mich während dieser Kurven dem Platz oder entferne ich mich?*). Die Windversetzung, die das Segelflugzeug beim Kreisen erfährt, wird dadurch behoben, daß man nach **jedem halben Kreis** durch ein Stück im Geradeausflug (*siehe Bild 5.32 und 5.33 in der rechten Texthälfte*) gegen den Wind die Abdrift ausbesserst. Je kräftiger der Wind, desto weiter ist gegen den Wind vorfliegen. Bitte berücksichtige auch, daß so der Weg länger wird und das Segelflugzeug mehr Höhe benötigt! Mit einiger Übung läßt sich mit großen Kreisradien gegen den Wind und kleinen mit dem Wind das gleiche Resultat erzielen.

Natürlich gibt es noch viel mehr zur Platzrunde zu sagen, einige Ergänzungen folgen in Kapitel 6: *Tips und Tricks*. Den weiteren Flugverlauf nach der Position findest Du in Kapitel 7: *Die Landung*. Auf jeden Fall hast Du, auch zu Deiner eigenen Sicherheit, andere Luftfahrzeuge in der Platzrunde zu beobachten.

Zusammenfassung:

-   Die Platzrunde ist ein Rechteck und wird gegenüber dem Boden so geflogen.

-   Der Windeinfluß und die zur Verfügung stehende Höhe sind für die Strategie des Fluges wichtig.
-   Selbst im geradlinigen Flug zur Position verbraucht das Segelflugzeug Höhe.

-   Die Platzrunde läßt sich immer so einteilen, daß man in der richtigen Höhe zur Position gelangt.

-   Den eigenen Flugweg planen und nicht in Hektik verfallen.

-   Luftraumbeobachtung!

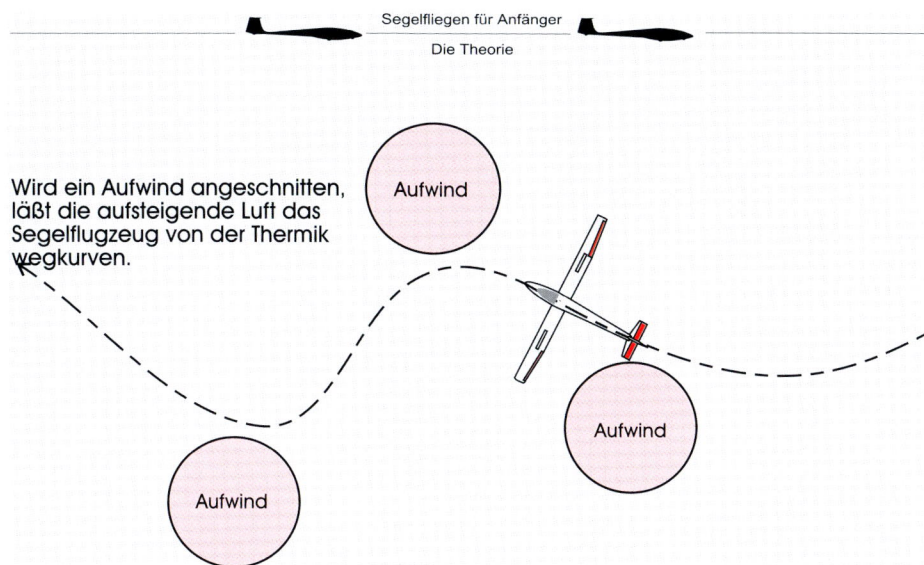

Wird ein Aufwind angeschnitten, läßt die aufsteigende Luft das Segelflugzeug von der Thermik wegkurven.

Aufwind

Aufwind

Aufwind

Bild 5.34 Taktisch falsches Verhalten in der Platzrunde

Zusammenfassung:

- Die Beherrschung der Steuerung des Segelflugzeuges ist Grundvoraussetzung für taktisches Verhalten in der Platzrunde.

- Windeinflüsse sind in Richtung und Stärke zu berücksichtigen.

- Wir verhalten uns taktisch klug und fliegen vorausschauend und vermeiden so Streß.

- Luftraumbeobachtung!

6. Kapitel
Tips und Tricks

Tips und Tricks
Kleinigkeiten mit großer Wirkung

Tip 1
Kann das Wissen um den Kreisdurchmesser bei der Platzeinteilung helfen?

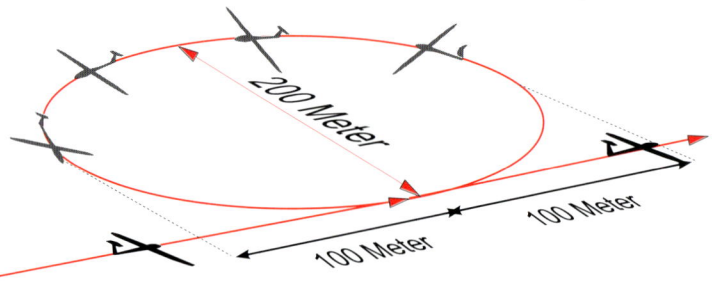

Bild 6.1 Der Standardkreis (1)

Ein Viertelkreis bringt das Segelflugzeug etwa 100 Meter weiter in Verlängerung der ursprünglichen Längsrichtung, nur jetzt in einem Winkel von 90 Grad dazu. Willst Du zum Beispiel bei Windstille die Landekurve einleiten, so mußt Du 100 Meter vor Erreichen des Endteils mit der Kurve beginnen, dann hast Du nach Beendigung der Kurve genau das Landefeld voraus. Bei Windeinfluß ist die Kurve entsprechend früher oder später einzuleiten.

Tip 2
Wie kann ich mit dem Wissen um den Kreisdurchmessers die Höheneinteilung im Übungsraum verbessern?

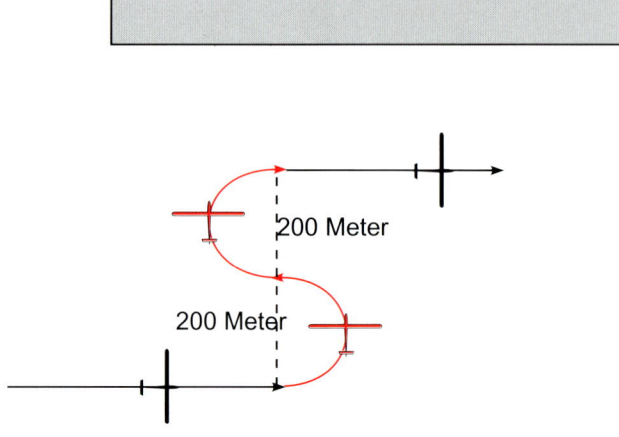

Bild 6.3 Taktische Kurvenwechsel (1)

Tips und Tricks
Nicht nur für Profis

Tip 1 bis 3
Wissenswertes zum Kreisflug

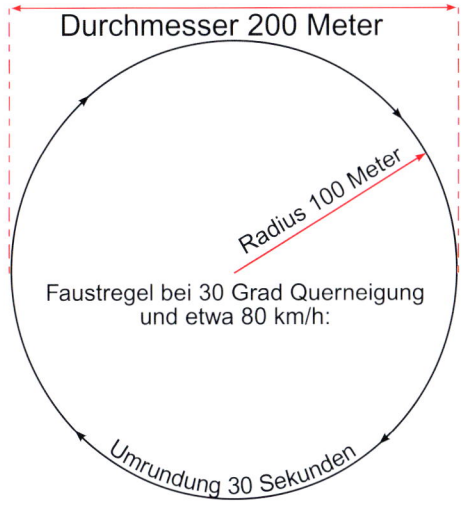

Bild 6.2 Der Standardkreis (2)

Bei einer Querneigung von 30 Grad und einer Geschwindigkeit von 80 km/h (=22,22 m/s²) ist der Durchmesser eines Vollkreises 200 Meter. Eine Umrundung dauert 30 Sekunden. Ein Segelflugzeuges mit einem Eigensinken von 1 Meter pro Sekunde verliert im Kreis 30 Meter. Der zusätzliche Höhenverbrauch für das Aus- und Einleiten ist hierin nicht berücksichtigt.

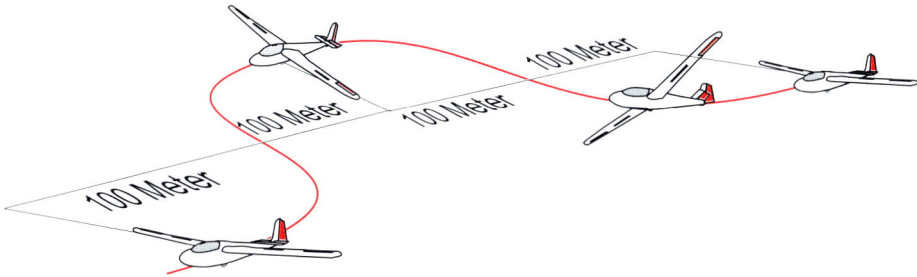

Bild 6.4. Taktische Kurvenwechsel (2)

Wie oben und auf der linken Seite zu sehen ist, können Kurven und Kreise jederzeit so miteinander kombiniert werden, daß zum Beispiel die Position genau in der vorgeschriebenen Höhe angeflogen werden kann. Das verlangt vom Piloten, sich den Flugweg räumlich

Zwei Halbkreise, mit verschiedener Richtung hintereinander gelegt, bringen Dich 400 Meter weiter an das Flugfeld heran, ohne daß Du in Verlängerung der ursprünglichen Längsachse vorwärtsgekommen bist. Dies läßt sich immer dann taktisch einsetzen, wenn Du noch Höhe abbauen, aber gleichzeitig näher an das Fluggelände heran möchtest. Die abgebaute Höhe entspricht etwa der eines Vollkreises.

Tip 3
Wie kann ich Höhe abbauen und mich trotzdem der Position nähern?

Vier Viertelkreise hintereinander gelegt (*Bild 6.4 rechte Seite*) bringen das Segelflugzeug 400 Meter weiter in Flugrichtung, gleichzeitig wird die Höhe eines Vollkreises abgebaut (*siehe Kapitel 5: Die Platzrunde*). Zeigt während dieser Kurvenwechsel das Variometer verstärktes Sinken, lassen sie sich bei Bedarf bis zu einer Geraden verflachen. Durch geschicktes Hintereinanderfügen und Kombinieren von Kurven kann die Position immer in der vorgeschriebenen Höhe erreicht werden.

Tip 4
Windenstart: Wie kann das Nachdrücken bei einem Seilriß ohne Ausklinken des Seils geübt werden?

Der Seilriß wird in Kapitel 8 (*Verhalten in besonderen Fällen*) behandelt. Während der Schulung zum Alleinflug wird er (an Segelflugschulen) in der zweiten Ausbildungswoche trainiert. Das Hauptproblem für den Schüler ist das rechtzeitige und kräftige Nachdrücken in Normalfluglage, erst anschließend wird dreimal nachgeklinkt, um einen eventuellen Seilrest abzuwerfen. Das beherzte Nachdrücken in Normalfluglage läßt sich in der Platzrunde trainieren, wenn der Fluglehrer erst das Segelflugzeug soviel Fahrt aufholen läßt, daß er es anschließend ebenso steil wie im Windenstart noch oben ziehen kann. Auf das laute Kommando „Seilriß!" soll der Flugschüler kräftig bis zur Normalfluglage nachdrücken, dabei wird er in der Regel nach oben (deshalb richtig anschnallen) beschleunigt, so daß er in den Gurten hängt. Hierdurch kann die Überwindung der Angst vor dem Nachdrücken in Normalfluglage eingeübt werden, ohne daß der Flug selbst wegen der geringen Ausklinkhöhe zu kurz gerät. Bei Bedarf läßt sich die Übung mehrmals wiederholen.

Tip 5
Was meint der Fluglehrer mit „Flugzeug bei 10 Uhr"?

Stell Dir vor, Du würdest in der Mitte einer Uhr sitzen, dann wäre genau vor Dir 12 Uhr, rechts 3 Uhr, hinter Dir 6 Uhr und so weiter. Richtungsangaben lassen sich so mit knapperen Worten beschreiben. „Halblinks vorne" ist nicht so eindeutig wie „10 Uhr", Du brauchst nur den Kopf wie ein Stundenzeiger in die Richtung zu bewegen.

vorzustellen und mit Hilfe des Variometers (*siehe Kapitel 5*) taktische Entscheidungen zu treffen. Sinnvoll ist, sich vor jedem Kreis einen Plan zurechtzulegen, um bei übermäßigem Sinken, starkem Steigen oder erheblicher Windversetzung nicht in hektischen Aktionismus zu verfallen. Oder, noch schlimmer, darauf zu hoffen, daß es schon „gut gehen" wird.

Tip 4
Windenstart: Wie kann das Nachdrücken bei einem Seilriß ohne Ausklinken des Seils geübt werden?

So unerläßlich die Seilrißübung für die Anfängerschulung ist, muß man auch einräumen, daß der Schüler in dem sehr kurzen Flug nicht alle Eindrücke und Notwendigkeiten verarbeiten kann. Durch Anwendung der Methode auf der linken Seite wird ein Teil der zu beherrschenden Abläufe ausgegliedert und kann gesondert trainiert werden.

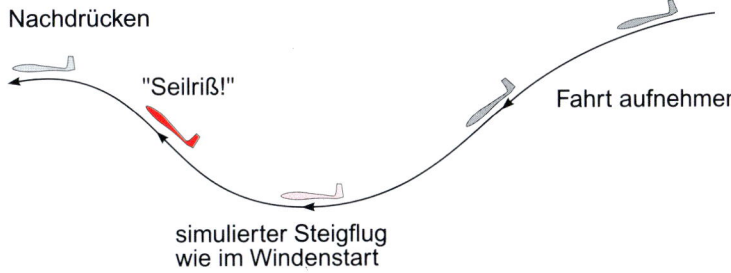

Bild 6.5 Seilrißtraining

Tip 5
Was meint der Fluglehrer mit „Flugzeug bei 10 Uhr"?

Bild 6.6 In der Mitte der Uhr

Tip 6
Tagescheck des Segelflugzeuges vor Flugbeginn

Wenn Du die Kontrolle der Ruder (*siehe Kapitel 1*) genau nimmst, wirst Du feststellen, daß die sogenannten „K-Typen" (zum Beispiel ASK-13) bei voll gezogenem Höhenruder und Querruder in Normalstellung im letzten Teil des Weges beide Querruder leicht nach oben ausschlagen. Dieser (absichtliche) „Konstruktionsfehler" erwies sich als hilfreich, weil die Strömung im Langsamflug länger im Querruderbereich anliegt. Die Firma Schleicher machte daraus eine Tugend und behielt diese Besonderheit bei. Es ist also nichts kaputt!

Tip 7
Bei Linkskurven zu langsam, bei Rechtskurven zu schnell

Einige Schüler (*siehe Bild rechts*) haben das Problem, daß sie beim Einkurven nach links regelmäßig zu langsam werden, beim Kurven nach rechts zu schnell. Eigentlich sollte dies nicht auftreten, da der Horizont zu kontrollieren ist. Wird eingekreist, so werden bekanntlich Quer- und Seitenruder gleichzeitig und gleichsinnig in Kurvenrichtung ausgeschlagen. Dabei wird das Querruder geradlinig in Kurvenrichtung bewegt. Liegt der rechte Ellenbogen dabei auf dem rechten Bein, so wird aus der Geradlinigkeit eine Drehbewegung um den Ellenbogen: Ein Querruderausschlag nach links hat ein Ziehen des Höhenruders zur Folge, Querruder rechts ein Drücken. Sollte Dir der Fehler ebenfalls schon einmal passiert sein, so nimm einfach den rechten Arm etwas hoch, so daß er nicht mehr auf dem Bein liegt und schon läßt sich das Querruder ohne Beeinflussung des Höhenruders bewegen.

Tip 8
Mir fällt es schwer, den Horizont zu kontrollieren

Wieder eine Kleinigkeit, die das Segelfliegen leichter machen kann. Ohne es zu wollen, neigen manche Schüler dazu, anstatt den Horizont mit dem Höhenruder zu steuern, lieber den Kopf auf und nieder zu bewegen. Achte einmal auf Dich selbst!

Tip 9
Bei jedem Flug habe ich ein anderes Horizontbild

Die Sitze in Segelflugzeugen sind auf eine bestimmte Pilotengröße ausgerichtet. Kleinere Schüler müssen ihre Sitzposition durch Unterlegen mit Kissen verbessern. Wenn Du immer mit den gleichen Sitzunterlagen fliegst, stimmt auch das Horizontbild. Die Kontrolle des richtigen Sitzes gehört genau wie die Überprüfung der korrekten Beladung zum Startcheck!

Tip 6
Tagescheck des Segelflugzeuges

Eine kurze Zusammenfassung des Tageschecks war in Kapitel 1 zu lesen. Gründliche Fluglehrer zeichnen den erfolgreichen Check in einer Klarliste oder im Bordbuch ab. Einige Ausbildungsbetriebe führen den Check am Ende eines Flugtages durch (so in der Jugendbildungsstätte Juist). Das hat den Vorteil, gleich am nächsten Tag mit dem Flugbetrieb beginnen zu können. Auf der anderen Seite ist es um so ärgerlicher, wurde der Check nicht ordentlich durchgeführt und der Startaufbau am nächsten Tag verzögert sich.

Immer wird gecheckt, wenn das Segelflugzeug eine harte Landung hatte oder andere außergewöhnliche Vorfälle vorgekommen sind (so müssen nach einem starken Regen die Druckleitungen der Instrumentenanzeige entwässert werden).

Tip 7
Bei Linkskurven zu langsam, bei Rechtskurven zu schnell

Bild 6.7 zeigt einen leider verbreiteten Fehler (*siehe Text links*), der aus einer bequemen Armhaltung entsteht.

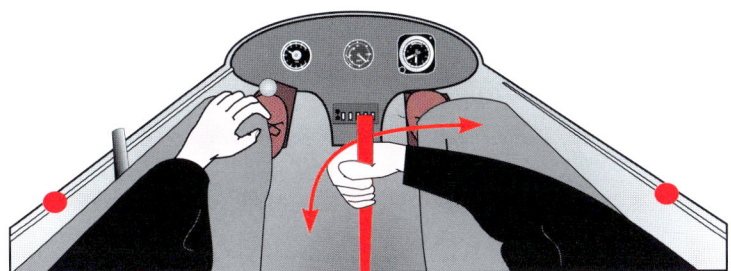

Bild 6.7 Schlechte Höhenruderführung

Tip 9
Anmerkungen zum richtigen Sitz

Wenn Du Kissen verwendest, dürfen sich diese nicht zusammendrücken lassen. Achte darauf, daß sie nicht die Steuerung beeinträchtigen: Nur zu gerne rutscht ein Sitzkissen beim Festgurten nach vorne und behindert das Höhensteuer! Zusätzlich mitgeführte Bleigewichte (der Pilot ist zu leicht) dürfen sich genausowenig lösen können. Zur Flugvorbereitung gehört auch das richtige Einstellen der Seitenruderpedale. Zwar können sie mit einiger Übung auch während des Fluges verstellt werden, dies ist für den Anfänger jedoch kaum zu empfehlen!

Tip 10
Mein Fluglehrer bemängelt, daß ich in Kurven nicht mit korrekter Querneigung fliege

Ein Grund kann sein, daß Du nicht aufrecht sitzt und in den Kurven den Kopf verdrehst. Manche Schüler legen sich auch gegen die Bordwand. Versuche Dich einmal beim Fahrradfahren mit dem Körper in die Kurve zu legen: Mit Sicherheit fällst Du hin! Sitzt Du im Segelflugzeug mit aufrechtem Kopf und gerade wie auf einem Fahrrad, lassen sich Horizont, Faden und Querneigung leichter kontrollieren.

Tip 11
Während des Fluges beginnt es zu regnen und der Faden klebt auf der Haube

Lange Zeit hatten Segelflugzeuge keinen Faden, da bis dahin niemand auf die Idee gekommen war, sich die Richtung der anströmenden Luft auf solch einfache Weise anzeigen zu lassen (*und als es ihn gab, meinten einige „Profis", dies sei nur etwas für Anfänger - wie den damals mit Faden fliegenden und auch mitleidig belächelten späteren Segelflugweltmeister Heinz Huth*). Sollte der feuchte Faden im Regen auf der Haube „festkleben", so setzt Du den Flug mit den geübten Ruderausschlägen fort. Zusätzlich kannst Du hören, wenn das Segelflugzeug extrem schräg angeblasen wird. Sollte das von Dir geflogene Segelflugzeug im Instrumentenbrett zusätzlich eine Libelle (siehe rechts) enthalten, so kannst Du damit das Scheinlot kontrollieren. Klebt der Faden im Regen, kannst Du den Flug sicher fortsetzen. Allerdings wird die Fahrt leicht erhöht, da Regen die Strömung am Profil der Flügel beeinträchtigt (*siehe Kapitel 8: Verhalten in besonderen Fällen*).

Tip 12
Wenn die Sonne vom Himmel brennt...

Segelfliegen macht immer an Tagen mit klarer Luft, einigen Cumuluswolken am Himmel und Sonnenschein besonders Spaß. Jedoch ist die Haube des Segelflugzeuges aus Plexiglas und läßt die UV-Strahlen ungehindert passieren. Steht das Segelflugzeug startbereit am Boden, so baut sich unter der geschlossenen Haube wegen des fehlendes Fahrtwindes schnell eine hohe Temperatur auf.

Vor der Sonne kannst Du Dich mit einer Kopfbedeckung schützen. An Tagen mit starker Sonneneinstrahlung ist der Sonnenschutz wichtig, modische Aspekte sind hier fehl am Platz! Es gab schon Unfälle, bei denen der Pilot nach längeren Flügen ohnmächtig wurde, weil er einen Hitzschlag erlitt. Der Schutz vor Sonne und Hitze gehört zur gründlichen Flugvorbereitung!

Bist Du Helfer am Segelflugzeug oder Startschreiber, so hilf mit, vermeidbare Verzögerungen zu unterbinden. Sollte der Start sich länger hinauszögern, so gib der Besatzung rechtzeitig eine Nachricht. Dann kann sie das Seil ausklinken und die Haube öffnen. Nichts ist schlimmer für die Insassen, als lange Zeit in brütender Hitze auf den Start warten und rätseln zu müssen, weshalb es nicht weitergeht.

Tip 11
Wie funktioniert die Libelle?

Die Strömung zeigt immer dann gradlinig auf die Längsachse, wenn alle auf das Segel-flugzeug wirkenden Kräfte sich gegenseitig aufheben, *lotrecht* sind (*siehe Kapitel 5: Die Platzrunde*). In der Kurve kommen die Beschleunigungskräfte hinzu.

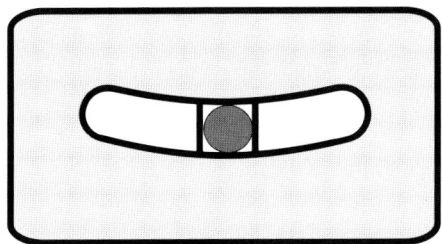

Bild 6.8 Die Libelle

Kräfte, die einseitig und seitlich auf die Längsachse und Hochachse wirken, werden vom Faden angezeigt. Die Libelle zeigt lotrechte Abweichungen der Hochachse (also um die Längsachse) im Geradeausflug an, in der Kurve stellt sie das Scheinlot dar. Sie kann Hochachsenfehler anzeigen, dabei bewegt sich die Kugel genau entgegengesetzt der Fadenrichtung.

Somit kann die Libelle im Geradeausflug nur zeigen, ob ein Flügel tiefer ist (hängt), einen Schiebeflugzustand (mit waagerechten Flügeln) kann man nicht erkennen.

Tip 12
Zweckmäßige Kleidung an warmen Tagen

Auch im Hochsommer wird mit zweckmäßiger Kleidung geflogen! Ein unbekleideter Oberkörper ist ebenso zu vermeiden wie offene Sandalen. Du möchtest ebensowenig in den verschwitzten Gurten Deines Vorgängers sitzen oder abends einen kräftigen Son-nenbrand haben. Offene Sandalen können von den Füßen rutschen und die Ruder blok-kieren. Die Flugsicherheit darf keinesfalls beeinträchtigt werden.

Links ist zu lesen wie ärgerlich Verzögerungen sind, steht das Segelflugzeug abflugbereit an der Startstelle. Bei Sonnenschein bauen sich im Cockpit rasant Temperaturen von 50 Grad und mehr auf. Stell Dir einmal vor, Du selbst solltest in dieser Sauna konzentriert einen Start durchführen! Nicht nur der Pilot leidet unter der Hitze, sondern auch der Fluglehrer, der ebenso aufmerksam sein muß - schon zu Deiner eigenen Sicherheit! Übrigens, es schadet nicht, sollten aufmerksame Schüler nicht nur sich selbst (in einer kleinen Pause) mit kühlenden Getränken versorgen, sondern auch dem Lehrer etwas abgeben.

Tip 13
Du bist als Startschreiber eingeteilt

Als Startschreiber und Telefonist bist Du für die ordnungsgemäße Durchsage der Kommandos zur Startwinde verantwortlich (*siehe Kapitel 1*), ebenso sollten die Eintragungen in der Startliste von anderen gelesen werden können. Die Startliste enthält die laufende Nummer der Flüge, Namen des Schülers oder Piloten, des Fluglehrers, Startart (Winde oder F-Schlepp) und die Art des Fluges (Schulung, Alleinflug, Übung etc.). Die Startliste ist ein Dokument. Die Abrechnung der Flüge erfolgt nach den Eintragungen in der Liste, Du kannst spätere Beschwerden vermeiden, wenn Du selbst ordentliche Eintragungen machst und andere Fliegerkameraden dazu anhältst. So wie auf dem Bild rechts wird eine Startliste aussehen, je nach Ausbildungsbetrieb kann das Aussehen leicht verändert sein.

Tip 14
Abstellen von Segelflugzeugen

Ruht der Flugbetrieb, wird das Segelflugzeug außerhalb der Startstelle und Landegasse abgestellt, ohne daß es andere startende und landende Luftfahrzeuge behindert. Das Segelflugzeug wird abgestellt, daß der Wind in einem Winkel mit 45 Grad von hinten auf Flügel und Rumpf trifft. Die Bremsen werden ausgefahren, der dem Wind zugewandte Flügel abgelegt und im Bereich des Randbogens zum Beispiel mit Autoreifen beschwert. Ist der Wind stärker, wird zusätzlich auf der dem Wind abgewandten Seite hinter den Sporn ein weiterer Reifen auf den Boden gelegt und die Dämpfungsflosse des Höhenruders ebenfalls beschwert. Eine sinnvolle Methode zum Abstellen der Segelflugzeuge wird an der Schule in Oerlinghausen praktiziert: Mehrere Segelflugzeuge werden in oben beschriebener Weise leicht versetzt hintereinander so positioniert, daß der Luvflügel des jeweils nächsten Segelflugzeuges unter den Rumpf der davorliegenden Maschine zu liegen kommt (*siehe Bild zu Tip 14 rechte Seit*e).

Besteht allerdings die Gefahr eines aufziehenden Gewitters mit Sturmböen oder ähnlich kritischen Wetterlagen, so wird nicht mehr benötigtes Fluggerät in die Halle gebracht!! Noch ein Tip, den Du hoffentlich nie beherzigen mußt: Dreht ein abgestelltes Segelflugzeug im starken Wind trotz aller Sicherungsmaßnahmen allein in den Wind und will abheben, versuche erst gar nicht die Haube zu öffnen oder die Nase zu beschweren. Lauf gleich weiter bis zum Schwanz und hebe diesen mit aller Kraft hoch, ausschließlich auf diese Weise hinderst Du das Segelflugzeug, sich mit einem Salto nach hinten zu verabschieden. Ich selbst habe so etwas schon einmal erlebt und kann Dir sagen, daß es kein schönes Bild ist!

Tip 13
Die Startliste

Flugplatz.......................... Datum...........								
Nr.	Lehrer	Schüler	Start	Landung	Kennzeichen	Lfz-Muster	Startart	Bemerkungen

Bild 6.9 Startliste

Tip 14
Abstellen von Segelflugzeugen

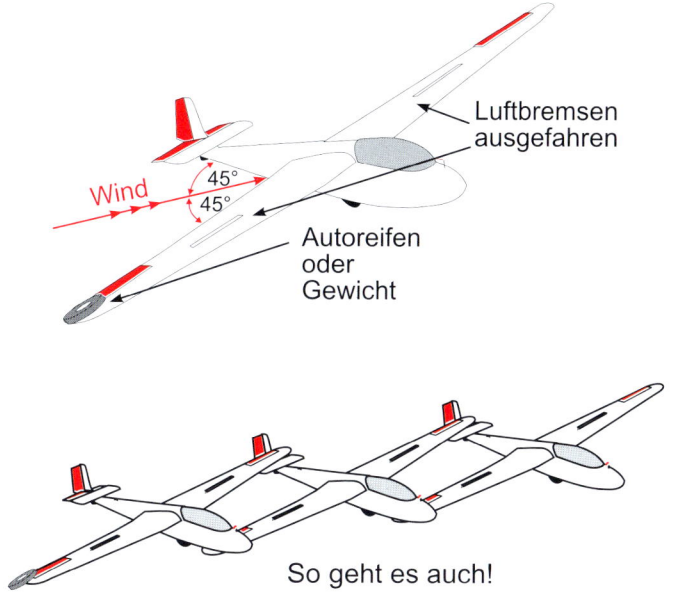

Luftbremsen ausgefahren

Wind

45°
45°

Autoreifen oder Gewicht

So geht es auch!

Bild 6.10 Abstellen von Segelflugzeugen

145

Tip 15
Halle aus- und einräumen

Die Kommandos beim Aus- und Einräumen sind:

- „Schwanzwärts!": Das Segelflugzeug wird in Richtung der Längsachse nach hinten bewegt.
- „Schnauzwärts!": Bewegung in Richtung der Längsachse nach vorne.
- „Drehwärts (*links oder rechts*)!": Drehung um die Hochachse.
- „Flächenwärts (*links oder rechts*)!": Bewegung entlang der Querachse (geht nur mit Kuller unter dem Rad. Kuller nennt man einen kleinen Wagen auf Rollen, auf dem das Segelflugzeug mit dem Hauptrad ruht und so in alle Richtungen bewegt werden kann.).

Es versteht sich von selbst, daß nur einer die Kommandos gibt. Bemerkst Du, daß das Segelflugzeug irgendwo anzustoßen droht, so rufe laut und deutlich **„Stop"**!

Tip 16
Transport der Segelflugzeuge zur und von der Startstelle

Wie schon beim Aus- und Einräumen wird ein Segelflugzeug nur dann zur oder von der Startstelle transportiert, wenn ein Fluglehrer oder der Startleiter dies bestimmt hat. Geschoben wird ein Segelflugzeug immer nur schwanzwärts, hat es hinten am Rumpf Griffe, so faßt dort mindestens eine Person an. Die anderen Helfer schieben an der Flügelnase, nur einer steuert durch Mitgehen an einem Flügelende. Um den vorderen Knüppel wird ein Gurt gezogen, so daß die Höhenruderstange während des Transportes nicht hin- und her schlägt. Manche Fluglehrer wollen, daß der Funk so laut gestellt wird, daß eventuelle Warnungen noch bei geschlossener Haube außerhalb verstanden werden. Ist der Weg leicht abschüssig, werden die Luftbremsen so fixiert, daß sie einen Spalt breit ausgefahren sind (ohne daß die Radbremse schleift!). Droht das Segelflugzeug ungebremst den Händen der Helfer zu entgleiten, so kann durch Herausziehen der aus dem Flügel ragenden Luftbremsen die Radbremse betätigt werden.

Wird das Segelflugzeug mit dem Auto (oder dem Traktor, wie an der Segelflugschule Hornberg) gezogen, klinkt man das Zugseil in die Bugkupplung ein. Eine Person geht vorne neben dem Rumpf, jederzeit in der Lage, durch das offene Fenster der Haube zu greifen und das Seil auszuklinken. Eine Person geht an einem Flügel und führt. Ob schnauz- oder schwanzwärts, gelenkt wird ein Segelflugzeug folgendermaßen: Geht der Flügelmann langsamer, so bewegt sich das Segelflugzeug in einem Kreis auf ihn zu, läuft er mit dem Flügel vor, so dreht es sich von ihm fort. Übrigens, gedreht wird ein Segelflugzeug nur dann, wenn sein Schwanz von einem Helfer hochgehalten wird, ansonsten verdreht sich der Rumpf und es drohen schwere Beschädigungen.

Tip 15
Halle aus- und einräumen

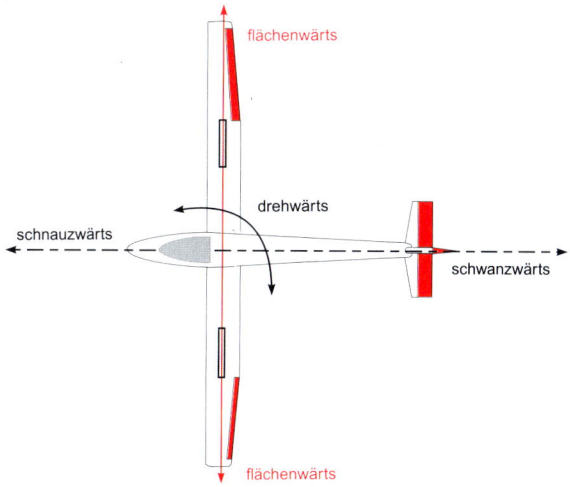

Bild 6.11 Bewegen von Segelflugzeugen

Das Aus- und Einräumen der Segelflugzeuge findet stets unter Aufsicht mindestens eines Fluglehrers oder dazu beauftragten Personen statt. Die kommandogebende Person lenkt einen Flügel, den anderen Flügel kontrolliert ein weiterer Segelflieger, berührt in aber nicht. Mindestens ein Helfer geht am Rumpfende, weitere Kräfte kommen bei Bedarf zum Einsatz. Keinesfalls wird ein Segelflugzeug an beiden Flügelspitzen gefaßt und nach vorne gezogen!

Niemals darf ein Segelflugzeug an der Flügelendleiste gezogen oder geschoben werden. Die Konstruktion der Flügel ist in diesem Bereich filigran. Gerade bei Segelflugzeugen mit bespannten Tragflügeln führen schon geringe Kräfte zu schwersten Beschädigungen!

Tip 16
Transport von Segelflugzeugen

Um zu verhindern, daß das Höhenruder während des Transportes hin- und herpendelt und unter Umständen die Ruderbeschläge beschädigt, wird es durch den Gurt fixiert. Um einen Steuerknüppel wird ein Anschnallgurt gelegt und soweit straff gezogen, daß der Knüppel in gezogener Stellung verharrt.

Manchmal kommen zusätzlich noch Seitenruderscheren zum Einsatz, wird ein Segelflugzeug schwanzwärts geschoben. So soll ein ungewolltes Ausschlagen des Seitenruders verhindert werden. Alle Transportsicherungen und Hilfen müssen unmittelbar nach dem Transport entfernt werden! Man stelle sich nur einmal ein Segelflugzeug vor, daß mit Seitenruderschere oder Spornkuller startet! Leider führt Unachtsamkeit immer wieder zu solchen Unfällen.

Tip 17
Eigentlich nicht in der Anfangsschulung: Der Slip

Mehrmals ist der Seitengleitflug (Slip) schon erwähnt worden. In Kapitel 7 wird er bei der Landung wieder leicht abgewandelt auftauchen, wenn das Anflugverfahren mit einem gegen den Wind leicht hängenden Flügel beschrieben wird. Das Training des Seitengleitfluges erfolgt in der Fortgeschrittenen-Ausbildung, der Vollständigkeit halber hier eine kurze Beschreibung:

Entgegen aller bisher beschriebenen Steuerungsvorgänge werden im Slip die Ruder in nachstehender Folge *nacheinander* benutzt:

1. *Einleiten des Slips mit Querruderausschlag in Luvrichtung.*
   Der Seitengleitflug wird immer gegen die Seitenwindrichtung im Endanflug ausgeführt. Durch Einleiten mit dem Querruderausschlag (1/2 bis Vollausschlag) wird die Nase des Segelflugzeuges durch das auftretende negative Wendemoment entgegengesetzt gedreht. Kommt zum Beispiel der Seitenwind von rechts, wird das Querruder rechts ausgeschlagen, die Rumpfnase dreht nach links. Das Segelflugzeug befindet sich in einem Schiebeflugzustand zum hängenden Flügel.

2. *Beibehalten der aus der Richtung gedrehten Längsachse mit Seitenruderausschlag entgegengesetzt zum Querruder.*
   Ist die Nase des Segelflugzeuges durch das negative Wendemoment bis zu ihrem weitesten aus der Längsachse zeigenden Punkt um die Hochachse gedreht, wird sie durch einen (gegensinnigen) Seitenrudervollausschlag dort gehalten. Der Seitenruderausschlag erfolgt erst, nachdem der Schiebeflug durch den Querruderausschlag hergestellt wurde, was rund zwei Sekunden dauert. Fred Weinholtz läßt seine Schüler erst zählen: „Einundzwanzig, zweiundzwanzig". Will das Segelflugzeug die beabsichtigte Flugrichtung verlieren, wird das Querruder leicht (1/4 bis 1/2) zurückgenommen.

3. *Halten des (nun seitlich liegenden) gewohnten Horizontbildes mit dem Höhenruder.*
   Wegen des stark zugenommenen Widerstandes versucht das Segelflugzeug Fahrt aufzunehmen. Dies wird mit einem Ziehen des Höhenruders verhindert, jedoch nur soweit, daß das vor Beginn des Slips geflogene Horizontbild beibehalten wird. Das bekannte Horizontbild ist wegen der Querneigung und der damit verbundenen gegensinnigen Drehung um die Hochachse seitlich voraus zu suchen.

4. *Im Slip wird die Flugrichtung mit dem Querruder gesteuert, die Geschwindigkeit mit dem Höhenruder.*
   Eine Vergrößerung der Querneigung läßt das Segelflugzeug stärker zum hängenden Flügel schieben, eine Verringerung bewirkt eine Versetzung zum hohen Flügel.

Tip 17
Eigentlich nicht in der Anfangsschulung: Der Slip

Absicht des Seitengleitfluges im Landeverfahren ist es, den Widerstand des anfliegenden Segelflugzeuges zu erhöhen und ein stärkeres Sinken herbeizuführen. Dies war bei den Segelflugzeugen älterer Bauart sinnvoll, da sie entweder über keine, oder nur über geringe widerstandserhöhenden Landehilfen wie Luftbremsen oder Landeklappen verfügten. Im Seitengleitflug wird der Rumpf aus der Flugrichtung gedreht und als zusätzlicher Widerstandskörper im Schiebeflug genutzt. Der Slip wird auf einen markanten Richtungspunkt hin oder entlang einer Bodenlinie (Landebahn) gesteuert.

Im Slip werden die Ruder in nachstehender Folge nacheinander benutzt:

1. ***Einleiten des Slips mit Querruderausschlag in Luvrichtung.***
   Der Seitengleitflug wird immer gegen die Seitenwindrichtung (luvwärts) ausgeführt, weil der Wind das Segelflugzeug leewärts versetzen will. Das negative Wendemoment ist bereits in Kapitel 3 beschrieben und wird hier benutzt, um mit einem Ruderausschlag zwei Bewegungen auszuführen.

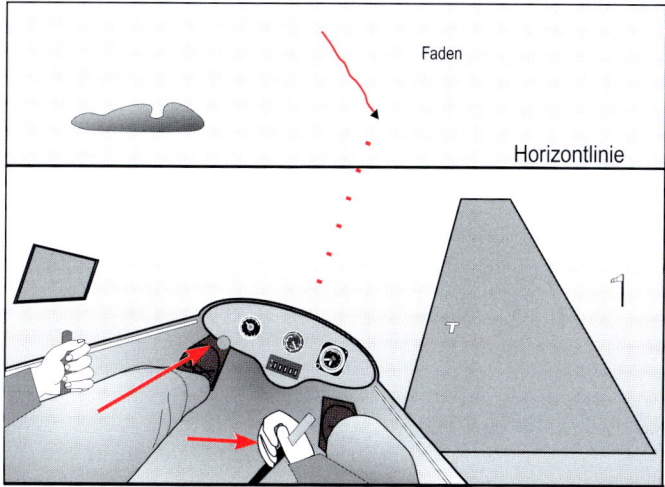

Bild 6.12 Der Slip

2. ***Beibehalten der aus der Flugrichtung gedrehten Längsachse mit Seitenruderausschlag entgegengesetzt zum Querruder.***
   Da das Segelflugzeug mit sich verringerndem negativen Wendemoment zum hängenden Flügel einkurven will, muß die Nase mit (gegensinnigem) Seitenruderausschlag in ihrer Position gehalten werden. Weil die Drehung um die Hochachse dem maximalen Schiebeflugzustand entspricht, wird das Seitenruder voll ausgeschlagen und bleibt in dieser Stellung! Will das Segelflugzeug trotzdem zum hängenden (tiefe-

149

Zu keiner Zeit darf während des Slips das Querruder über die Mittelstellung (Normalstellung) hinaus in Richtung des ausgeschlagenen Seitenruders bewegt werden, da dies sofort zu einem Abkippen in Seitenruderrichtung führt. Wird die Fahrt mit dem Höhenruder weiter als notwendig verringert, so wird aus dem geradlinigen Schiebeflug eine Kurve über den hängenden Flügel.

Das Beenden erfolgt in der Reihenfolge *Höhenruder - Querruder - Seitenruder* in ausreichender Höhe. Das Höhenruder muß zuerst nachgelassen werden, um bei Beendigung des Seitengleitfluges nicht zu überziehen. Zu lernen ist, daß die Fahrtaufnahme bei der sich anschließenden Landung nicht zu einem stark verlängerten Schwebeflug in Bodennähe führt und daß die Längsachse wieder mit der Flugrichtung übereinstimmt. Der Vollständigkeit halber sei angemerkt, daß es Segelflugzeug gibt (wie die Muster der Firma Grob), bei denen Quer- und Seitenruder gleichzeitig zurückgenommen werden sollen, wenn man den Slip mit der Längsachse auf den Blickpunkt hin beenden möchte.

Diese Erklärungen verdeutlichen, daß der Slip zu Recht in die Fortgeschrittenen-Ausbildung gehört. Wir hingegen lassen bei unseren leichten Seitengleitflugzuständen nicht die Längsachse aus der Flugrichtung wandern. Zur Abrundung sei gesagt, daß wir immer dann von gekreuzten Rudern (*siehe Kap. 5*) sprechen, wenn das Querruder zum hohen, das Seitenruder zum tiefen Flügel zeigt. Im Slip verhält es sich genau umgekehrt! Gekreuzte Ruder leiten das Abkippen (Trudeln) ein, der Slip ist ein stabiler Flugzustand.

In der Praxis wenden wir den Seitengleitflug nur dann an, wenn die mechanischen Landehilfen nicht ausreichen, den Landeanflug entsprechend der Notwendigkeit und unserer Vorstellung zu verkürzen. Wir üben den Slip deshalb nur mit ausgefahrenen Luftbremsen, es läßt sich so einfacher steuern.

ren) Flügel einkurven, muß der Querruderausschlag reduziert werden. Alle sinnvollen Querruderausschläge bis kurz vor die Normalstellung sind erlaubt, das bedeutet im Rechtsslip, daß sich das Querruder immer rechts von der Normalstellung befinden muß.

3. *Halten des (nun seitlich liegenden) gewohnten Horizontbildes mit dem Höhenruder.*

Wie links beschrieben, will das Segelflugzeug Fahrt aufnehmen. Da der benötigte Auftrieb jedoch vorhanden ist, müssen wir die Geschwindigkeit beibehalten. Andernfalls laufen wir Gefahr, nach Beendigung des Slips während des Abfangens eine so hohe Geschwindigkeit zu haben, daß das stärkere Sinken durch die erheblich längere Schwebestrecke in Bodennähe mehr als ausgeglichen wird. In diesem Fall wäre unsere Landestrecke weiter als dies ohne Slip der Fall gewesen wäre.

4. *Im Slip wird die Flugrichtung mit dem Querruder gesteuert, die Geschwindigkeit mit dem Höhenruder.*

Eine genaue Fahrtanzeige zur Geschwindigkeitskontrolle ist unmöglich, da die Fahrtmesserdüse wegen des seitlichen Luftstromes schräg angeblasen wird und häufig falsche Ergebnisse zeigt.

Ein Überziehen des Segelflugzeuges ist im Slip dagegen unmöglich, solange die Querneigung beibehalten wird. Im Slip heben sich Quer- und Seitenruderausschlag gegenseitig auf. Um das Sinken zu erhöhen, können zusätzlich die Luftbremsen ausgefahren werden, gerade moderne Segelflugzeuge mit hinter dem Flügelende stark eingeschnürtem Rumpf zeigen ein stabileres Flugverhalten. Aber Vorsicht: Einige Muster haben die Neigung zu Leitwerksflattern und Rumpfschwingungen bei Geschwindigkeiten über 100 km/h, obwohl das Betriebshandbuch hierüber keine Auskünfte gibt.

Der Slip ist ein stabiler Flugzustand, gehört als eigenständige Übung jedoch nicht in die Anfangsausbildung. Gewisse Elemente tauchen in der Grundschulung auf, so zum Beispiel bei Korrekturen im Flugzeugschlepp (*siehe Kapitel 4*) oder in der Landung (*Kapitel 7*). Ungewohnt sind beim Slip nicht nur das Flugbild, sondern auch die deutlich lauteren Fluggeräusche.

7. Kapitel
Die Landung

Die Landung
Mit Überlegung fliegen

Es ist sinnvoll, sich von Beginn an mit der Landung vertraut zu machen. Bei einem Segelflugzeug kommt früher oder später der Zeitpunkt, wo der schönste Flug mit einer (gelungenen) Landung beendet wird. Böse Zungen behaupten, daß die Landung im Prinzip ein kontrollierter Absturz sei.

Ziel ist, das Segelflugzeug so an den Boden heranzuführen, daß sowohl Pilot als auch Gerät das Ganze unbeschadet überstehen. Bisher hast Du gelernt, fadengerade zu fliegen, nun muß Du aber sauber zu Boden kommen. Da ein Flugplatz meist nur zwei mögliche Landerichtungen hat und dem Wind (laut Kompaß) noch 358 andere Richtungen zur Verfügung stehen, ist dabei die Chance für einen Seitenwindeinfluß recht groß.

Gelandet wird immer gegen den Wind. Nur im idealen Fall kommt er dabei genau von vorne. Ein Hilfsmittel zur Anzeige der Windrichtung und Stärke ist der Windsack, der innerhalb des Flugplatzes (oft an mehreren Stellen) an einer hohen Stange angebracht ist. Er besteht aus einer an beiden Enden offenen, konisch zulaufenden rot-weiß-gestreiften Tüte. Die kleinere Öffnung zeigt, wohin sich die Luft bewegt, in die große Öffnung (auch Maul genannt) bläst die Luft hinein (*Fliegerweisheit: Blickst dem Windsack Du ins Maul, ist was faul!*). Die mehr oder weniger waagerechte Lage des Windsacks gibt Aufschlüsse über die Stärke des Windes.

Auch wenn die zur Verfügung stehende Flugzeit bis zur Landung ab der Position (*siehe Kapitel 5: die Platzrunde*) begrenzt ist, so kann dies niemals ein Grund sein, bei der Landung in Hektik zu verfallen. Denn Aufregung und Nervosität sind schlechte Ratgeber! Es gilt im Gegenteil, planvoll und überlegt zu handeln. Die im folgenden erklärten Vorgänge solltest Du hintereinander nachvollziehen, um Verständnis für das Verhalten des Segelflugzeugs zu gewinnen und angemessen zu handeln.

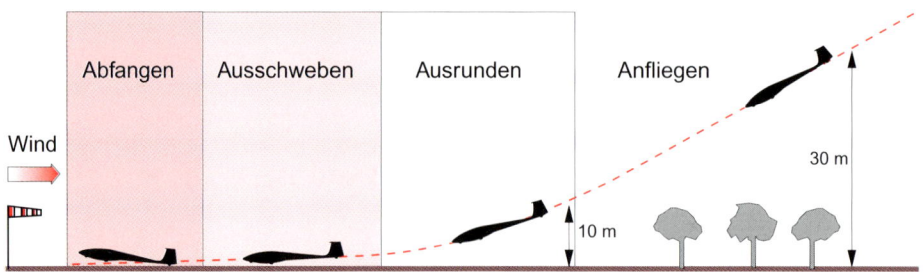

Anflugprofil
Der Abfangbogen ist deutlich ausgerundet

Bild 7.1 Anflugprofil

Die Landung
Warum geht es nicht anders?

Bei der Schulung bis zum Alleinflug gehören Start und Landung zu den wichtigsten Lernzielen, denn Fliegen heißt auch Landen. Eine alte Fliegerweisheit sagt: „Eine schöne Landung ist immer eine sichere Landung".

Vorweg eine Definition unserer Geschwindigkeiten: Von Fahrt wird immer dann geredet, wenn es sich um eine *Geschwindigkeit gegenüber der Luft handelt* (dabei ist es zunächst egal, ob es sich um die angezeigte oder die tatsächliche Geschwindigkeit handelt). Im Unterschied hierzu steht die *Geschwindigkeit gegenüber Boden*. Die Landung erfolgt immer gegen den Wind. Entscheidend ist, daß der Gegenwind die Geschwindigkeit des Aufsetzens verringert.

Auf der anderen Seite wird die Geschwindigkeit der Luft durch ihre Reibung an der Erdoberfläche abgebremst. Die Eigengeschwindigkeit des Segelflugzeuges (gegenüber der Luft) nimmt gleichfalls ab, verringert sich die (Gegen-) Windgeschwindigkeit.

Windstille am Boden sagt somit nichts über die Luftbewegungen in der Höhe aus! Eine auf kurze Höhendifferenz abnehmende Windgeschwindigkeit führt zu einer deutlichen Reduzierung der Fluggeschwindigkeit. Bei der Landung steht uns aber keine Höhe zu Verfügung, um verlorene Fahrt aufzuholen! Das ist kein Grund, die Geschwindigkeit im Landeanflug nicht zu kontrollieren und wild hinunterzuschießen.

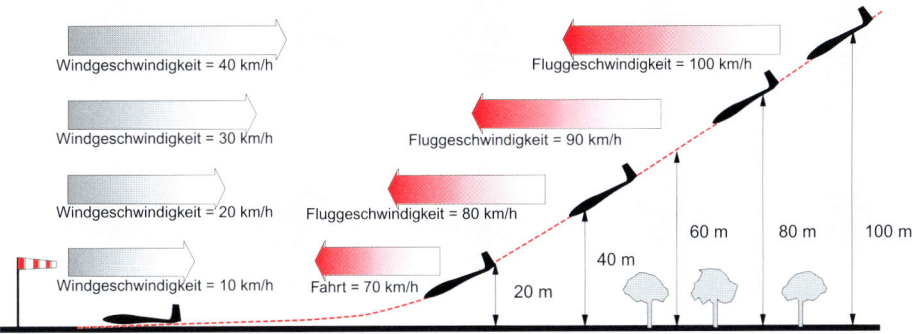

Anflugprofil bei Wind von vorne. Die Geschwindigkeit über Grund
(Fahrt minus Wind) ist immer konstant 60 km/h

Bild 7.9 Das Windprofil

Unangenehmer ist die Landung (*siehe Kapitel 8*) bei Rückenwind: Zwar ist das Segelflugzeug mit abnehmender Höhe **gegenüber dem Boden** schnell (hat aber gegenüber der Luft wenig Fahrt), aber trotz hohen Rolltempos werden die Flügel nicht mehr ausreichend angeströmt und die Querruder wirken nicht mehr.

Die Landeeinteilung

Die gute und sichere Landung beginnt an der Position (*siehe Kap. 5: Die Platzrunde*) mit der Landeeinteilung. Denk bitte daran, daß die Platzrunde ein Rechteck ist und als solches geflogen werden muß.

Erste Voraussetzung ist, an der Position (sie befindet sich genau rechtwinklig vom Landefeld mit dem Landezeichen) in der richtigen Höhe (150 bis 200 Meter je nach Platzverhältnissen, der Fluglehrer wird sie Dir aber nochmals sagen) und im richtigen Abstand vom Flugfeld anzukommen. Wichtig zur Überwachung der Höhe während des Fluges ist ein richtig eingestellter Höhenmesser (vor dem Start auf Null gestellt? = QFE Einstellung). Üblicherweise wird das letzte Stück des Anfluges zur Position (verlängerter Gegenanflug) gradlinig zurückgelegt. Da Du Dir schon vorher die Gegend eingeprägt hast, sind Dir nun die Geländemarken bekannt. Ab Position beginnt der Gegenanflug. Der

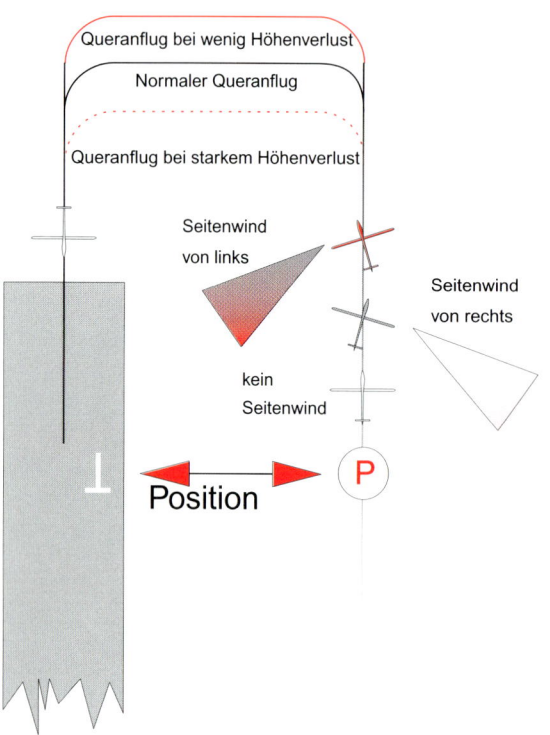

Vorteil ist, daß Du erkennen kannst, ob sich noch vor Dir Flugzeuge im Quer- oder Endanflug befinden und was sich in der Landegasse tut (es ist auch hilfreich, mit einem Ohr auf den Funk zu hören).

Die drei Anflugteile (Gegen-, Quer- und Endanflug) liegen genau rechtwinklig zueinander, es lassen sich Rückschlüsse über Richtung und Stärke des Windes ziehen (*dies ist nicht zu unterschätzen. Solltest Du als fortgeschrittener Flieger einmal auf einem unbekannten Gelände ohne Windsack eine Außenlandung machen müssen, wird Dir das helfen*).

Ab der Position wird die Fluggeschwindigkeit, je nach Segelflugzeugmuster, leicht erhöht (Fluglehrer fragen!). Das Segelflugzeug wird entsprechend kopflastig getrimmt. Diese Geschwindigkeit

Bild 7.2 Die Landeeinteilung

wird bis nach Beendigung der Landekurve gehalten! Bitte auch daran denken, daß die im folgenden beschriebenen Flugabschnitte in Bodennähe stattfinden und deshalb in jeder Hinsicht sauber gesteuert werden müssen.

Die Landeeinteilung

Wie der Start, findet der Landeanflug in Bodennähe statt und muß sauber geflogen werden, da uns weniger Höhe für Korrekturen zur Verfügung steht.

Es sollte nicht als Schikane durch den Fluglehrers empfunden werden, wenn die Platzrunde als Rechteck behandelt und geflogen werden muß. Der Verkehr in der Platzrunde unterliegt luftfahrtrechtlichen Bestimmungen. Zugleich lassen sich Rückschlüsse über Richtung und Stärke des Windes ziehen (*siehe Kap. 5*).

Der Verkehr jedes Fluggeländes konzentriert sich in der Platzrunde. Um einen sicheren Weiterflug zu ermöglichen, sind unter anderem die **Anflugteile Position, Gegenanflug**, **Queranflug** und **Endanflug** einzuhalten. Die zu einem Fluggelände gehörende Platzrunde ist im Luftfahrthandbuch (AIP), Band III ersichtlich. Für Segelflugzeuge gelten zusätzlich folgende Bestimmungen:

> *Befinden sich zwei Segelflugzeuge im Anflug, so hat (bei gleichem Flugweg bis zur Landung) das Segelflugzeug mit dem schlechteren Gleitwinkel Vorflugrecht, ebenso eines, das tiefer fliegt.*
> *Im Endanflug dürfen Segelflugzeuge weder unter-, noch überflogen werden.*

Die Einhaltung der Platzrunde dient der eigenen und der Sicherheit anderer!

Mit zunehmender Flugerfahrung lassen sich in der Platzrunde auch wichtige Erkenntnisse gewinnen, welche die Landung erleichtern:

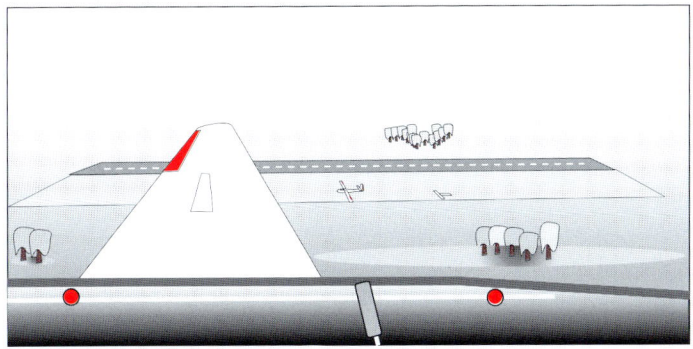

Bild 7.10 Blick aus dem Gegenanflug über den linken Flügel von der Position aus

Die Position befindet sich genau rechtwinklig querab vom Punkt, an dem das Landetuch ausgelegt ist oder an dem wir landen wollen. Von der Position aus kann man beobachten, wieviel Segelflugzeuge noch im Endanflug sind oder bereits in der Landegasse stehen. Man macht sich einen Plan und legt fest, ob später mehr links oder rechts in

An der Position wird der Landecheck durchgeführt:

-	*richtige Höhe?*
-	*fest angeschnallt?*
-	*Fahrwerk ausgefahren und gesichert?*
-	*Fahrt erhöht?*
-	*Meldung im Funk!*
-	*Landefeld und Anflugbereich frei?*
-	*Windrichtung und Stärke?*

Im Gegenanflug läßt sich die Bewegung des Segelflugzeug gegenüber dem Boden beobachten. Fliegt es besonders schnell (nicht nach Fahrtmesser, sondern nach Sicht gegenüber Grund!), so muß der Gegenwind bei der Landung stark sein. Treibt es zum Platz hin oder von ihm weg, kannst Du auf Seitenwind schließen (beachten: im Endanflug kommt der Seitenwind aus der entgegengesetzten Richtung!). Da wir gegenüber dem Boden ein Rechteck fliegen wollen, muß bei Seitenwindeinfluß ein Luvwinkel geflogen werden (*siehe Kap.5: Die Platzrunde*). Treibt Dich der Wind zum Platz hin, achte darauf, daß Du nicht zu nahe an den Platzrand kommst. Sonst gehen Queranflugkurve (jetzt mit Rückenwind) und Landekurve ineinander über und es bleibt zu wenig Zeit für die Landevorbereitungen. Im Endeffekt bist Du dann recht gestreßt und für ein sauberes Abfangen bleibt keine Zeit.

Treibt dich der Wind vom Platz weg, mußt Du einen Luvwinkel zum Platz hin fliegen, im Queranflug ist Wind von vorne zu erwarten; Du wirst gegenüber Grund schlecht vorankommen und unter Umständen zuviel Zeit benötigen. Das führt zu einem zu tiefen Landeanflug: Entsetzt stellt man fest, wie weit ein Landezeichen entfernt sein kann.

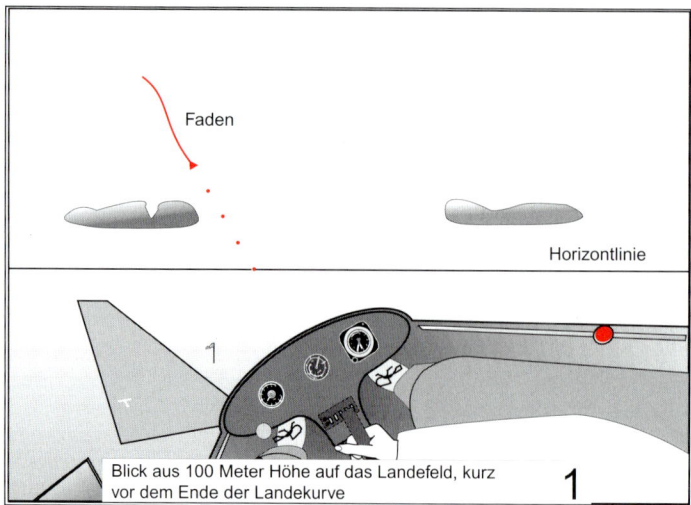

Bild 7.3. Der Landeanflug aus der Sicht des Piloten (1)

der Landgasse aufgesetzt werden soll. So vermindert man den Überraschungseffekt nach der Landekurve, wenn plötzlich große Ratlosigkeit aufkommt, wo denn ein Fleck zum Landen übrig ist. Im anschließenden Gegenanflug läßt sich gut beobachten, wieviel Luftfahrzeuge vor uns im Anflug sind. Oft sind Segelfluggelände mit Motorflugplätzen kombiniert, deshalb müssen wir auch auf Motorflugzeuge achten!

Ab Position wird die Fluggeschwindigkeit leicht erhöht, da der weitere Flugweg in Bodennähe verlaufen wird und die Wirbel von Bodenhindernissen stärkeren Einfluß gewinnen. Der Ruderdruck ist höher, es kann schneller auf Störungen durch Windeinfluß reagiert werden. Da wir unsere Geschwindigkeit über Grund kennen, können wir im Gegenanflug feststellen, ob wir:

- gegenüber Grund besonderes schnell sind
  (wir werden bei der Landung kräftigeren Gegenwind haben),
- Normalfluggeschwindigkeit fliegen
  (wenig Gegenwind bei der Landung)
  oder
- langsamer als gewöhnlich fliegen
  (Rückenwind bei der Landung!).

Es schadet nicht, wenn wir an der Position bereits einen Landecheck durchführen (*siehe links*). Diese Punkte sind dann abgehandelt und wir können uns auf den weiteren Anflug konzentrieren. Doch nicht nur der Windeinfluß auf die Geschwindigkeit über Grund ist wichtig, sondern auch unsere seitliche Abdrift (*siehe links*).

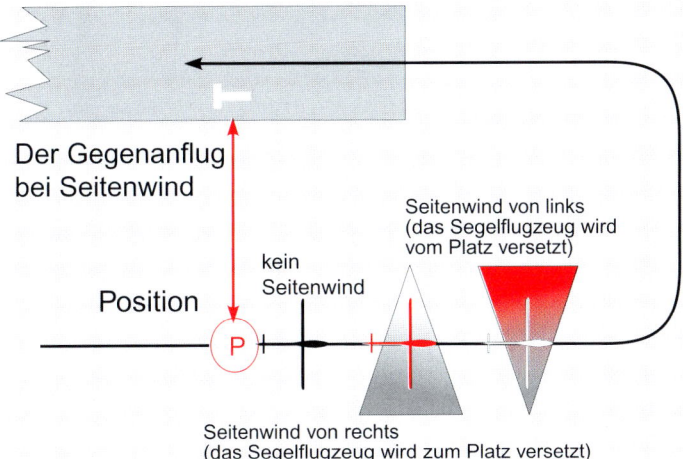

Bild 7.11 Windeinflüsse bei der Landung

Oft kommt es vor, daß wir im Gegenanflug - wie auch im Queranflug - durch Thermikeinflüsse entweder zuviel oder zuwenig Höhe verlieren. Das Variometer ist nicht nur zum Fliegen in der Thermik da, sondern gibt auch hier eine Hilfe. Verlieren wir wenig Höhe, so verlängern wir unseren Gegenanflug ein wenig, sind wir zu tief, verkürzen wir entsprechend. Da Du aber einen langen und überlegten Gegenanflug machst, kannst Du alles ohne Schwierigkeiten beobachten und rechtzeitig das Richtige tun. *Wichtig ist dabei, daß Du Herr der Situation bist und nicht der Gehetzte, der lediglich den Ereignissen hinterherarbeitet!*

Nach dem Gegenanflug drehst Du in den Queranflug. Auch hier wird ein Stück geradeaus geflogen. Du brauchst nun einige Zeit für Beobachtungen:
Als erstes ist wichtig zu schauen (nach vorn, rechts und links!!), welcher andere Verkehr sich in der Luft befindet. Dann die Kontrolle, ob die Geschwindigkeit noch stimmt. Jetzt kommt die linke Hand an den Hebel für die Luftbremsen und läßt diesen nicht mehr los, bis das Segelflugzeug auf dem Boden stehen (!) wird.

Auch im Queranflug wird der Windeinfluß beobachtet. Etwa hundert Meter (bei Windstille) vor Erreichen der Bahn des Endanfluges wird die Lande- oder Endanflugkurve bei gleichbleibender Geschwindigkeit eingeleitet. Dies muß nun die sauberste aller Kurven werden! Da wir rechtzeitig begonnen haben, laufen wir keine Gefahr „eng herum" zu müssen (solche Krampfkurven führen immer wieder zu Unfällen, da zu steil, zu unsauber und zu langsam geflogen wird. Bei Unterschreiten der Mindestfluggeschwindigkeit erfolgt ein Strömungsabriß, das Segelflugzeug trudelt. Weil keine Höhe mehr vorhanden ist, ist ein Aufschlag unvermeidlich.).

Wie alle Kurven fliegen wir auch die Endanflugkurve mit 30 Grad Querneigung, eher etwas weniger. Der Faden ist in der Mitte und langsam dreht sich der Horizont. Das Flugfeld taucht vor Dir auf. Wegen der normalen Querneigung hast Du keine Probleme die Kurve zu beenden, *so daß nach Abschluß das Landefeld gerade voraus liegt*. In aller Regel ist das Segelflugzeug noch 80 bis 90 Meter hoch.

Der Landeanflug *(auch Endteil genannt)*

Ist die Landekurve beendet, wird die Fahrt auf die Landegeschwindigkeit (gelbes Dreieck auf dem Fahrtmesser) erhöht (bei vielen Schulflugzeugen auf rund 100 km/h). Die genau zu wählende Geschwindigkeit hängt vom aktuellen Wind ab (*siehe rechts*). Diese Fahrt mußt Du nach wenigen Sekunden auf dem Fahrtmesser ablesen können. Das Horizontbild prägen wir uns ein und behalten es bei.

Sollte die Längsachse des Segelflugzeuges noch nicht in Landerichtung zeigen, so kommt dies als nächster Schritt. Dies machst Du allein mit dem Seitenruder, der Faden spielt ab diesem Moment keine Rolle mehr. Wir fliegen zwar etwas unsauber, aber dafür hast Du schließlich die Geschwindigkeit erhöht! Sicherlich sinkt das Segelflugzeug wegen des erhöhten Widerstandes auch etwas mehr, aber wir wollen ja landen.

An den (hoffentlich erfolgreichen) Gegenanflug schließt sich der Queranflug an. Die Geschwindigkeit wird beibehalten. Die Kurve in den Queranflug soll über Grund einen Winkel von 90 Grad beschreiben.

Nach der Queranflugkurve kommt die linke Hand an den Hebel für die Luftbremsen und läßt diesen bis zum Stillstand auf dem Boden nicht mehr los (siehe links). Das heißt aber nicht, daß die Luftbremsen ausgefahren werden sollen! Es ist eine reine Vorsichtsmaßnahme, denn ich habe schon viele Schüler erlebt, die vor Aufregung während der Landung die Luftbremsen vergessen haben.

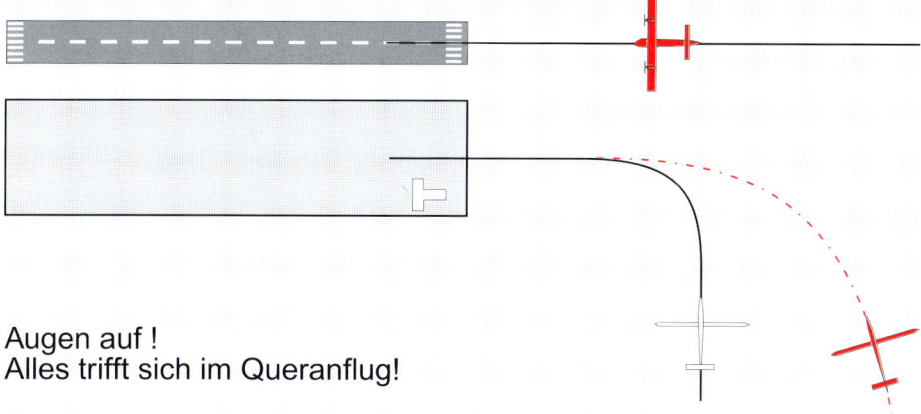

Augen auf !
Alles trifft sich im Queranflug!

Bild 7.12 Luftraumbeobachtung im Queranflug

Weil wir unsere ganze Konzentration für die Luftraumbeobachtung und die weitere Planung der Landung in jedem Augenblick brauchen, müssen wir alles vermeiden, was unsere Aufmerksamkeit nachhaltig ablenken könnte. Aus diesem Grund ist die konstante Fahrt wichtig, so daß wir zu ihrer Kontrolle nur wenig Zeit brauchen und nicht unsicher werden.

Der Landeanflug (*auch Endteil genannt***)**

Etwa 100 Meter vor Erreichen des Endanfluges (Windeinfluß beachten!) beginnt die Lande- oder Endanflugkurve, mit der wir den Endanflug beginnen (*zur Begründung der 100 Meter siehe Kapitel 6: Tips und Tricks*). Das Horizontbild wird nicht verändert, die Kurve hat eine (maximale) Querneigung von 30 Grad. Die Fahrt während der gesamten Kurve (einschließlich Ausleiten!) bleibt konstant! Wie jeder Viertelkreis dauert die Endanflugkurve etwa 7 Sekunden. Diese Zeit kannst Du nutzen, um Dich innerlich auf den Endanflug einzustimmen und allen Ärger über eventuell mißratene Manöver im Übungsteil abzuschütteln. Nach dem links beschriebenen Schema wird die Landung durchgeführt. Hier soll verdeutlicht werden, wie die Gleitwinkelsteuerung mit den Luftbremsen funktioniert und was Du dabei beobachten kannst.

Erst wenn die Nase des Segelflugzeuges in Landerichtung zeigt, kannst Du erkennen, ob und wie es seitlich versetzt wird (natürlich hast Du Dich schon darauf eingestellt, weil Du im Gegen- und Queranflug entsprechende Beobachtungen gesammelt hast). Da Du aber nicht schiebend aufsetzen willst, mußt Du (bei Seitenwind) etwas gegen die seitliche Abdrift unternehmen. Deshalb läßt Du mit dem Querruder den windzugewandten Flügel hängen, eben nur soviel, daß die Abdrift kompensiert wird. Die Nase des Segelflugzeuges bleibt dabei in Landerichtung! Im Gegensatz zum normalen Flug stellst Du fest, daß Seitenruder (für die Richtung) und Querruder (für die Querneigung) in ihrer Position stehen bleiben müssen.

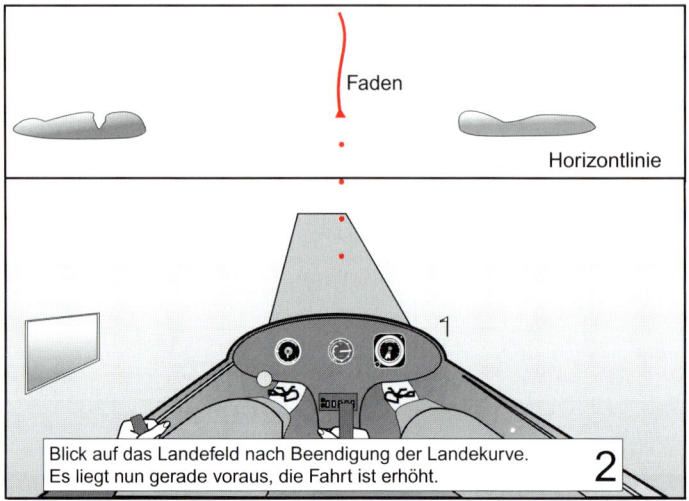

Bild 7.4 Der Landeanflug aus der Sicht des Piloten (2)

So, nun hast Du schon einen großen Teil der Landung geschafft. Aber noch bist Du nicht unten, deshalb fährst Du spätestens jetzt die Luftbremsen (*siehe rechts*) aus. Bitte nicht herausreißen, sondern gesteuert ausfahren. Sollte die Fahrt geringer werden, so wird sie wieder auf das alte Maß erhöht. Richtung und hängender Flügel werden beibehalten. Du steuerst den Gleitwinkel, damit das Segelflugzeug nicht vor oder viel zu weit hinter dem Landezeichen aufsetzt (*siehe rechts*). Ab etwa 30 Meter über Grund werden die Bremsen in die endgültige Landestellung gebracht und dann nicht mehr bewegt. Unser Blick richtet sich jetzt weit vor das Segelflugzeug, damit wir die ganze Bahn im Auge haben.

Ungefähr 5 bis 10 Meter über Grund entsteht der Eindruck, daß das Flugfeld deutlich breiter wird. Dieser Effekt kommt daher, daß Du in den Augenwinkeln rechts und links von unten kommend unscharf das Landefeld erkennst (der Effekt ist übrigens weg, sobald Du nach unten auf den Boden guckst). Zur Orientierung können Dir auch Bäume seitlich des Flugfeldes dienen. Laß Dir mal von Deinem Fluglehrer demonstrieren, welches Blickfeld Du hast, wenn Du noch 10 Meter hoch bist.

Ein zu flacher Endanflug hat den Nachteil, daß unter Umständen die notwendige Hindernisfreiheit nicht mehr gewährleistet ist. Vielfach wird dann versucht, einen solchen Anflug durch geringere Geschwindigkeit zu strecken. Das ist jedoch in Bodennähe sehr gefährlich, weil das Segelflugzeug nur mit Mindestfahrt fliegt. Die Gefahr eines Strömungsabrisses ist hoch, auf der anderen Seite können wir plötzlich auftretende Böen schlecht aussteuern. Der Ruderdruck ist zu gering und das Segelflugzeug reagiert für unsere Zwecke zu träge.

Die Luftbremsen werden behutsam eingesetzt und nicht gleich bis zum Anschlag herausgerissen (gerade Segelflugzeuge mit einer schwergängigen Luftbremsenverriegelung neigen hierzu). Eine wichtige Markierung ist das Landetuch. Wir steuern den Anflug so, daß der Gleitflug ohne Abfangvorgang kurz vor dem Landezeichen enden würde. Wandert das Zeichen während des Endanfluges nach unten fort, so kommen wir zu weit, die Luftbremsen müssen also ein Stück mehr ausgefahren werden. Wandert das Landetuch nach oben aus, so kommen wir zu kurz und müssen sie etwas einfahren. Zur Verdeutlichung dient Bild 7.13.

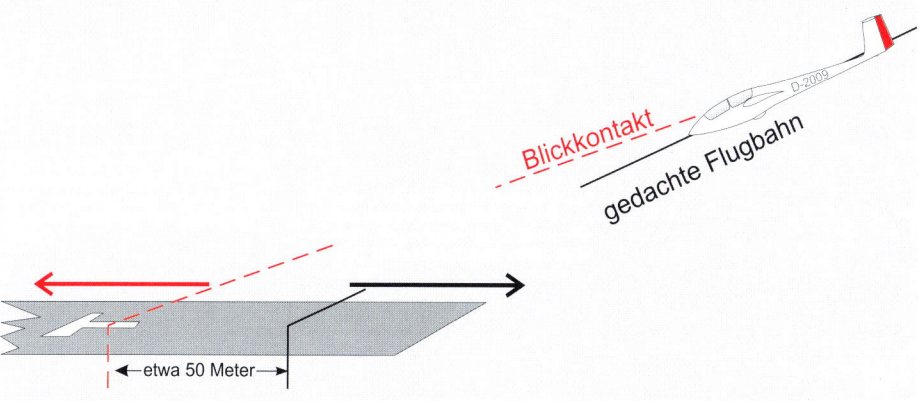

Bild 7.13 Das Landetuch

Um etwa beim Landezeichen oder dahinter aufzusetzen, wird der Anflug so durchgeführt, daß unsere gedachte Flugbahn (ohne Ausrunden) etwa 50 Meter vor dem Landezeichen enden würde. Die während des Ausrundens und Abfangens überflogene Strecke wird hinzugerechnet, so daß wir tatsächlich hinter dem Landezeichen aufsetzen.

Der bei Seitenwind hängende Flügel (*siehe links*) bewirkt ein Rutschen des Segelflugzeuges zum tieferen Flügel. Dies führt zu einer Parallelverschiebung unserer Flugbahn, jedoch nur soviel, daß sich seitliche Versetzung (durch den Wind) und Rutschen über den Flügel gegen den Wind einander aufheben! Der Anflug wird mit hängendem Flügel (bei Seitenwind) konstant fortgesetzt und die Landerichtung konsequent mit dem Seitenruder gesteuert.

163

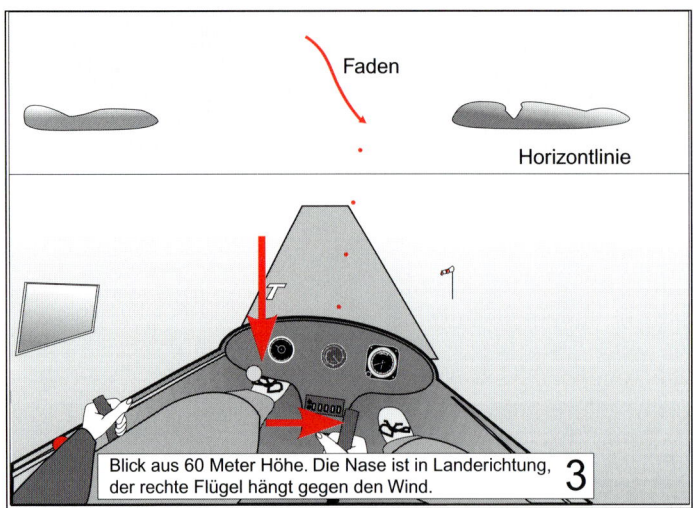

Bild 7.5 Der Landeanflug aus der Sicht des Piloten (3)

Die natürliche Reaktion hierauf ist, daß man unwillkürlich den steilen Anflug abflachen will. Genau das müssen wir nun auch ausführen, wollen wir nicht einen Aufschlag riskieren (*Fliegerweisheit: Abfangen ist feige!*). Schließlich fliegt das Segelflugzeug in einer Höhe von einem Meter parallel zum Boden (willst Du wissen, in welcher Perspektive Du das Flugfeld sehen mußt, wenn unter dem Segelflugzeug noch ein Meter Platz ist? Dann stell Dich nach dem Flugbetrieb einfach auf einen Hocker oder Stuhl und blick weit weg). Perspektiven spielen bei der Landung eine wichtige Rolle.

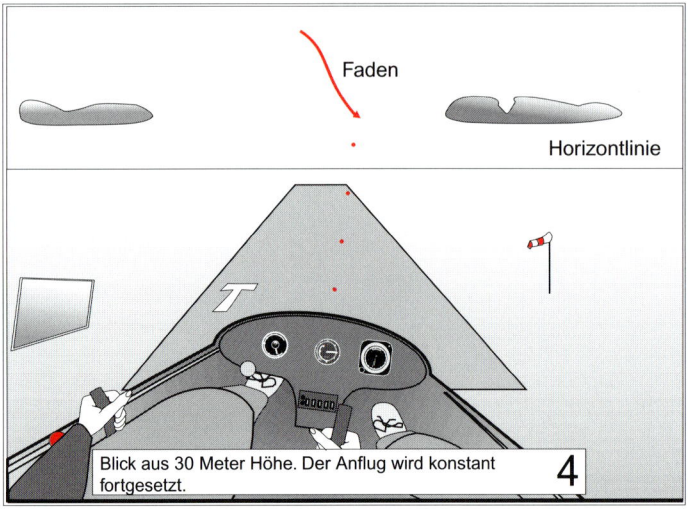

Bild 7.6 Der Landeanflug aus der Sicht des Piloten (4)

Das Querruder steht zum hohen, das Seitenruder zum tiefen Flügel. Diesen Flugzustand kann man als einen kleinen Slip (*siehe Kap. 6*) bezeichnen, nur bleibt unsere Flugzeuglängsachse in der Landrichtung. Beide Ruder müssen ausgeschlagen bleiben, da nach Fortfall des negativen Wendemomentes das Segelflugzeug in eine Schmierkurve über den hängenden Flügel gehen möchte. Das Seitenruder verhindert diese Kurve!

Auf den linken Seiten ist beschrieben, daß es nicht sinnvoll ist, während des Anfluges die Höhe durch einen Blick nach unten schätzen zu wollen. Das

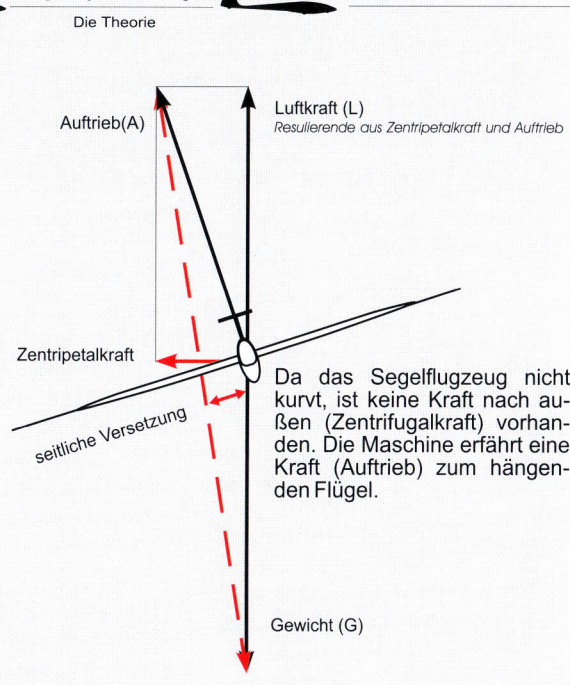

Da das Segelflugzeug nicht kurvt, ist keine Kraft nach außen (Zentrifugalkraft) vorhanden. Die Maschine erfährt eine Kraft (Auftrieb) zum hängenden Flügel.

Bild 7.14 Die seitliche Versetzung

Schätzen von Höhen bedarf einer gewissen Übung, ein Ablesen des Höhenmessers auf den letzten Metern liefert keine brauchbaren Ergebnisse, da alle unsere Instrumente „nachhinken". Eine Anzeige bei einem derart steilen Anflug eines Segelflugzeuges gibt nur wieder, was vor ein bis zwei Sekunden war!

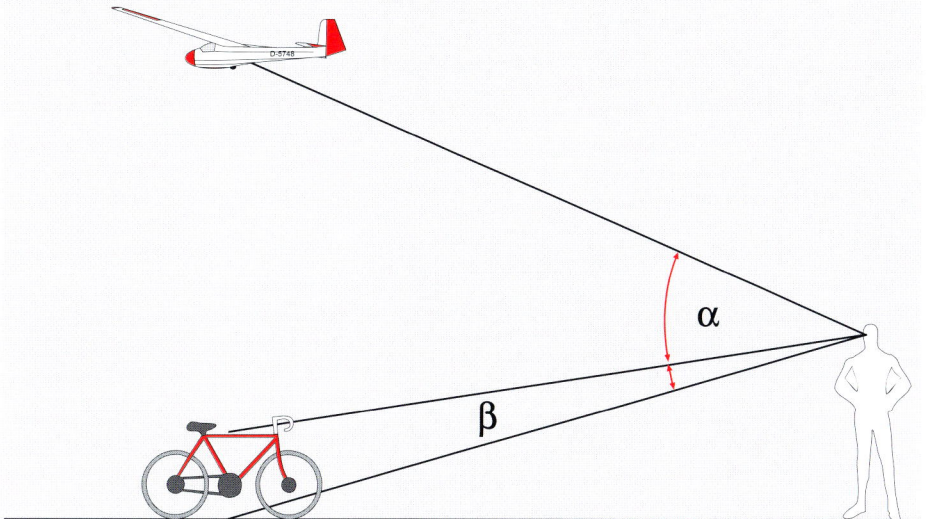

Wir erkennen Höhen unter Zuhilfenahme der Perspektive

Bild 7.15 Perspektivischer Blick

Bei der Landung gibt es noch andere Hilfen, die eine genauere Beobachtungsgabe voraussetzen. Im Verlauf der Ausbildung wirst Du den für Dich besten Weg finden. Deine Handlungen solltest Du von Beobachtungen abhängig zu machen und nicht von mechanischen Vorgaben wie: „Einundzwanzig, zweiundzwanzig, ausrunden". Auch wenn das zehnmal gut geht, stimmt beim elften Mal eine Kleinigkeit nicht und die Landung wird zum Einschlag! Als ich noch Schüler war machte ich den gleichen Fehler und setzte gleich acht mal zur Landung an.

Während des Anfluges (konstante Fahrt, Richtung und hängender Flügel) erkennst Du das Sinken des Segelflugzeuges aus der Veränderung der Perspektive. Dein Höhenmesser ist jetzt unnütz, da er (wie alle Instrumente) nachhinkt. Außerdem wäre es zu schwierig, einen Verlust von zehn Meter Höhe oder weniger ablesen zu wollen. Viele Flugschüler sind in diesem Stadium versucht, über die Flugzeugnase direkt vor das Segelflugzeug zu blicken. Dabei kann man aber außer einem unscharf wahrzunehmenden, rasch vorbeiflitzenden Boden wenig erkennen. Nur der Fluglehrer merkt, daß das Segelflugzeug immer schneller wird, denn stets geht automatisch die Hand dahin, wohin die Augen blicken! Leider ist beim Menschen kein Sinn für das Schätzen von Höhen vorhanden. Stell Dich mal auf einen Tisch und sage spontan, in welcher Höhe sich Deine Augen über dem Boden befinden. Das Richtigste ist und bleibt: ***Weit voraus in die Landebahn blicken!***

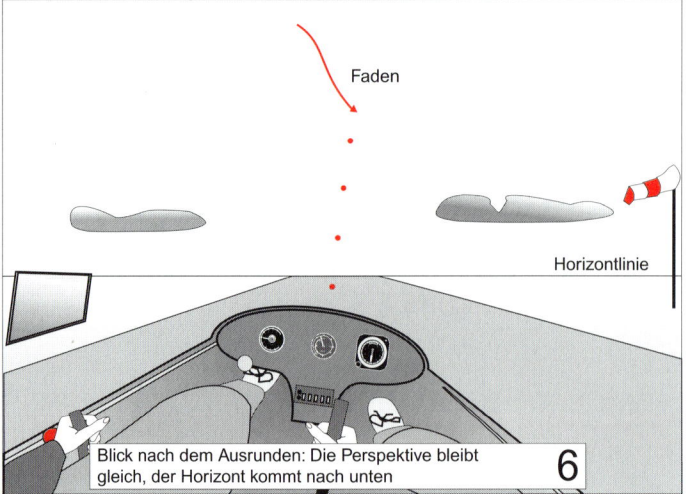

Bild 7.7 *Der Landeanflug aus der Sicht des Piloten (6)*

Das Abfangen (Ausrunden und Landen)

Im Abfangbogen (besser als Ausrunden bezeichnet - *siehe rechts*) ändern sich Perspektive und Horizontbild gleichermaßen. Dies geschieht solange, bis die Horizontlinie (nun gleich dem Flugplatzende) an dem Punkt angekommen ist, an dem die Flugzeuglängs-

Wir schätzen Höhen über den Umweg der Perspektive. Es läßt sich besser schätzen, je weiter wir blicken. Während eines konstanten Anfluges merkst Du, daß der Horizont nahezu konstant bleibt, während die Perspektive flacher wird. Dies zeigt Dir das Sinken des Segelflugzeuges an! Willst Du noch ein zusätzliches Hilfsmittel haben, so kannst Du ganz kurz seitlich hinausblicken.

Der Abfangvorgang (Ausrunden und Landen)

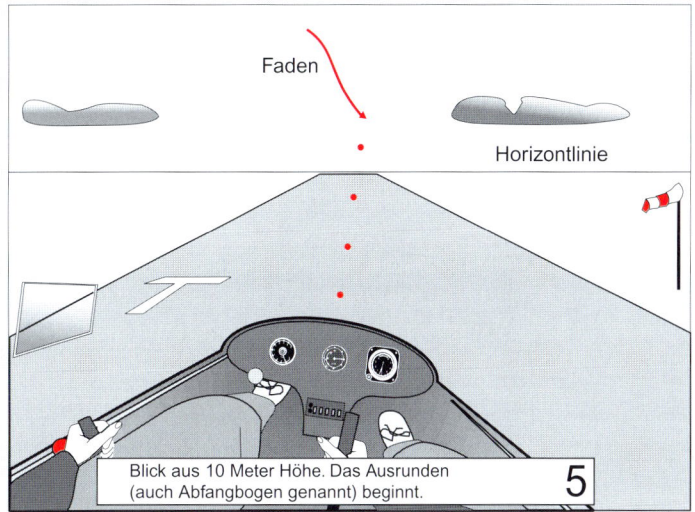

Bild 7.16 Der Landeanflug aus der Sicht des Piloten (5)

Etwa in 5-10 Meter Höhe (je nach gewählter Anfluggeschwindigkeit) beginnt der Abfangvorgang. Je schneller das Segelflugzeug anfliegt, desto früher beginnt das Abfangen, da wir uns bei hoher Geschwindigkeit auch schneller dem Erdboden nähern. Der Abfangbogen soll ohne Ecken oder Kanten sein und weich erfolgen. Besser verständlich wird der Vorgang, wenn hier vom Ausrunden gesprochen und der Begriff Abfangen sich ausschließlich auf den Landevorgang selbst bezöge. Nach dem Bogen befindet sich das Segelflugzeug auf einer parallelen Flugbahn zum Boden in etwa 1 Meter Höhe.

Ausrunden und Abfangen

Bild 7.17 Die Spornlandung (1)

achse parallel zum Boden ist. Laß Dir diesen Blick einmal vom Fluglehrer demonstrieren und präge Dir den Punkt ein. Hilfreich ist auch, wenn Du Dich in das am Boden stehende Segelflugzeug setzt und von einem Helfer die Flügel waagerecht halten läßt. Ein zweiter drückt dann den Schwanz der Maschine nach unten.

Nach dem Ausrunden bleibt die Perspektive beim Abfangen gleich (!), während der Horizont weiter nach unten wandert. Der Blickwinkel bleibt erhalten, da Du bis zum Aufsetzen die Höhe über Grund halten willst. Mit abnehmender Fahrt erhöhst Du weiter den Anstellwinkel (Du braucht den hohen Auftrieb), das Segelflugzeug bewegt sich um seine Querachse. Dabei erfolgt das Zurücknehmen des Steuerknüppels zu Beginn noch recht langsam. Mit abnehmender Fahrt mußt Du ihn immer zügiger nach hinten bewegen, da die Steuerkraft des Höhenruders auch nachläßt. Der Sporn (am Heck) kommt immer weiter nach unten. Irgendwann hast Du keine Möglichkeit mehr, den Anstellwinkel zu erhöhen, da der Knüppel am hinteren Anschlag ist. Der Sporn kratzt den Boden, die Strömung reißt ab und das Segelflugzeug setzt sich (wegen des Luftpolsters unter den Flügeln) weich hin.

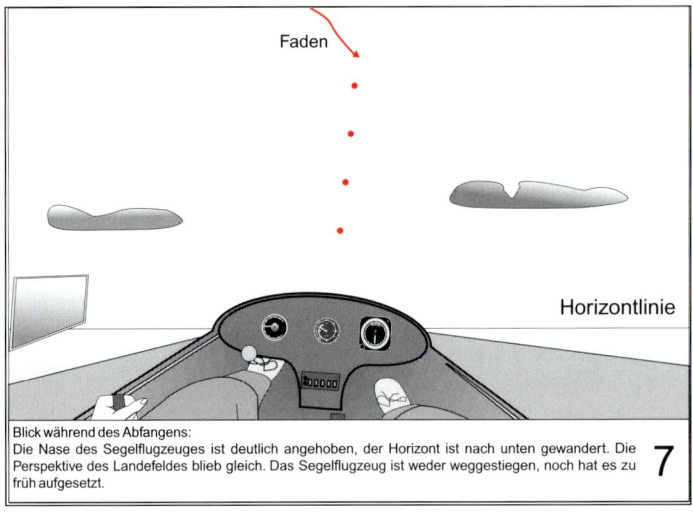

Bild 7.8 Der Abfangvorgang aus der Sicht des Piloten (7)

Sollte das Segelflugzeug während des Abfangens steigen, so hast du das Höhenruder zu schnell gezogen. In diesem Fall das Höhenruder ruhig halten und warten, bis die Maschine wieder zu sinken beginnt (*siehe rechts*), dann ganz normal weiter abfangen. Ein Wegsteigen der Maschine erkennt man an dem steiler werdenden perspektivischen Blick. **Merke: Man kann kaum zu stark abfangen, sondern nur zu schnell!**

Der Steuerknüppel bleibt bis zum Stillstand hinten, da das Segelflugzeug noch mit gut 50 km/h rollt und wir keinen Kopfstand riskieren wollen. Mit dem Seitenruder wird ge-

Neben dem links beschriebenen Ablauf des eigentlichen Landevorganges wird aber regelmäßig die Strecke unterschätzt, die das Segelflugzeug jetzt noch bis zum Aufsetzen zurücklegt. Während es im Parallelflug zu Beginn nur wenig Geschwindigkeit verliert, weil der Fortfall der Randwirbel in Bodennähe den Widerstand verringert, reduziert sich die Geschwindigkeit mit zunehmender Anstellwinkelerhöhung rapide (großer Anstellwinkel = großer Widerstand). Mit abnehmender Geschwindigkeit verringert sich ebenfalls die Steuerkraft des Höhenruders, so daß es immer stärker gezogen werden muß.

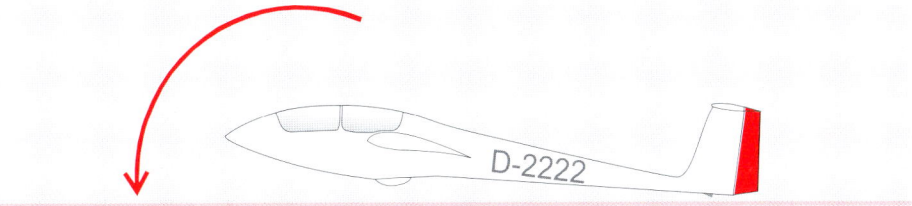

Bild 7.18 Die Spornlandung (2): Das Segelflugzeug berührt den Boden zuerst mit dem Sporn. Erst danach setzt das Hauptrad auf, der Anstellwinkel wird gleichzeitig kleiner. Es kann nicht mehr abheben.

Die Geschwindigkeit des Segelflugzeuges nimmt nach den Ausrunden nicht linear, sondern progressiv ab. Einschließlich des Bogens zum Ausrunden (bis zum Aufsetzen am Ende des gesamten Abfangvorganges) legt das Segelflugzeug deutlich mehr als 100 Meter zurück. Dabei ist die zurückgelegte Strecke natürlich von der Anfluggeschwindigkeit und der Gegenwindkomponente abhängig. Diese Strecke (plus Ausrollstrecke) muß geflogen werden! Also kann die Landung nicht dann erfolgen, wenn das Ausrunden beendet ist, sondern erst dann, wenn alle Geschwindigkeit durch das Abfangen verbraucht ist. Da das Segelflugzeug mit dem maximalen Anstellwinkel (= minimaler Fluggeschwindigkeit) aufsetzen soll, ergibt sich zwangsläufig eine Spornlandung. Die Belastung für das Segelflugzeug durch Landestöße ist geringer, die Ausrollstrecke bleibt kurz. Sollte die Längsachse der Maschine während des Landevorganges nicht ganz in Flugrichtung gewesen sein (Schiebeflug), so würde der zuerst aufsetzende Sporn die Maschine wieder in Richtung ziehen.

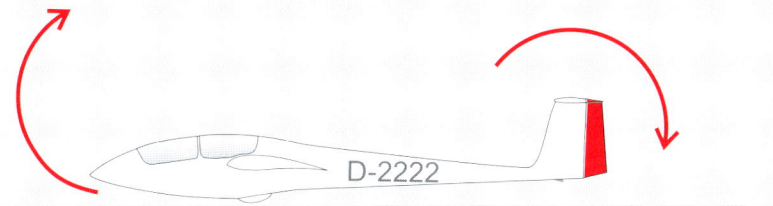

Bild 7.19 Die Radlandung: Das Segelflugzeug berührt den Boden zuerst mit dem Hauptrad. Erst danach setzt der Sporn auf, der Anstellwinkel wird gleichzeitig größer. Es besteht eine große Gefahr wieder abzuheben!

169

lenkt. Stell Dir nur mal ein Auto vor, das mit dieser Geschwindigkeit führerlos durch die Gegend fahren würde!

Und was ist mit dem hängenden Flügel? Er ist auch während des Ausrollens etwas tiefer, da der Seitenwind am Boden geringer wird, aber nicht aufhört. Leicht geneigt bedeutet nicht, daß er den Boden berührt und das Segelflugzeug um den Randbogen des tiefen Flügels geschleudert wird. Ein solcher „Ringelpietz" kann den Rumpf hinter den Flügeln abdrehen, sofern der Profi nicht durch beherztes Nachdrücken den Schwanz in die Luft bringt. Als Anfänger steuerst Du, wie beschrieben, bis zum Stillstand und kommst keinesfalls auf die Idee, an dieser Stelle eine Extraeinlage zu bieten! Schließlich wird beim Stillstand der Maschine der windzugewandte Flügel ablegt (*siehe rechts*).

Die Landung nochmals im Überblick:

1)	*Position (Höhe?, Fahrt?, Abstand vom Platz?)*
2)	*Gegenanflug (Wind?, Verkehr?)*
3)	*Queranflug (Wind?, Verkehr?, Höhe?, Fahrt?, Hand an den Bremsen?)*
4)	*Landekurve (richtige Höhe?, Fahrt?, Richtung zum Landefeld?)*
5)	*Fahrt erhöhen (Horizont?, Fahrtmesser?)*
6)	*Segelflugzeugnase in Landerichtung*
7)	*Flügel hängenlassen (Wind?)*
8)	*Luftbremsen (stimmt noch alles andere?)*
9)	*Konstant weiter anfliegen, weit vor das Segelflugzeug sehen*
10)	*Ausrunden*
11)	*Abfangen und aufsetzen*
12)	*Ausrollen, steuern bis das Segelflugzeug steht.*

Wie beim Start hilft es, bei der Landung einen Landecheck zu machen. Der ruhige, konstante und überlegte Handlungsablauf hilft bei jeder Landung. Übrigens: Eine schöne Landung ist auch eine sichere Landung!

Betrachten wir nun die Nachteile einer Radlandung: Setzt das Segelflugzeug mit dem Rad zuerst auf, so sind wir vorher nicht mit maximalem Anstellwinkel geflogen. Der nach dem Rad aufsetzende Sporn vergrößert sogar den Anstellwinkel, unter ungünstigen Bedingungen hebt das Segelflugzeug noch einmal ab! Dann finden wir uns plötzlich in zwei Meter Höhe wieder, diesmal aber ohne Fahrt. Setzt dagegen der Sporn zuerst auf (danach das Hauptrad), so verkleinert sich der Anstellwinkel und das Segelflugzeug ist nicht mehr flugfähig. Wir sehen, daß die Spornlandung viele Vorteile hat und kein Weg an ihr vorbeiführen sollte.

Es gibt aber keine Regel ohne Ausnahmen. Deshalb soll an dieser Stelle der Vollständigkeit halber angeführt werden, daß in anderen Ländern auch andere Gepflogenheiten herrschen. In den USA zum Beispiel ist die Spornlandung verpönt und man erwartet Radlandungen. Die oben aufgezeigte Logik der Spornlandung bleibt davon aber unberührt. Es gibt nur einen einzigen Fall, in dem eine Radlandung sinnvoll wäre: Ist der Bodenwind so stark, daß das Segelflugzeug bei einer Spornlandung langsamer als die Windgeschwindigkeit (einschließlich Böen) werden könnte, so muß natürlich mit einer höheren Geschwindigkeit aufgesetzt werden. Eine höhere Aufsetzgeschwindigkeit bedeutet immer eine Radlandung! Wer in den Alpen bei Föhn oder Mistral Flüge unternehmen möchte, muß auf diese Weise bei der Landung den hohen Windgeschwindigkeiten Tribut zollen.

Wir bleiben jedoch bei der Spornlandung. Wegsteigen kann ein Segelflugzeug beim Abfangen nur, wenn der Anstellwinkel zu schnell vergrößert wurde. Die gleichzeitige Widerstandszunahme reichte nicht aus und der Auftrieb wurde zu groß. Wird das Höhenruder zu schnell bewegt, muß das Segelflugzeug steigen. Sollte das Segelflugzeug (wie hier beschrieben) im Abfangvorgang wegsteigen, dann *niemals* in einer solchen Situation drücken! Wir fliegen nur noch, weil der Anstellwinkel sehr hoch ist. Ein Drücken des Knüppels bewirkt ein sofortiges Durchsacken des Segelflugzeuges, da ihm durch die Verkleinerung des Anstellwinkels die Fähigkeit zum Fliegen genommen wird. Auch als Schüler sollte man nicht erwarten, daß die Flugphysik gnädig sein wird und dem Anfänger einen Bonus einräumt.

Wenn die Maschine zu sinken beginnt (bzw. auf die alte Höhe gesunken ist), kann der Anstellwinkel wieder kontinuierlich erhöht werden. Die Landung gerät jetzt vielleicht etwas zu deutlich auf den Sporn, es besteht aber keine Gefahr!

Die Landung ist sicherlich die schwierigste aller Übungen, es gibt aber keinen Grund, nervös zu reagieren. Man wird nicht erwarten, daß Du jeden Schritt gleich zu Beginn fehlerfrei ausführst. Übe zuerst die Abschnitte, die Dir leicht fallen und baue hierauf bei den schwierigen Teilen auf. Während der Ausbildung sind Fehler erlaubt, sofern Du sie erkennst und entsprechend handelst. Du benötigst jederzeit einen kühlen Kopf und mußt den Ärger über vorangegangene Fehler während der übrigen Flugübungen abschütteln.

8. Kapitel
Verhalten in besonderen Fällen

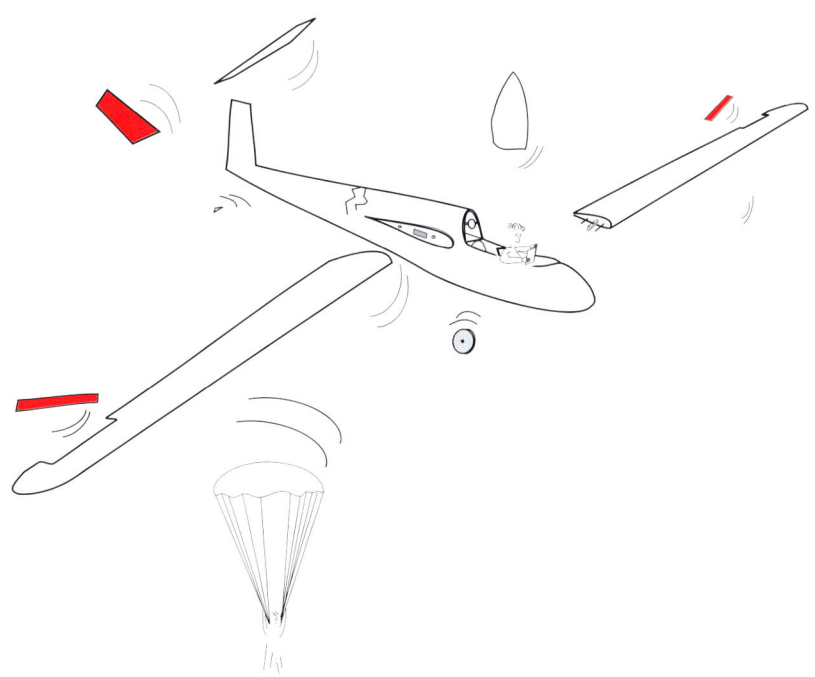

Verhalten in besonderen Fällen
Training hilft!

Dieses Kapitel beschäftigt sich mit den Maßnahmen, die wir in außergewöhnlichen Situationen ergreifen müssen. Uns interessiert nicht, was zu tun ist, wenn das Segelflugzeug in der Luft auseinanderfällt, da diese Gefahr recht unwahrscheinlich ist. Vielmehr müssen wir uns mit Störungen im Betriebsablauf auseinandersetzen und mit Zuständen, die aufgrund eigener Fehler entstanden sind.

Auf viele Punkte bist Du schon im Verlauf des Buches hingewiesen worden, sie sollen nicht mehr gesondert aufgeführt werden (so zum Beispiel, daß unbedingt auszuklinken ist, sollte das Segelflugzeug beim Start das Seil überrollen oder im Startvorgang ein Flügel den Boden berühren). In Kapitel 6 (*Tips und Tricks*) wurde bereits die Seilrißübung erwähnt. Hier werden wir uns mit dem Verhalten bei einem Seilriß genauer auseinandersetzen. Denn sowohl im Flugzeugschlepp als auch im Windenstart ist jederzeit die Gefahr des Seilrisses vorhanden. Nicht umsonst wird die Möglichkeit des Seilrisses in den Startcheck aufgenommen.

Seilriß im Windenstart

Böse Zungen behaupten, daß ein Windenseil überall reißt, nur nicht an der Sollbruchstelle. Die Gefahr eines Risses läßt sich sicherlich vermindern, beobachtet der Windenfahrer beim Seilauszug das Windenseil, bei sichtbaren Mängeln sofort abbremst und die Schadstellen behebt. Als Mitglied einer Bodenmannschaft kannst Du mithelfen und kontrollieren, ob zum Beispiel das Vorseil schadhaft ist. Bemerkst Du Mängel, unterrichte Pilot und Startleiter. Bevor der Schaden nicht repariert ist, werden keine Starts an diesem Seil durchgeführt!

Im Kapitel über den Start wurde mehrfach auf die Gefahr eines Seilrisses hingewiesen und beschrieben, daß ein sogenannter „Kavalierstart" ungemein gefährlich ist. Ein steiler, abrupter Start ist für das Windenseil eine extreme Belastung. Ein vorgeschädigtes Seil muß dabei reißen!

Signale für einen Seilriß im Windenstart sind:

-	**das Segelflugzeug macht einen Satz nach oben,**
-	**das Höhenruder „wird weich"** (*es läßt sich leicht ziehen*),
-	**die Fahrt nimmt rapide ab.**

Der Start (*siehe Kapitel 4*) wird jederzeit so ausgeführt, daß noch genügend Reserven vorhanden sind, ein Segelflugzeug im Notfall in Normalfluglage zurückzuführen. Reißt das Seil, wird unmittelbar das Höhenruder (je nach Fluggeschwindigkeit unter Umständen bis zum Anschlag) zügig nach vorne gedrückt, bis das ***normale Horizontbild*** sichtbar ist. Keinesfalls wird das Segelflugzeug „in den Boden hineingedrückt". **Das Höhenruder kommt also sofort wieder in Normalstellung, wenn Du das bekannte Horizontbild siehst.**

Verhalten in besonderen Fällen
Mitdenken und handeln!

Dieses Kapitel setzt sich mit Startunterbrechungen und anderen außergewöhnlichen Situationen auseinander. Der Seilriß ist die am häufigsten vorkommende Störung im Betriebsablauf. Zunächst werden wir die sinnvollen Verhaltensweisen im Windenstart, anschließend im Flugzeugschlepp näher untersuchen. Danach beschäftigen wir uns mit der Rückenwindlandung, dem Anflug aus ungewohnter Position, einer Landung mit zu hoher Geschwindigkeit und dem Flug im Regen.

Seilriß im Windenstart

Das Windenseil kann zu jedem Zeitpunkt - vom Anrollen bis zum Ausklinken über der Winde - reißen. Es wäre falsch auf ein leichtes Segelflugzeug oder ein neues Seil zu vertrauen oder sich für einen besonders erfahrener Pilot zu halten. Jedes Teil eines Windenseils ist beständigen Belastungen und einem entsprechenden Verschleiß unterworfen. Reißt es, sind zwei wichtige Maßnahmen zu ergreifen:

---

1. Nachdrücken (in Normalfluglage)
2. Ausklinken (*3 mal*)!

Anschließend ist die (rasche) Entscheidung zu treffen, wie der Flug mit der noch zur Verfügung stehenden Höhe fortgesetzt wird. Links unten ist beschrieben, daß sofort und solange nachgedrückt wird, bis das Segelflugzeug in Normalfluglage ist. Dies ist keinesfalls die Sturzfluglage, ein nur Drücken des Höhenruders genügt jedoch nicht. Im Windenstart behält das Segelflugzeug nur die Fluggeschwindigkeit, weil ihm beständig über das Windenseil vom Windenmotor eine Vortriebskraft zugeführt wird. Bei einem Seilriß fällt diese Kraft schlagartig fort und das Segelflugzeug verliert wegen der nach oben weisenden Flugzeuglängsachse rapide an Geschwindigkeit.

Der Auftrieb der Flügel im Steigflug ist gegenüber der Horizontalen rückwärts gerichtet (wie der Widerstand), die Fahrt *muß* schnell abnehmen. Da das Höhenruder im Windenstart leicht gezogen ist, besteht die Gefahr, das Segelflugzeug bis in die Senkrechte zu ziehen. Es reicht keinesfalls aus, das Höhenruder in die Normalstellung zu bringen, sonst wird die Steigfluglage beibehalten.

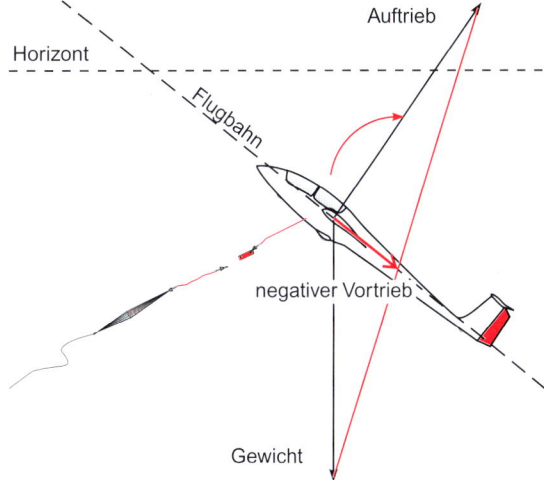

Bild 8.2 Kräfteverteilung beim Seilriß

Reißt das Seil in der Nähe des Segelflugzeuges, ist dies durch einen kräftigen Ruck im Höhenruder spürbar. Da Du ohnehin im Start den Fahrtmesser mit einem Auge beobachten sollst, wirst Du eine rapide Fahrtabnahme bemerken. Aber Achtung: Eine Reparaturstelle im Seil verursacht oft einen ähnlichen Stoß, läuft sie durch den Seileinlauf der Winde. Die Fahrt nimmt hierbei aber nicht ab! Ich habe schon viele Flugschüler erlebt, die in einer solchen Situation ausklinkten, weil sie annahmen, das Seil sei gerissen. Es ist dann ein Überraschungsmoment für den Fluglehrer, der nun wieder einmal zeigen darf, daß er sicher landen kann (oft wieder an der Startstelle).

Reißt das Seil dagegen an der Winde, ist eine Erschütterung kaum wahrnehmbar. Und bleibt der Motor des Startgeräts gar stehen (es gab schon schwere Unfälle, weil Windenfahrer das Tanken vergessen hatten), dann hat das den gleichen Effekt wie ein Seilriß. Nur läuft der Vorgang der Startunterbrechung ganz allmählich und weich ab. Das Höhenruder läßt sich leicht führen. Es besteht die Gefahr, das Segelflugzeug bis in die Senkrechte zu ziehen, besonders im vollen Steigflug, wenn das Höhenruder mit Kraft gezogen wird. Fällt die Gegenkraft des Seilzuges fort, will die eigene Armkraft das Höhenruder bis zum hinteren Anschlag ziehen!

Ausschließlich durch zügiges Nachdrücken in Normalfluglage bleibt die notwendige Fahrt erhalten! *Ein Nachlassen der Seilkraft führt immer zu einer Fahrtabnahme.* Lediglich bei extrem hoher Startgeschwindigkeit brauchst Du im Falle des Seilrisses das Höhenruder nicht blitzartig zu drücken, sondern kannst einen etwas weicheren Übergang steuern. Ist das Segelflugzeug in Normalfluglage, wird *dreimal* ausgeklinkt, um einen eventuell noch anhängenden Seilrest abzuwerfen. Weil kein Seilzug vorhanden ist, kann sich im ungünstigen Fall das Seil nicht gleich beim ersten Ausklinken lösen. Am Ende jedes Windenstarts klinken wir (obwohl das Seil sich alleine löst) dreimal nach, um diese mechanische Bewegung „in Fleisch und Blut" übergehen zu lassen.

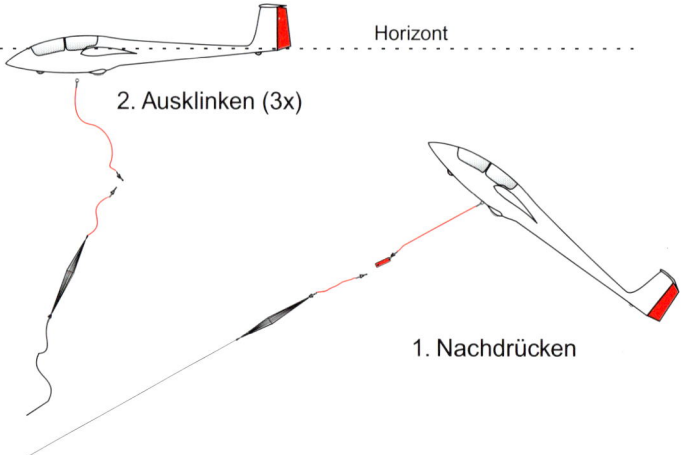

Horizont

2. Ausklinken (3x)

1. Nachdrücken

Bild 8.1 Der Seilriß im Windenstart

Wie in Kapitel 4 beschrieben, ist während des Windenstarts der Fahrtmesser (neben allen anderen dort beschriebenen Punkten) zu beobachten, da vorwiegend dank ihm ein Seilriß erkannt werden kann. Links ist beschrieben, daß ein deutlicher Ruck nur dann spürbar ist, reißt das Seil in der Nähe des Segelflugzeuges. Die Verwechslungsgefahr mit anderen Erschütterungen, so zum Beispiel beim Durchlauf von Reparaturstellen im Seil nahe beim Seileinlauf der Winde, ist hoch!

Vollkommen gleichgültig, in welcher Phase des Windenstarts das Seil reißt, es wird nur bis in die Normalfluglage (zügig) nachgedrückt. Bild 8.4 soll verdeutlichen, wie stark in der jeweiligen Phase des Windenstarts nachgedrückt werden muß. Reißt das Seil während des Anrollens (1), so braucht nicht nachgedrückt zu werden, da der Knüppel noch in leicht gedrückter Stellung ist. Das gleiche gilt, hebt das Segelflugzeug gerade ab, denn die leicht gedrückter Knüppelstellung bewirkt (*wie in Kapitel 4 beschrieben*), daß das Segelflugzeug „*in sich*" abhebt. In diesem Fall ist aber darauf zu achten, daß wir das Segelflugzeug nicht „in den Boden hinein" drücken.

Im anschließenden Übergang (2) ist der Knüppel noch unterwegs aus der gedrückten in die Normalstellung. Wir drücken etwas nach, der Knüppel wird sofort in Normalstellung gebracht, ist das übliche Horizontbild sichtbar
.

In etwa 50-80 Metern Höhe (3) (auf dem Höhenmesser angezeigt) ist der Knüppel in Normalstellung. Bei einem Seilriß wird zügig in Normalfluglage nachgedrückt.

Das Segelflugzeug ist in voller Steigfluglage (4), bei Seilriß sofortiges Nachdrücken in Normalfluglage.

Nach jedem Nachdrücken auf einen Seilriß wird dreimal ausgeklinkt. Das ist ebenso notwendig wie das Nachdrücken selbst, da wir unter Umständen mit einem 1000 Meter langen Seilrest fliegen. Und den wollen wir weder über Hindernisse schlep-

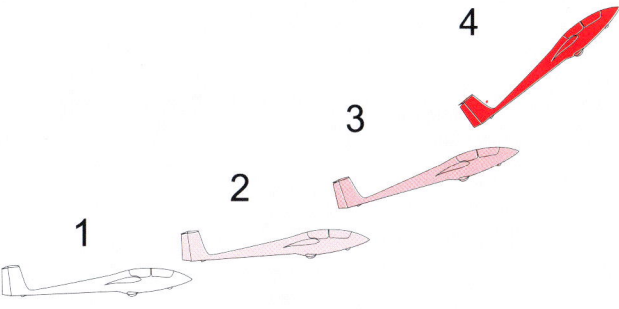

Bild 8.4 Die Phasen im Windenstart

pen noch weiterhin als Gewicht mittragen. Die Möglichkeiten des taktischen Handelns nach einem Seilriß hängen vom Fluggelände und dem herrschenden Wind ab. Deshalb legen wir unseren Plan für einen eventuellen Seilriß schon beim Startcheck fest. So kann bei mäßigem bis starkem Wind noch aus größeren Höhen geradeaus gelandet werden. Im Zweifelsfall ist eine Landung geradeaus sicherer als ein fragwürdiger Vollkreis, kostet eine unsaubere und unsichere Kurve meist mehr als 50 Meter Höhe.

Mit dem erfolgreichen Nachdrücken und Nachklinken ist der Flug nicht beendet, sondern damit sind erst die Voraussetzungen für eine sichere Platzeinteilung geschaffen! Jetzt blickst Du auf den Höhenmesser, um die weitere Taktik festzulegen. Während des Nachdrückens ist ein Ablesen des Höhenmessers sinnlos, da er wie alle Instrumente „nachgeht". In Abhängigkeit vom Fluggelände und dem herrschenden Wind (vor dem Start auf den Windsack geblickt?) sind folgende Entscheidungen zu treffen:

Hast Du nach dem Nachdrücken und Ausklinken eine Höhe *von weniger als 100 Metern*, wird Landefahrt aufgenommen und das Segelflugzeug unter Verwendung aller Landehilfen geradeaus gelandet.

Beträgt die Höhe *zwischen 100 und 150 Metern*, so wird ein Vollkreis (Achtung, vor dem Einkreisen Fahrt kontrollieren!) mit dem Wind geflogen (sofern Seitenwind vorhanden) und anschließend in der ausgewiesenen Landerichtung gelandet. Kreise mit dem Wind, damit Du die letzte, bodennahe Kurve gegen den Wind fliegen kannst. Es gibt viele Flugplätze, auf denen die Richtung des Wegkurvens nach einem Seilriß unabhängig vom Wind festgelegt ist, weil bestimmte Platzteile nicht überflogen werden dürfen (z.B. Oerlinghausen). Je höher Du nach einem Seilriß bist, desto größer darf der Kreis werden. Dies kann bis zu einer verkürzten Platzrunde ausgeweitet werden.

Ab 150 Meter Höhe wird eine verkürzte Platzrunde geflogen.

Über 200 Meter wird eine Platzrunde geflogen, die zur normalen Platzrunde werden kann, wenn die Höhe ausreicht.

Eine Landung mit Rückenwind ist bei Seilriß im Windenstart nicht zu empfehlen. Lediglich in ganz seltenen Fällen kann eine Umkehrkurve geflogen werden, dies ist jedoch von der Lage des Flugfeldes abhängig. Über die Regeln auf Deinem Fluggelände erkundige Dich bei Deinem Fluglehrer, je nach Windverhältnissen können sich seine Anweisungen unterscheiden. Der Seilriß muß solange geübt werden, bis er in verschiedenen Höhen beherrscht wird. Ein Alleinflug ohne dieses Notfalltraining ist nicht denkbar. Seilrißtraining ist auch für fortgeschrittene Piloten und Flugscheininhaber immer wieder angebracht. Keinesfalls ist nach einem Seilriß die Landung am Landekreuz zu erzwingen! Es ist besser, heil in der äußersten Ecke des Flugplatzes zu landen, denn als Bruch mit dem Vogels am Landekreuz zu liegen! Und noch ein kleiner Tip: Willst Du nach einem Seilriß geradeaus landen, so ist es nicht notwendig, direkt auf die Seilwinde oder einen Lepo zuzusteuern, daneben ist grundsätzlich auch Platz!

Es ist übertrieben, aus Furcht vor weiteren Seilrissen nach einer Übung nur flache Steigflüge durchzuführen. Du sollst keine Angst vor dem Seilriß bekommen, sondern Respekt. Geringe Ausklinkhöhe führt nur zu neuen Schwierigkeiten, und die hast Du in der Übung leidlich kennengelernt.

178

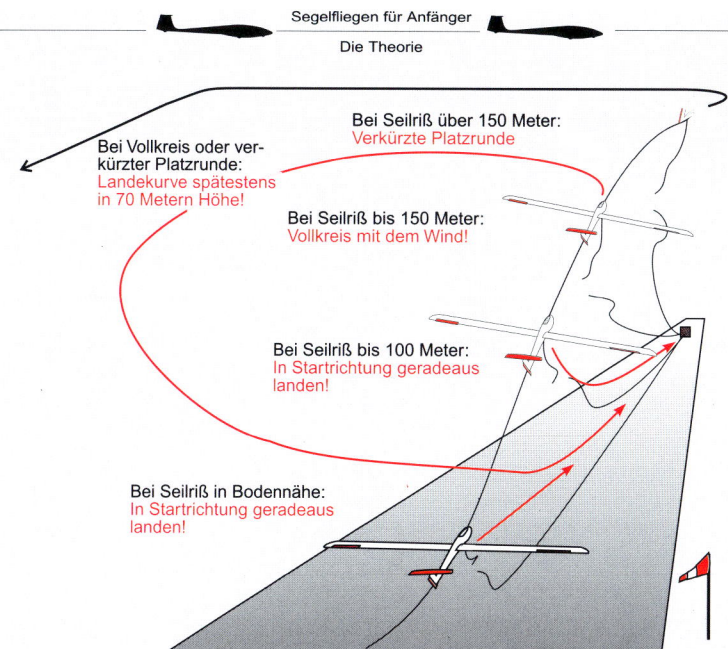

Bild 8.5 Seil gerissen, was tun? (Beschreibung im Text rechts)

Hast Du Dich zu einem Vollkreis oder einer verkürzten Platzrunde entschieden, so beachte, daß weder ein zu weiter Querabflug ausgeführt werden darf noch ein zu langer Gegenanflug, da die Landekurve in spätestens 70 Metern Höhe geflogen wird! Eine Landung in der Platzmitte ist sicherer als ein Bruch am Landetuch!. Bild 8.6 zeigt die Möglichkeiten:

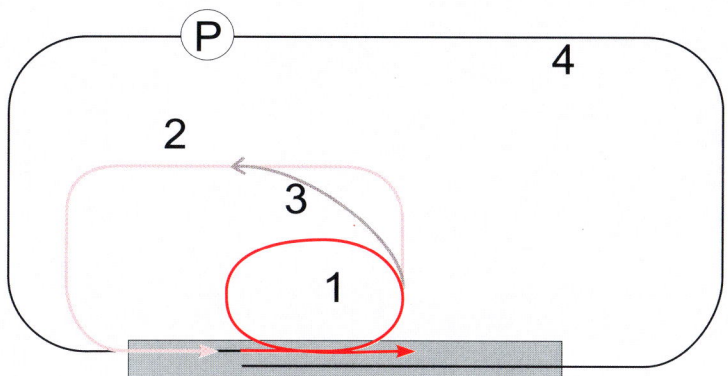

Bild 8.6 Möglichkeiten des Weiterfluges nach einem Seilriß

Zwischen 100 und 150 Metern wird ein Vollkreis (1) mit dem Wind geflogen, über 150 Meter (2) erfolgt eine verkürzte Platzrunde. Bei Bedarf wird der Querabflug (3) abgekürzt, (4) zeigt die normale Platzrunde mit der Position. Kurven werden keinesfalls hastig eingeleitet und selbstverständlich fadengerade gesteuert. Weil Du bereits vor dem Start am Boden einen Plan gefaßt hast muß dieser nur noch konsequent umgesetzt werden.

Seilriß im Flugzeugschlepp

Im Flugzeugschlepp besteht zwar keine Gefahr, nach einem Seilriß zu langsam zu werden, doch ist es für den Segelflieger immer besonders schwierig, wenn das Schleppseil in wenigen Metern Höhe reißt. Die erste Minute des Schlepps findet noch in Bodennähe statt, während sich der Schleppzug gleichzeitig vom Flugfeld entfernt. Die Handlungsmöglichkeiten hängen deshalb vom jeweiligen Fluggelände und dessen Umgebung ab.

Das Risiko des Seilrisses läßt sich im F-Schlepp reduzieren, wenn Du einen Seildurchhang vermeidest (zumindest aber eine sich anschließende plötzliche Beschleunigung). Seitliche Ablagen dürfen ebenfalls nicht zu groß werden, weil dann das Seil - bei einem Motorflugzeug mit Seileinzugsvorrichtung - unter Umständen im Seileinlauf scheuern oder knicken kann. In Kapitel 4 wurde bereits angesprochen, daß auch der Schleppilot jederzeit ausklinken kann, falls ihn Dein Flugstil gefährden sollte.

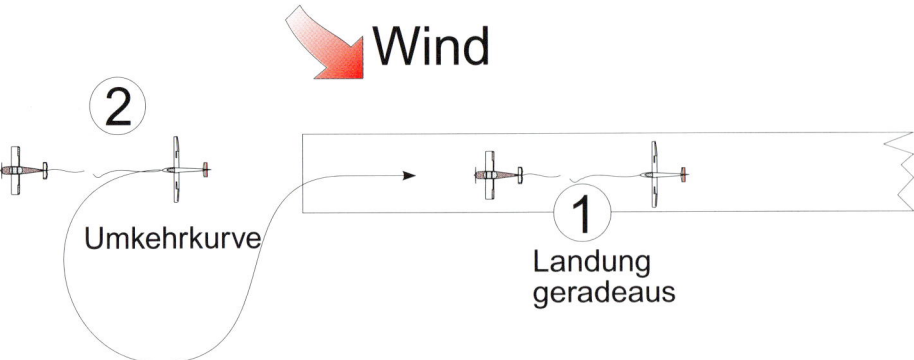

Bild 8.3 Seilriß im Flugzeugschlepp

Reißt das Seil zu Beginn (1) der Startphase, so sollte es keine Schwierigkeiten bereiten, sofort auszuklinken und in Verlängerung der Startrichtung geradeaus zu landen. Schwieriger wird es, wenn der Schleppzug (2) sich schon in einiger Höhe (bis 100 Meter) befindet. Zwar hat das Segelflugzeug, wie bereits angesprochen, eine Fahrtreserve, jedoch verliert der Segelflugzeugführer das Flugfeld schnell aus den Augen, da ein Schlepp in Verlängerung der Startbahn zuerst einmal ein Stück geradeaus führt. Deshalb ist (wie in allen anderen Flugabschnitten) folgende Frage wichtig: *„Wo ist mein Flugplatz?"*. Bei einem Seilriß *über 50 Meter Höhe* (darunter ist es ein zu hohes Risiko) wirst Du wohl oder übel eine Umkehrkurve fliegen und gegen die Startrichtung *mit Rückenwind* landen müssen. Die Segelflugschulen in Deutschland üben den Seilriß im Flugzeugschlepp. Du wirst im Verlauf der Ausbildung in die jeweiligen Verfahrensabläufe eingewiesen. Lassen es die Platzverhältnisse zu, wird (wie beim Seilriß im Windenstart) die Umkehrkurve mit dem Wind eingeleitet. Sofern es Dein Flugweg erlaubt, wird der am Segelflugzeug verbleibende Seilrest über unbewohntem Gebiet, spätestens aber über der

Seilriß im Flugzeugschlepp

Das größte Problem bereitet beim Seilriß im F-Schlepp jener Teil der Startphase, bei dem sich der Schleppzug kurz hinter der Platzgrenze befindet. Im Gegensatz zum Windenstart gewinnt ein Schleppzug nur langsam an Höhe.

Eine Umkehrkurve nach dem Seilriß (*wie links beschrieben*) ist nur unter folgenden Bedingungen sinnvoll und möglich:

- Die zur Verfügung stehende Fahrtreserve des Segelflugzeuges reicht aus (die Fluggeschwindigkeit im F-Schlepp liegt deutlich über der Normalfahrt!), um eine Umkehrkurve ohne Hindernisberührung fliegen zu können und

- der Rückenwind beim anschließenden Landeanflug läßt eine sichere Landung zu.

Windrichtung und -stärke sind entscheidende Größen. Bei mäßigem bis starkem Wind ist kaum eine Rückenwindlandung nötig. Denn der Schleppzug legt bis zum (hoffentlich nicht eintretenden) Seilriß gegenüber Grund keine große Strecke zurück, gewinnt aber mehr Höhe (im Verhältnis zu einem Schlepp bei Windstille). Die sichere Höhe für eine Umkehrkurve beträgt *mindestens 50 Meter*, vorausgesetzt, wir nutzen die Überfahrt im F-Schlepp so, daß wir in der Kurve nicht sinken!

Schwieriger wird es an Tagen mit warmer und stehender Luft. Jetzt hat der Schleppzug über der Platzgrenze nur wenige Meter Höhe. Reißt an dieser Stelle das Seil, so bleibt nur eine Landung geradeaus auf einem halbwegs landbaren Gelände. Nimm Dir zu Herzen: Eine kontrollierte Landung mit unvermeidbarem Sachschaden ist immer besser als ein unkontrollierter Absturz mit Verletzungen. *Ein Segelflugzeug kann man ersetzen, Dich nicht!* Dein Fluglehrer wird Dich in die Verfahrensweisen für Deinen Flugplatz einführen.

Noch eine Anmerkung zu den heißen Tagen des Jahres: Du erkennst während der Startphase, daß der Motorflugzeugpilot Schwierigkeiten hat, Höhe zu gewinnen. Oft stellt sich das Ganze für den Segelflieger so dar, daß die ersten Hindernisse hinter dem Flugfeld unüberwindbar erscheinen. Hier gilt es Nerven zu behalten und sich weiter schleppen zu lassen. Selbst im (nicht eintretenden) Fall, daß das Motorflugzeug eine Hindernisberührung bekäme, könnte der Segelflugzeugführer immer noch sicher ausklinken, da er 40-60 Meter hinter dem Motorflugzeug fliegt. Bei dichtem Hindernisüberflug hätte ein Ausklinken des Segelflugzeuges zur Folge, daß das Motorflugzeug leicht nach vorne kippt und so erst recht Hindernisberührung bekommt!

Ein Seilriß in größeren Höhen erlaubt generell eine Rückkehr zu Flugplatz. Da wir uns aber vor dem Start einen Plan gefaßt haben, was wir in welcher Höhe bei einem Seilriß machen, sollten wir nach dem ersten Schreck in der Lage sein, planvoll zu handeln. Selbst wenn das Seil unmittelbar am Seileinlauf der Schleppmaschine reißt besteht für

Flugplatzgrenze, abgeworfen. ***Keinesfalls darf mit anhängendem Seilrest über Hindernisse hinweggeflogen werden, da die F-Schleppkupplung nicht über eine Sicherheits-Ausklinkvorrichtung verfügt!***

Beim Seilriß unterhalb der Höhe zur normalen Fortsetzung des Segelfluges, doch oberhalb der Notwendigkeit einer Umkehrkurve, wird in die Platzrunde eingeflogen und eine normale Landung, zur Not mit einer verkürzten Platzrunde, ausgeführt. Es versteht sich von selbst, daß Du nach dem ersten Schreck über den Seilriß und dem Ergreifen der notwendigen Maßnahmen über Funk informierst, daß zu zum Platz zurückkehrst und gegebenenfalls eine Rückenwindlandung ausführst. Dies dient Deiner eigenen Sicherheit, damit Du nicht im Landeanflug einem entgegenkommenden Schleppzug begegnest. Der Fluglehrer wird Dich einweisen, sind auf dem Fluggelände getrennte Start- und Landebahnen ausgewiesen.

Zwei Probleme bei der Rückkehr nach einem Seilriß im Flugzeugschlepp bleiben: Die Rückkehr zum Flugplatz findet in relativ geringer Höhe statt (Anflug aus ungewohnter Position), manchmal ist eine Landung mit Rückenwind auszuführen (bei einer Umkehrkurve).

Anflug aus ungewohnter Position

Alle Anflüge, die nicht nach gewohntem Verfahren ablaufen, gehören in diese Kategorie. Entsprechend den Richtlinien des Deutschen Aero Clubs erfolgt diese Schulung erst im dritten Ausbildungsabschnitt. Aber es kann selbst in der Anfängerschulung passieren, daß Du eine besondere Landeeinteilung machen mußt, weil ein Seilriß dazu zwingt. Zumindest kannnst Du im Folgenden erkennen, daß sich Anflüge aus ungewohnter Position planvoll und sicher durchgeführt lassen. Uns interessiert in erster Linie, wie ein Anflug und eine Platzeinteilung bei knapp bemessener Höhe vorzunehmen sind. Vor allen weiteren Ausführungen sei angemerkt, daß die Luftraumbeobachtung extrem wichtig ist und wir andere per Funk über unser Flugvorhaben benachrichtigen (ohne dabei in Hektik zu verfallen).

Eine von zahlreichen Fliegerweisheiten sagt: „Fahrt ist das halbe Leben." Die andere Hälfte wäre die zur Verfügung stehende Höhe, die wir aber nicht haben. Flüge in Bodennähe werden deshalb mit erhöhter Geschwindigkeit (ca. 1,3 fache Landegeschwindigkeit) durchgeführt, um jederzeit die volle Steuerbarkeit des Segelflugzeuges zu gewährleisten. Wie in Kapitel 7 (*Die Landung*) beschrieben, kann ein Anflug nicht durch geringe Fahrt gestreckt werden.

Hindernisse können nur überflogen werden, führt der geplante Flugweg bei erhöhter Geschwindigkeit sicher über sie hinweg. Die öfters erwähnte Methode, vor einem Hindernis Fahrt aufzunehmen und dann darüber hinwegzuziehen, ist höchst fragwürdig. Eine sichere Außenlandung auf einem geeigneten Gelände ist allemal besser als ein Bruch innerhalb des Flugplatzes!

182

uns keine direkte Gefahr, anschließend noch ein Stück mit dem Seilrest weiterzufliegen. Wir haben durchaus Zeit, den Seilrest über unbewohntem Gebiet, spätestens aber vor der Platzgrenze, abzuwerfen. Keinsfalls riskieren wir, daß sich der Seilrest in einem Hindernis verfängt und uns zu Boden reißt. Ebenso sollten wir die Ruhe besitzen, eine Landung nach einer Startunterbrechung über Funk anzukündigen (D-1234 kommt zur .....Umkehrlandung....verkürzten Landung usw.).

Anflug aus ungewohnter Position

Wenn das Seil nicht gerade in großen Höhen gerissen ist (Windenstart oder F-Schlepp), erfolgt ein Landeanflug aus einer ungewohnten Position heraus. Alle Flüge in Bodennähe werden mit erhöhter Geschwindigkeit durchgeführt, wobei die Fahrt besonders erhöht wird, wenn Gegenwind herrscht. Da mit abnehmender Höhe die Reibung der Luft zunimmt, muß die Windgeschwindigkeit abnehmen.

Keinesfalls ist ein Landeanflug unter besonderen Bedingungen dazu da, Mitschülern zu zeigen, was „Du noch alles darauf hast". Segelfliegen ist ein schöner Sport, der aber immer so betrieben wird, daß wir auf „der sicheren Seite" bleiben. Es gibt mutige Piloten und es gibt alte Piloten, aber es gibt keine mutigen alten Piloten!

Die beiden Sicherheitsreserven beim Segelfliegen sind zum einen Höhe, zum anderen Geschwindigkeit. Nach einem Seilriß kann leicht Höhe fehlen. Eine Rückkehr zum Fluggelände darf nur angestrebt werden, wenn der Überflug über Hindernisse jederzeit gefahrlos möglich ist!

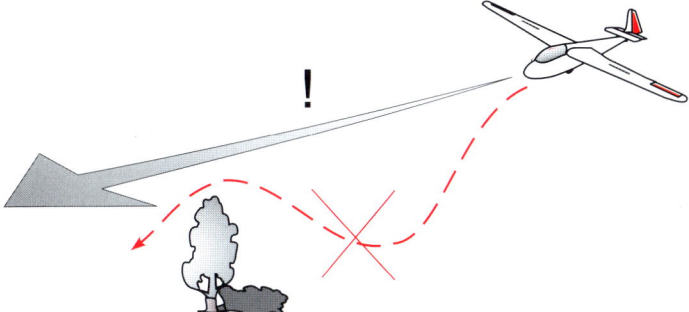

Bild 8.7 Anflug über Hindernisse

Über und hinter emporragenden Hindernissen wie Bäumen, Häusern usw. muß mit einer Verwirbelung der Luftschichten gerechnet werden. Das ist wieder ein Grund, die Fahrt zu erhöhen. Wie links beschrieben, können Hindernisse nur überflogen werden, wenn der ***Gleitpfad bei erhöhter Fahrt*** sicher über sie hinwegführt. Ein Andrücken und Hochziehen ist riskant, weil es schnell zu einer Unterschreitung der Mindestgeschwindigkeit kommen kann. Vor meiner Zeit als Fluglehrer erlebe ich, wie ein anderer Schü-

Zum Problem der Fahrterhöhung solltest Du wissen, daß wir natürlich mit der größeren Fluggeschwindigkeit mehr Höhe als gewöhnlich verlieren. Auf der anderen Seite werden Gegenwindeinflüsse umso geringer, je mehr wir uns in einer bodennahen Luftschicht befinden. Zu beachten ist immer, daß Kurven in Bodennähe kritisch sind, da die kurveninnere Flügelspitzedem Erdboden einige Meter näher als Du in Deinem Cockpit kommt! Dein Fluglehrer wird Dir für den Fall eines Seilrisses (zum Beispiel beim Alleinflug) einen Flugauftrag erteilen, der festlegt, was Du bei welcher Flughöhe zu tun hast. Keinesfalls dient ein Anflug aus ungewohnter Position dazu, anderen zu zeigen, wie riskant Du fliegen kannst!!!!

Landung mit Rückenwind

Eine Außenlandung ist einer Landung mit Rückenwind immer dann vorzuziehen, wenn dieser so kräftig ist, daß eine sichere Landung zweifelhaft wäre. Du mußt Dir vergegenwärtigen, daß bei einer Landung mit Rückenwind der Fahrtmesser eine geringere Geschwindigkeit zeigt, als Du Dich tatsächlich über Grund fortbewegst. Selbst wenn die Mindestfahrt des Segelflugzeuges (gegenüber Luft) erreicht ist, muß die Windgeschwindigkeit noch hinzuaddiert werden. Ab dem Punkt der Mindestfahrt (bzw. dem maximalen Anstellwinkel) ist keine Steuerbarkeit mehr gegeben. Stell Dir nur einmal vor, Du würdest mit 50 Stundenkilometern in einem Auto steuerlos über eine Straße rasen!

Der Landeanflug mit Rückenwind erfolgt mit gering erhöhter Landefahrt. Die Landung ist frühzeitig anzusetzen, da das Segelflugzeug wahrscheinlich ohnehin viel später aufsetzen wird. Die Ausrollstrecke wird mit Sicherheit sehr lang geraten. Schnell kann ein Flugfeld zu kurz werden. Mir selbst passierte es einmal, daß während des Landeanfluges unmittelbar vor einem Gewitter der Wind drehte und ich eine Landestrecke von über einem Kilometer benötigte (gottlob war der Flugplatz lang genug!).

Keinesfalls wird eine Landung schiebend ausgeführt, sonst bricht das Segelflugzeug nach dem Aufsetzen aus. Bei jeder Rückenwindlandung ist damit zu rechnen, daß das Segelflugzeug bereits bei hoher Rollgeschwindigkeit steuerlos wird. Der Luvflügel muß entsprechend der Windrichtung etwas hängen (*wie in jeder anderen Landung, siehe Kapitel 7*), da der Leeflügel frühzeitig fallen will. Fällt der Leeflügel trotzdem während des Rollens bei höherer Geschwindigkeit unbeabsichtigt und berührt den Boden, so vollführt das Segelflugzeug einen „Ringelpietz" um den bremsenden Randbogen (*siehe rechts*).

Du siehst, eine Landung mit Rückenwind ist riskant und hat mit Sicherheit in der Grundausbildung nichts zu suchen. Du verfügst nicht über die Erfahrung fortgeschrittener Segelflieger, auf der anderen Seite neigen gerade Fortgeschrittene zu einer Überschätzung ihres Könnens.

ler bei einem Landeanflug zu tief war, weil er die Luftbremsen zu früh und zu weit ausgefahren hatte. Vor einer Baumreihe unmittelbar am Anfang des Landefeldes nahm er Fahrt auf und zog anschließend hoch, um sie zu überspringen. Dabei sackte das Segelflugzeug in die Bäume. Der Pilot hatte einfach vergessen, die Luftbremsen einzufahren. Glücklicherweise passierte ihm nichts, nur das Segelflugzeug hatte einen derart verzogenen Rumpf, daß es lange wegen Reparaturarbeiten ausfiel.

Läßt sich dieses Verfahren nicht vermeiden, dann muß früh genug die Nase hochgenommen werden, weil beim Ziehen der Schwanz des Segelflugzeuges nach unten geht und das Cockpit (hoffentlich) frei von Hindernissen bleibt.

Selbst bei einer vom üblichen Bild abweichenden Platzeinteilung wird eine planvolle Landeeinteilung vorgenommen. Du sagst Dir zum Beispiel: „Bei 120 Meter Höhe, spätestens aber über dieser Baumreihe beginne ich meinen Queranflug, dort beginnt mein Endanflug".

Landung mit Rückenwind

Der Fahrtmesser zeigt nur Geschwindigkeiten gegenüber der durchflogenen Luftmasse an, nicht aber die Eigengeschwindigkeit der Luft selbst. Kommst Du mit Rückenwind zur Landung, wirst Du eine schnelle Vorwärtsbewegung gegenüber dem Boden feststellen. Hieraus ist aber nicht abzuleiten, daß die eigene Fahrt unter die notwendige Sicherheitsgeschwindigkeit reduziert werden darf!

Wie links beschrieben mußt Du Dich darauf einstellen, daß die Schwebephase während des Abfangens sehr lang gerät, weil der Wind Dich vorwärts treibt. Das Segelflugzeug setzt mit einer noch relativ hohen Rollgeschwindigkeit auf, was die gesamte Strukturstark belastet. Jede Bodenunebenheit wird mit erhöhtem Tempo genommen. Deshalb ist es unbedingt notwendig, die Landung wirklich mit Mindestfahrt (Spornlandung!!!) auszuführen. **Sofern Du es beherrschst**, kannst Du dieLuftbremsen kurz vor dem Abfangbogen 1-2 Zentimeter einfahren, um wirklich mit dem maximalen Anstellwinkel aufzusetzen. Dies gilt natürlich nur dann, wenn das zur Verfügung stehende Landefeld lang genug ist. Sollte die Landung härter als gewöhnlich ausfallen, muß das Segelflugzeug vor dem nächsten Start gründlich gecheckt werden (*siehe Kapitel 1*).

Bodenberührung eines Flügels bei hoher Rollgeschwindigkeit läßt das Segelflugzeug um den bremsenden Randbogen schleudern („Ringelpietz", *siehe links*). Dabei kann es zu einem Bruch des hinteren Rumpfes kommen. Sofern das Höhenruder noch wirkt, wird es bis zum Anschlag nach vorne gedrückt, um den Sporn zu entlasten. Dies wird aber mit der Gefahr eines Überschlags erkauft. Diese riskanten Manöver sind hier nur der Vollständigkeit halber beschrieben und sollen nicht zur Nachahmung anregen!

Zu schnell in der Landung

Es ist leicht möglich, trotz bester Vorsätze im Endanflug zu schnell zu werden. Im ersten Teil des Landeanfluges, noch vor dem Ausfahren der Luftbremsen, ist es kein Problem, das korrekte Horizontbild wiederherzustellen (*siehe Kapitel 7*). Nach dem Ausfahren der Luftbremsen wird der Fluglehrer zu Recht ungehalten, willst Du entstandene Überfahrt durch Ziehen verringern. Rechts kannst Du nachlesen, weshalb dies problematisch ist.

Es bleibt nichts anderes übrig, als mit der erhöhten Geschwindigkeit *und dem dazugehörenden Horizontbild* den Anflug fortzusetzen. Weil wir aber schneller sind, muß das Ausrunden (*siehe Kapitel 7*) in etwas größerer Höhe beginnen; wegen der hohen Fahrt gerät der Bogen größer. Nach dem Ausrunden lassen wir das Segelflugzeug genau so ausschweben, wie dies bei einer normalen Landung geschehen sollte.

Nur wird es diesmal weiter schweben, da die erhöhte Geschwindigkeit zuerst abgebaut werden muß. Auch der Abfangvorgang erfolgt wie üblich (beginnt aber ein klein wenig später). Solltest Du beobachten, daß das Segelflugzeug zu Beginn leicht wegsteigen möchte (Perspektive beachten, *siehe Kapitel 7*), so mußt Du auch hier etwas mehr Zeit mitbringen. Aber Achtung: Ist die Geschwindigkeit durch das Ausschweben verbraucht, will sich das Segelflugzeug zügig auf den Boden setzen! Zahlreiche Landungen mißraten, weil Flugschüler oder Flugschülerin zu lange mit dem Abfangen warten. *Selbst wenn man im Landeanflug zu schnell ist, unterscheidet sich der Abfangvorgang nicht von einer normalen Landung!* Wichtig ist nur, daß Du (wie bei jeder Landung) das Segelflugzeug keinesfalls zum Aufsetzen zwingst, sondern stattdessen solange fliegst, bis der Anstellwinkel nicht mehr erhöht werden kann. Die Strecke bis zum Aufsetzen wird entsprechend länger.

Ein Fluglehrer, den ich sehr schätze (Uli Buch) erklärt das Abfangen seinen Schülern folgendermaßen: „Stell Dir vor, voraus ist eine riesengroße Pfütze, schwebst Du über sie hinweg, bekommst Du beim Aussteigen keine nassen Füße".

Flug und Landung im Regen

Über den Flug im Regen kannst Du in Kapitel 6 nachlesen, daß ein auf der Haube festklebender Faden nicht besonders schlimm ist. Beachtenswert ist dagegen, daß Regen oft nur unvollständig von der Haube abperlt und die Sicht erheblich einschränken kann. Weil die Feuchtigkeit gleichfalls in den Innenraum eindringt, kann das Plexiglas teilweise beschlagen. In diesem Fall öffnest Du das seitliche Fenster.

Schwerwiegender ist, daß der Regen nicht von den Flügeln abperlt und die Flugleistungen sinken. Die Oberfläche der Flügel wird rauh. Die Strecke der laminaren Strömung verkürzt sich und der Umschlagpunkt (zur turbulenten Strömung) wandert auf

Zu schnell in der Landung

Im gesamten Landeanflug kontrollieren wir die Geschwindigkeit sowohl mit dem Horizontbild als auch mit dem Fahrtmesser. Eine Verringerung der Geschwindigkeit ist im Endanflug grundsätzlich problematisch, da wir wissen, daß der Fahrtmesser die veränderte Geschwindigkeit erst nach einigen Sekunden anzeigt. Währenddessen hat sich das Segelflugzeug bereits ein ganzes Stück dem Boden genähert, dabei nahm der Gegenwind ab, was unter Umständen zu einer weiteren Fahrtreduzierung führt. Wenn überhaupt, ist die Korrektur einer Überfahrt nur im oberen Teil des Endanfluges zulässig, denn sind die Luftbremsen ausgefahren, wird die Anzeige des Fahrtmessers noch träger! Eine zuverlässige Aussage über die Fahrt ist nicht mehr gegeben.

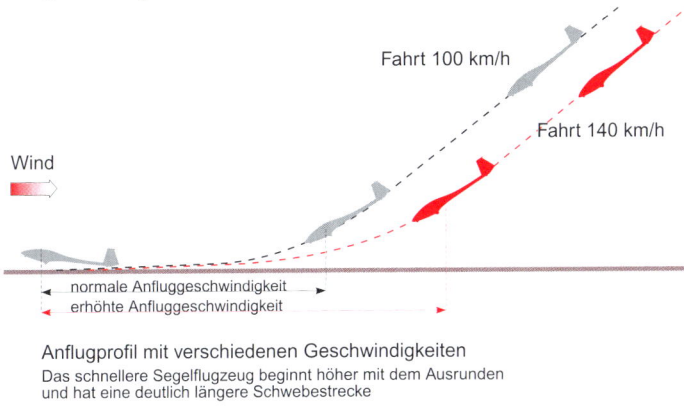

Anflugprofil mit verschiedenen Geschwindigkeiten
Das schnellere Segelflugzeug beginnt höher mit dem Ausrunden und hat eine deutlich längere Schwebestrecke

Bild 8.8 In der Landung zu schnell

Die Landung (Ausrunden, Ausschweben und Abfangen) gerät länger als sonst. Das Ausrunden hat in einer etwas größeren Höhe zu erfolgen, da der Bogen größer gerät und wir uns schneller dem Boden nähern. Bild 8.8 zeigt außerdem, daß es sogar bei erhöhter Geschwindigkeit möglich ist, nahe dem Landezeichen aufzusetzen. Man legt den gedachten Endpunkt der Anflugbahn weiter vor (je nach Geschwindigkeit 70 - 100 Meter).

Flug und Landung im Regen

Regentropfen bleiben auf dem Flügelprofil haften, die Oberfläche wird rauher. Die Grenzschicht (zwischen der unbeschleunigten Luft auf der Profiloberfläche und der beschleunigten Luft = Geschwindigkeit des Segelflugzeuges) wird dicker. So wandert der Umschlagpunkt (laminare Strömung geht in turbulente Strömung über) ebenso wie der Ablösepunkt (turbulente Strömung geht in abgelöste Strömung über) nach vorne. Die einzelnen Begriffe kannst Du in Kapitel 2 nochmals nachschlagen. Durch die veränderten Strömungsverhältnisse steht am Profil weniger Auftrieb zur Verfügung, weshalb im Regen das Eigensinken des Segelflugzeuges stark zunimmt (Variometer beachten!). Beim Flug im Regen müssen die Höheneinteilungen in der Platzrunde (wie die Positi-

dem Profil nach vorne (*siehe rechts*). Die Mindestfahrt liegt jetzt wesentlich höher. Deshalb muß beim Flug im Regen die Geschwindigkeit (auch im Landeanflug) um 10% erhöht werden.

Die einzelnen Segelflugzeugmuster verhalten sich bei Regen unterschiedlich. Laß Dir das Verhalten des Musters, auf dem Du ausgebildet wirst, von Deinem Fluglehrer erklären. Es gibt selbst Segelflugzeuge in Gemischtbauweise mit einem Laminarprofil (lange laminare Laufstrecke), was bei Regen zu einem abrupten Abriß der Strömung unterhalb der (erhöhten) Mindestfahrt führt. Darum muß die Landung (siehe oben) mit größerer Geschwindigkeit ausgeführt werden. Die Luftbremsen werden (je nach Heftigkeit des Regens) nur gering ausgefahren. Damit wird verhindert, daß das Segelflugzeug bereits beim Ausrunden, statt zu landen, einfach herunterfällt. Bitte beachte, daß unter Umständen beim Abfangen früher als sonst der maximale Anstellwinkel erreicht ist.

Ist die Landefläche naß, neigt das Segelflugzeug gerade bei einer Schiebelandung zum Ausbrechen. Hüte Dich deshalb davor, mit gebremstem Hauptrad aufzusetzen (dies kann aber nicht geschehen, wenn Du die Luftbremsen, wie beschrieben, nur wenig ausgefahren hast). Ist der Bodenwind ungünstigerweise nur gering und/oder kommt von der Seite (beziehungsweise sogar von hinten), kann das Segelflugzeug schnell die beabsichtigte Landerichtung verlieren. Auf glattem Untergrund gilt dies besonders für Muster mit Heckrad und schwerem Leitwerk.

Zusammenfassung:

- *Vor jedem Start wird ein Plan gefaßt, was im Falle eines Seilrisses zu tun ist.*
- *Bei einem Seilriß im Windenstart wird zuerst nachgedrückt, dann (dreimal!) ausgeklinkt, anschließend der Höhenmesser abgelesen und dann planvoll der weitere Flug fortgesetzt. Wird gekurvt, so wird die Kurve mit dem Wind eingeleitet (vorausgesetzt, die Platzverhältnisse lassen es zu).*
- *Landeanflüge aus ungewohnter Situation oder bei ungewissen Wetterlagen werden unter größtmöglicher Beachtung der Sicherheit durchgeführt.*
- *Wir fliegen mit einer der Situation angemessenen Geschwindigkeit.*
- *Wir vermeiden jede Hektik.*

Natürlich gibt es noch jede Menge Situationen, die besondere Aufmerksamkeit verdienen, so zum Beispiel der Ausfall des Fahrtmessers, wenn nach einem Flug durch Regen sich Wasser in den Druckleitungen angesammelt hat. In diesem Fall fliegen wir nach bekanntem Horizontbild und gewohntem Ablauf weiter. Aber alle Eventualitäten zu schildern, würde den Rahmen für die Anfängerschulung sprengen, außerdem sind hier die Hilfen des Fluglehrers besser als jedes Buch. Hab keine Angst vor Fragen, denn damit zeigst Du nur, daß Du an der Materie interessiert bist. Es gibt keine „dummen" Fragen, es gibt nur schlechte Anworten!

on) größer gewählt werden, da dem verstärkten Sinken Rechnung zu tragen ist. Es ist nicht ungewöhnlich, daß bei Regen ein Segelflugzeug mit mehr als 3 Meter pro Sekunde sinkt.

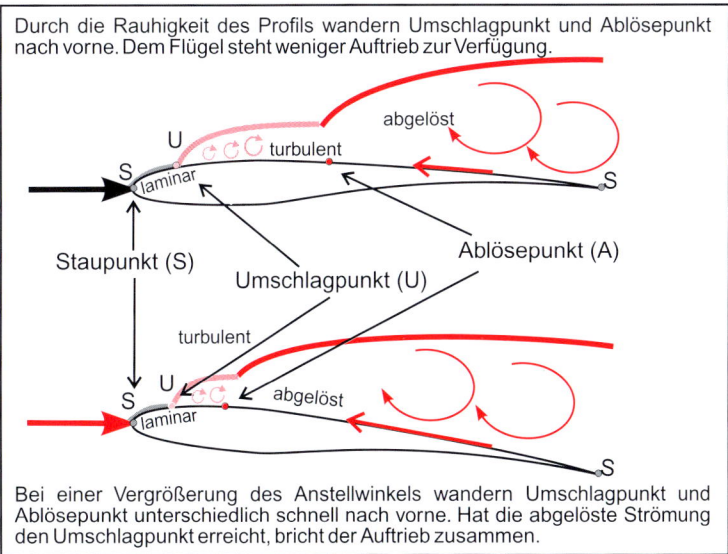

Durch die Rauhigkeit des Profils wandern Umschlagpunkt und Ablösepunkt nach vorne. Dem Flügel steht weniger Auftrieb zur Verfügung.

Bei einer Vergrößerung des Anstellwinkels wandern Umschlagpunkt und Ablösepunkt unterschiedlich schnell nach vorne. Hat die abgelöste Strömung den Umschlagpunkt erreicht, bricht der Auftrieb zusammen.

Bild 8.9 Die Strömung am Profil

Die Flugeigenschaften des Flügelprofils ändern sich. Um die notwendigen Sicherheitsreserven für die Geschwindigkeit wiederherzustellen, wird die Fahrt um 10% erhöht, auch wenn dabei das Sinken weiter zunimmt. Zu beachten ist, daß der maximale Anstellwinkel beim Abfangen in der Landung früher als sonst erreicht ist. Deshalb werden die Luftbremsen nicht so weit wie üblich ausgefahren. Das Segelflugzeug sinkt ohnehin wegen der rauheren Oberfläche schneller (je nach Segelflugzeugmuster die Bremsen etwa nur noch halb bis ein Viertel ausfahren).

9. Kapitel
Der Alleinflug

Der erste Alleinflug
Endlich allein

Die letzten Seiten des Buches sind angelangt. Ich hoffe, es konnte Dir in der Segelflug-Grundausbildung eine gute Hilfe sein. Bald steht der erste Alleinflug an, dem mancher Schüler mit gemischten Gefühlen gegenübersteht. Dein Fluglehrer kann jedoch mit Sicherheit Deine fliegerischen Fähigkeiten einschätzen. Er wird auch den Alleinflug nicht gegen Deinen Willen durchsetzen, aber Dich auch nicht aus einer „Gnade" heraus fliegen lassen, wenn noch Zweifel an der Alleinflugreife bestehen. Sollte er gar der Ansicht sein, daß noch ein paar Schulstarts am Doppelsteuer sinnvoll sind, solltest Du ihm vertrauen, denn es geht ja schließlich um Deine Sicherheit.

Auf der rechten Seite ist noch einmal zusammengefaßt, was beim ersten Alleinflug ergänzend zu beachten ist. Doch nach welchen Kriterien wird die Alleinflugreife beurteilt? Die folgende Liste zeigt Dir, was beherrscht werden muß. So kannst Du selbst jederzeit Deinen Wissens- und Kenntnisstand überprüfen und gegebenenfalls bestimmte Dinge noch üben.

 Flugvorbereitungen und Startcheck müssen sorgfältig durchgeführt werden.

 Beim Anziehen im Windenstart Richtung halten, Höhenruder in Startstellung. Kontinuierlichen Übergang in die Steigfluglage. Ab Sicherheitsmindesthöhe bei Seitenwind fadengerade bis zum Ausklinken vorhalten, dabei die zulässige Querneigung nicht überschreiten. Nach dem Ausklinken dreimal nachklinken und Horizontlage herstellen.

 Beim Flugzeugschleppstart das Segelflugzeug in der Anrollphase gerade hinter der Schleppmaschine halten, kein Flügel berührt den Boden! Vor dem Motorflugzeug abheben und unter Beachtung des eventuellen Seitenwindes mit Luvwinkel konstant in 2-3 Metern Höhe hinter der Schleppmaschine in Verlängerung ihrer Längsachse fliegen. Nach dem Abheben des Schleppflugzeuges in gerader Linie hinterherfliegen. Fluglage nach Horizontbild und Lage des Schleppflugzeuges kontrollieren. Alle Kurven mit dem gleichen Radius wie der Schlepper steuern, keine seitliche Ablage entstehen lassen. Eventuellem Seildurchhang durch entsprechende Maßnahmen gegensteuern, nach dem Zeichen zum Ausklinken unter Beibehaltung des Horizontbildes nach rechts wegkurven. Meldung im Funk nach dem Ausklinken.

 Im Windenstart nach dem Ausklinken die Normalfluglage nach Horizontbild einstellen und mit dem Fahrtmesser überprüfen. Vor jeder Kurve Richtungspunkt suchen, Luftraumbeobachtung!!! Kurven unter Beibehaltung des Horizontbildes fadengerade einleiten, fliegen und ausleiten. Kurven mit konstanter Querneigung steuern. In jedem Flugabschnitt Fahrtschwankungen nicht mehr als + / - 10 Kilometer.

Der erste Alleinflug
Anmerkungen

In vorangegangenen Kapiteln (*2,3,4*) konntest Du lesen, daß ein Segelflugzeug für den Vortrieb Gewicht benötigt. Steigt der Fluglehrer für Deinen Alleinflug aus, verringert sich das Fluggewicht. Bist Du bisher zum Beispiel mit 80 km/h (das vertraute Horizontbild) geflogen, so mußt Du Dich nicht wundern, wenn auf einmal bei gleicher Fluglage nur 65 km/h auf dem Fahrtmesser abzulesen sind. Weil Du aber gelernt hast, jederzeit das zu einer Geschwindigkeit gehörende Horizontbild wiederherstellen zu können, sollte der fehlende Fluglehrer aus diesem Grund kein großes Problem darstellen.

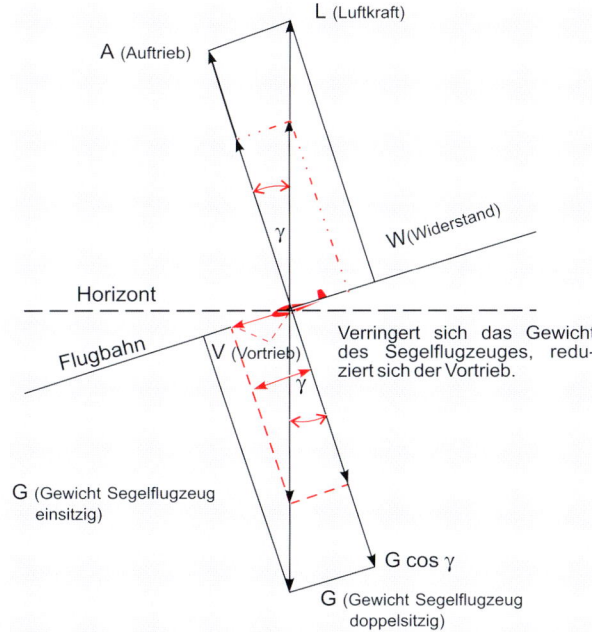

Bild 9.1 Vergleich doppelsitzig zu einsitzig

An die neue Horizontallage wirst Du Dich schnell gewöhnen. Sie wird aber ausschließlich für den Flug vom Ausklinkpunkt bis zum Ausrunden im Endteil benötigt! *Ausschweben und abfangen führst Du genau so aus, wie Du es bisher gelernt hast.* Das Ausschweben in der Landung (mit oder ohne Lehrer) erfolgt immer parallel zum Boden! Wenn überhaupt, wirst Du den einzigen Unterschied daran merken, daß das Segelflugzeug geringfügig länger ausschwebt. Denn mit verringertem Gewicht sinkt gleichzeitig die Überziehgeschwindigkeit.

Ein geringeres Fluggewicht hat aber auch seine Vorteile. Das wirst Du im Alleinflug feststellen, wenn die Ruder viel leichter zu bewegen sind, als dies doppelsitzig der Fall

Die Flugübungen innerhalb des Übungsraumes selbständig einteilen. Luftraumkontrolle!!! Ab der vorgeschriebenen Höhe über den verlängerten Gegenanflug zur Position fliegen. An der Position in der richtigen Höhe, Meldung mit Funkgerät.

 Im Gegenanflug unter Beachtung der zur Verfügung stehenden Höhe und des aktuellen Luftraumes mit leicht erhöhter Geschwindigkeit fliegen. Beobachtung des Luftraumes und der anfliegenden Luftfahrzeuge. Queranflugkurve fadengerade mit konstanter Querneigung und Geschwindigkeit in der richtigen Position zum Landeplatz.

 Im Queranflug linke Hand an die Luftbremsen, Luftraumkontrolle und Beachtung des aktuellen Windes.

 Endanflugkurve fadengerade mit konstanter Querneigung und Geschwindigkeit. Nach der Endanflugkurve liegt das Landefeld gerade voraus.

 Im Endanflug eventuellen Seitenwindeinfluß kompensieren und in der vorgeschriebenen Landegasse anfliegen, erhöhte Landegeschwindigkeit. Gleitwinkelsteuerung mit den Luftbremsen, ab 30 Meter Höhe Luftbremsen in Landestellung.

 Ausrunden und anschweben unter Beachtung eventuellen Seitenwindes. In der richtigen Höhe abfangen bis zur Spornlandung, dann Steuerung des Segelflugzeuges bis zum Stillstand. Ablegen des luvseitigen Flügels.

 Du reagierst auch in schwierigen Situationen nicht kopflos und bleibst besonnen und ruhig.

Die Liste ganz schön lang, aber enthält ausschließlich Punkte, die Du in Deiner Segelflugausbildung kennengelernt hast. Wenn Du alle aufgezählten Elemente beherrscht, gibt es auch keinen Grund, an der Alleinflugreife zu zweifeln. Auf der anderen Seite soll es auch Schüler geben, die Fehler lieber wegdiskutieren als beheben möchten. So erlebte ich in meiner Praxis immer wieder Schüler, die allen Ernstes meinten, daß sie nicht in der Lage seien, den Luftraum zu kontrollieren, weil sie so sehr mit dem Faden beschäftigt wären. Weil sie das aber so schön könnten, solle ich sie jetzt bitte alleine fliegen lassen. Von solchen „Verhandlungen" kann ich nur abraten, denn sie sind für jeden Fluglehrer ein Greuel und führen unter Garantie nicht zum Alleinflug.

Der erste Alleinflug birgt sicher etwas Streß, weil daß Gefühl, allein zu fliegen, noch ungewohnt ist. Viele Flugschüler berichteten mir aber, daß ihnen der Fluglehrer hinten gar nicht so sehr gefehlt habe, weil sie in jedem Flugabschnitt gewußt hätten, was „der da hinten" dazu gesagt hätte. Man sieht, der Lehrer ist "im Geiste" dabei.[1] Der dritte Alleinflug bereitet

[1]Leider kenne ich einige Fluglehrerkollegen, die geneigt sind, ihre Schüler während der Alleinflüge mittels Funksprechgerät „um den Segelflugplatz herum zu sprechen. Diese Art der Fernsteuerung zeigt nur, daß das Vertrauen in die Alleinflugreife des Schülers nicht ausreicht. Entweder wird dem Schüler vertraut oder nachgeschult!

war. Bisher mußten die Flügel ein größeres Gewicht tragen (höhere Flächenbelastung) und dementsprechend eine höhere Ruderkraft aufgebracht werden. An diesen Steuerdruck hast Du Dich im Lauf der Ausbildung gewöhnt. Bewegst Du jetzt bei geringerer Flächenbelastung ein Ruder, so geht das erheblich leichter. Im Alleinflug fliegt sich das Segelflugzeug angenehmer. Der Effekt wird um so geringer, je schwerer das Segelflugzeug und je größer seine Spannweite ist.

Links kannst Du noch einmal nachlesen, nach welchen Kriterien der Fluglehrer die Alleinflugreife beurteilt. Dem ersten Alleinflug muß ein zweiter Fluglehrer zustimmen. In der Praxis bedeutet das, daß ein anderer Lehrer mit Dir (mindestens) einen Checkflug durchführt. Der Begriff „Checkflug" wird von den Flugschülern oft mißverstanden. Die Überprüfung erfolgt zweckmäßigerweise nicht unmittelbar vor dem Alleinflug, sondern ein- bis zwei Tage vorher (an einer Schule). Das Mißverständnis besteht darin, daß Schüler meinen, jetzt bestände die Gefahr, die Zustimmung zum Alleinflug zu verspielen. In Wirklichkeit handelt es sich um einen ganz normalen Ausbildungsflug, er dient nur der Überprüfung des Schulungsstandes. Andererseits bereitest Du Dir selbst ganz schönen Streß, wenn Du auf diesen Checkflug „wie das Kaninchen auf die Schlange starrst".

Nachdem etwa drei Viertel der Grundausbildung abgeschlossen sind, meinst Du feststellen zu können, daß Du „das Fliegen verlernt hast". Vieles, was Du vorher noch gut konntest, funktioniert auf einmal nicht mehr. Die Ruderabstimmung wird unsauber, Kurven sind nicht mehr fadengerade. Zu Beginn der Ausbildung mußtest Du Dich auf jede Einzelheit genau konzentrieren. Mit der Zeit wiederholen sich Ausbildungsinhalte, nicht für jeden ausgewehten Faden benötigst Du alle gelernte Theorie, um ihn wieder in die Mitte zu bekommen. Bestimmte Steuerbewegungen funktionieren „automatisch". Genau zu diesem Zeitpunkt macht Dir der kluge Kopf einen Strich durch die Rechnung, weil er langsamer als eine aus dem Gefühl entstandene Ruderbewegung ist. Anschließend bewegt der Kopf die Ruder noch einmal, und schon stimmt nichts mehr.

Diese Phase soll Dich nicht in Verzweiflung stürzen, sondern ist ein Hinweis, daß bestimmte Teile langsam „in Fleisch und Blut" übergehen. Die „Übersetzungsschwierigkeiten" hören nach einigen Flügen auf. Du kannst davon ausgehen, daß Fluglehrer dieses Phänomen kennen.

Während der letzten Ausbildungsflüge vor dem Alleinflug hörst Du kaum einen Kommentar vom Lehrer hinter Dir. Er gibt Dir vor den Starts einen jeweils klar umrissenen Flugauftrag und wird auf Eingriffe oder mündliche Verbesserungen verzichten. Als Faustregel gilt, daß mindestens drei zusammenhängende Schulflüge ohne Eingriff des Lehrers durchgeführt werden sollen. Wenn es Dir hilft, betrachte den Fluglehrer hinter Dir als Fluggast, dem während des Fluges erklärt wird, was Du gerade vorhast.

die größte Freude, da man als Schüler nun wirklich selbst erkennt, daß man eine neue Fähigkeit erworben hat. Nur bitte dabei nicht zu übermütig werden, so daß man vom Lehrer nach dem zweiten Alleinflug aus dem Segelflugzeug geholt wird.

Nach überstandenen Alleinflügen wird Dir von allen Segelfliegern am Platz der Hintern versohlt. Dies als Erinnerung daran, daß Du die Thermik ab sofort im Sitz spürst, wenn sie das Segelflugzeug hebt. Eine andere Version lautet: Ein Segelflugschüler erzählte seinen Eltern, er würde mit seinem Freund eine Fahrradtour unternehmen. Er gab diesem Freund einen Stapel vorgeschriebener Postkarten mit, die dieser an verschiedenen Orten in die Briefkästen werfen sollte. Und als der Urlaub zu Ende war, gestand er seinem Vater, daß er in Wirklichkeit seinen Alleinflug gemacht habe. Daraufhin, so die Geschichte, hätte dieser ihn ordentlich versohlt.....

Die Alleinflugreife mußt Du Dir allerdings auch erhalten. Falls Du nun eine längere Pause einlegst, so wirst Du sie Dir erneut erarbeiten müssen. Alle neu erworbenen Fähigkeiten sind solange zu üben, bis sie in Fleisch und Blut übergehen. Der beste Zeitpunkt zum Trainieren und Vertiefen ist direkt im Anschluß an die neu erworbene Qualifikation. Hast Du die Ausbildung an einer Segelflugschule gemacht, so ist es nicht verkehrt, noch einige Tage „dranzuhängen".

Wie geht es nach dem Alleinflug weiter? Die Segelflugausbildung ist mit dem Alleinflug keinesfalls zu Ende. Nun gilt es, die Fähigkeiten über die reine Platzrunde hinaus zu erweitern. Nach einigen weiteren Übungsflügen (Faustregel: etwa 10 Alleinflüge) im Alleinsteuer auf dem Schuldoppelsitzer erfolgt die Umschulung auf einen Einsitzer. Du wirst nun lernen, verschiedene Wetterlagen zu beherrschen und selbständig in der Thermik „oben zu bleiben". Solltest Du an einer Schule gelernt haben, ist es ab diesem Zeitpunkt sinnvoll, sich um einen Verein zu kümmern.

Ich hoffe, daß auch Dich nun das Segelflugfieber gepackt hat. Vielleicht sehen wir uns mal auf irgendeinem Flugplatz.

Noch eine Bitte an Dich als Schüler: Fluglehrer sehen es zu Recht nicht gerne, wenn die Schüler sich untereinander „Ratschläge" für den Alleinflug geben. Sie führt nur zu einer Nervosität des Alleinflugkandidaten.

Schlägt der Lehrer Dir vor, die nächsten Platzrunden alleine zu fliegen, hält er Dich reif für den Alleinflug. Im Verlauf der Ausbildung hat er Dich einzuschätzen gelernt. Die Angst der Schüler vor dem Alleinflug ist zwar verständlich, aber aus welchem Grund sollte man nach zahlreichen Flügen vollkommen anders steuern als bisher? Wenn Du ehrlich bist, so traust Du Dir den Alleinflug ebenfalls zu. Schließlich wußtest Du schon zu der Beginn Segelflugausbildung, daß in der Regel am Ende der Alleinflug steht.

Steigt der Fluglehrer aus, um Dich alleine fliegen zu lassen, wird er die einzelnen Flugabschnitte mit Dir durchsprechen. Du erhältst einen klar umrissenen Flugauftrag, der auch die Möglichkeiten eines Seilrisses einschließt. Unter Berücksichtigung der Windrichtung und -stärke wird Dir gesagt, bei welcher Höhe (der hoffentlich nicht eintretenden Startunterbrechung) Du was ausführst.

Während der Alleinflüge stehst Du mit dem Lehrer in Funkkontakt. Dadurch hast Du eine zusätzliche Sicherheit, falls etwas Unvorhergesehenes passiert. In der Praxis sind Funksprüche eher die Ausnahme, weil Du nicht „ferngesteuert" um den Platz fliegen sollst. Der Flug wird vom Start bis zur Landung vom Lehrer beobachtet, bei Bedarf gibt er Dir nach jeder Landung kleine Tips, wenn Du noch etwas verbessern könntest.

Auf der linken Seite ist zu lesen, wie es nach dem Alleinflug weitergeht. Für die (vielleicht später anstehende) Privatpilotenlizenz mußt Du Dich noch etwas mehr mit der Theorie auseinandersetzen. Insgesamt 60 Stunden Unterricht in den Fächern Luftrecht, Navigation, Technik, Meteorologie und Verhalten in besonderen Fällen müssen gehört werden. Vielleicht hast Du aber in diesem Buch zu schätzen gelernt, daß auch die Theorie nicht nur grau, sondern auch spannend sein kann.

Erst Lesen – dann abheben